海外人材交流シリーズ I

すっきりわかる！

海外赴任・出張 外国人労働者雇用

Effectively managing international relocations to and from Japan

税務と社会保険・在留資格 異文化マネジメント

藤井 恵
ロッシェル・カップ 共著

週刊「税務通信」「経営財務」発行所
税務研究会出版局

はじめに

　企業の海外進出が年々進む中、これまで海外でのビジネスに関わりがなかった中堅・中小企業においても海外出張の機会はもちろん、海外拠点を設立し、経営者の子や役員・従業員を海外赴任させる機会も増えつつあります。また、すでに海外進出が進んでいる企業においても、海外展開はさらに拡大し、新たな海外拠点を設立し、海外赴任者は増えることはあっても減ることはない状況ではないでしょうか。

　一方、日本国内においても慢性的な人手不足やグローバル化の流れから、外国人材の雇用を希望する企業が増えています。一口に「外国人材」といっても、日本国内にいる外国人を新卒または中途で採用するケース、日本の子会社の従業員を駐在員として受け入れるケース、海外にいる人材を受け入れるケースなど様々です。

　そこで本書では、日本から海外に出張・赴任する場合と外国人が日本で勤務する場合、その入国から入社、退職するまでに必要な手続きについて、アウトバウンドとインバウンドの両方の観点からＱ＆Ａ方式で会社、本人が知っておくべき手続きについてまとめると共に、異文化コミュニケーションの専門家であるロッシェル・カップ先生には日本人が海外で働く時、外国人が日本で働く時の異文化ギャップについて事例を用いてわかりやすく解説いただきました。

　本書執筆に当たりご一緒させていただきました共著者であるロッシェル・カップ先生、書籍執筆に当たりいろいろとご指導いただきました税務研究会の上野恵美子様、本書の前身である小冊子を監修してくださった上西左大信先生に心より感謝いたします。

本書が社員を送り出す企業、外国人を受け入れる企業及び実際に海外に出張・赴任される皆様、日本で働く外国人の皆様にとってお役に立つことができましたら幸いです。

2019年2月

　　　　　　　　　　　　三菱UFJリサーチ＆コンサルティング株式会社
　　　　　　　　　　　　　　　　国際ビジネスコンサルティング部
　　　　　　　　　　　　　　　　　　　　　　　　　藤井　恵

1　巻頭対談
海外に人材を出す・海外から入れる時に
　これだけはおさえておきたいこと
ロッシェル・カップ×藤井恵 ……………………………………… 002

2　海外赴任
1．準備編
Q1　居住者・非居住者の定義と課税所得の範囲の違いとは？ ………… 016
Q2　海外勤務に当たって支給される支度金は課税されるか？ ………… 020
Q3　語学研修の費用は課税されるか？　家族の分は？ ………………… 021
（コラムA）ビザの申請 ……………………………………………… 023
Q4　海外赴任前に年末調整が必要？ …………………………………… 026
Q5　海外赴任中に日本の税金の支払いがある場合は？ ………………… 028
Q6　住宅ローンがある場合はどうなる？ ……………………………… 030
（コラムB）　家族帯同か単身赴任か ……………………………… 033
Q7　出国税がかかる場合とは？ ………………………………………… 035
Q8　海外赴任者の住民税はどうなる？ ………………………………… 037
（コラムC）在留届の提出 …………………………………………… 040
Q9　日本の健康保険や年金などの取扱いは？ ………………………… 041
Q10　社会保障協定の適用対象国とは？ ………………………………… 044
Q11　海外旅行保険の加入はどうする？ ………………………………… 050
Q12　海外赴任前健康診断とは？ ………………………………………… 053
（コラムD）海外赴任前の予防接種 ………………………………… 055
Q13　労災保険の海外派遣者特別加入とは？ …………………………… 057
（コラムE）持病のある社員の留意点 ……………………………… 059

（コラムF）海外勤務者の健康問題トップ5 …………………………… 062
Q14　海外赴任先での車の運転は？ ………………………………… 063
Q15　海外赴任者の選定をどうするか？ …………………………… 065
Q16　赴任前に行っておくべき研修とは？ ………………………… 069

2　海外勤務中

Q17　出国後に支払われる給与は日本の課税か？ ………………… 073
Q18　出国後に支払われる日本の賞与の取扱いは？ ……………… 075
Q19　海外赴任者の給与はどう決める？ …………………………… 077
Q20　海外赴任者の給与と為替レートの関係は？ ………………… 082
（コラムG）海外赴任中の住居 ……………………………………… 084
（コラムH）帯同した子女の教育 …………………………………… 087
Q21　海外赴任をしている役員に支払う報酬の取扱いは？ ……… 089
Q22　一時帰国中に日本で仕事をした場合は？ …………………… 093
Q23　日本国内に持つ不動産で収入がある場合は？ ……………… 095
Q24　海外赴任中に日本の不動産を売却した場合は？ …………… 099
Q25　海外赴任中でも日本の確定申告が必要になる場合とは？ … 103
Q26　海外赴任者の給与等を日本の本社が負担すると寄附金課税？ …… 106
Q27　海外勤務者の源泉徴収票は？ ………………………………… 109
Q28　海外赴任中に遺産相続や贈与を受けた場合は？ …………… 111
（コラムⅠ）国外財産調書 …………………………………………… 114
Q29　お土産や買い物の輸出免税とは？ …………………………… 115
Q30　海外で医療を受けた場合、日本の健康保険は使えるか？ … 120
（コラムJ）生活習慣病に注意 ……………………………………… 125
Q31　海外赴任中の介護保険はどうなる？ ………………………… 127
（コラムK）海外赴任者の介護問題 ………………………………… 129
Q32　現地社員とのコミュニケーションで気をつけることは？ … 133
Q33　現地の法律の理解不足で起こりやすい問題は？ …………… 137
Q34　日本本社との板挟みの苦しみから逃れるには？ …………… 141
Q35　赴任者の日本人社会や現地社会との交流は？ ……………… 144
Q36　帯同した家族の問題・ストレスの対処法は？ ……………… 148

3　帰国時

- Q37　海外勤務から戻って最初に支払われる給与・賞与の取扱いは？ … 151
- Q38　帰国した年の年末調整・確定申告はどうなる？ …………………… 154
- Q39　海外赴任期間に相当する外国所得税を帰国後に会社が負担した場合は？ ……………………………………………………………………… 158
- Q40　海外で仕事をした人材のアフターフォローは？ …………………… 160

3　海外出張

- Q41　海外出張の日当・支度金はいくらぐらいが適当か？ ……………… 164
- Q42　海外出張の宿泊費はどう決める？ …………………………………… 166
- Q43　海外出張者でも現地で課税される？ ………………………………… 167
- Q44　海外出張に必要な安全管理とは？ …………………………………… 171
- Q45　海外出張者の健康管理とは？ ………………………………………… 174
- Q46　長期出張者の規程を作るには？ ……………………………………… 175
- Q47　よい結果につながる出張者のコミュニケーション ……………… 178

4　外国人を雇い入れる時

1　採用と在留資格

- Q48　外国人と日本人の雇用管理上の違いは？ …………………………… 182
- Q49　日本で働く外国人としては、どんな人がよいか？ ………………… 184
- Q50　外国人を採用できる企業の条件は？ ………………………………… 187
- Q51　外国人の採用形態にはどんなものがあるか？ ……………………… 191
- Q52　外国人を受け入れる際に必要となる在留資格とは？ ……………… 193
- Q53　在留資格「高度専門職」とは？ ……………………………………… 197
- （コラムＬ）「技術・人文知識・国際業務」「企業内転勤」「高度専門職」の相違点 ……………………………………………………………… 201
- Q54　海外在住外国人を雇用する際の在留資格手続きと海外からの親の呼び寄せはできるのか？ …………………………………………… 204
- Q55　国内にいる外国人を中途採用する際の在留資格に関する手続きは？ ……………………………………………………………………… 206

Q56	国内大学にいる留学生の新卒採用の留意点と入社までに在留資格変更が間に合わない場合は？	209
（コラムM）	留学生の多い大学	211
Q57	日本人の配偶者等であった者が離婚した場合の取扱いは？	213
Q58	単純労働的な仕事をしてもらうことができる在留資格は？	215
Q59	外国人社員の募集から採用までの流れとポイントは？	217
Q60	在留資格が確認できていざ外国人を採用する段階での手続きや雇用契約等は？	219
Q61	住民票とマイナンバー登録・社会保険の手続きは？	221
Q62	外国人社員が海外出張した際の再入国許可の留意点は？	222
Q63	外国人社員を配置転換する際に在留資格はどうなる？	223
Q64	税務上の居住者・非居住者の判定方法は？	224
Q65	外国人社員の国外にいる扶養家族の取扱いは？	228
Q66	国外に居住する家族が使った医療費に健康保険を使えるか？	233
Q67	外国人社員の所得控除（生命保険料等の控除、医療費控除）は？	234
Q68	採用した外国人の定着率を上げるためには？	236
（コラムN）	外国人居住者の自動車の運転	237

2　海外からの出向者の受け入れ

Q69	給与全額が海外から支払われている外国人社員の日本の社会保険はどうなる？	239
（コラムO）	日本払給与がない場合の最低賃金法についての考え方	242
Q70	給与の一部が海外から支払われている外国人社員の日本の社会保険は？	243
Q71	社会保障協定発効国からの赴任の場合の手続き方法は？	244
Q72	雇用保険の加入はどうなる？	247
Q73	出向者の住居費・家財を会社負担している場合の課税は？	248
Q74	出向者の子女教育費を会社が負担している場合の課税は？	250
Q75	外国人社員の一時帰国費用や家族の呼び寄せ費用は？	251
Q76	外国人社員の報酬にかかる日本の所得税・住民税等を会社負担した場合は？	253

Q77 出向者が母国で払っている社会保険料の税務上の取扱いはどうなる？ ………… 254
Q78 海外からの外貨建給与の換算方法はどうなる？ ………… 256
Q79 外国人社員が赴任元国に出張した場合の短期滞在者免税の取扱いは？ ………… 257
Q80 特定のプロジェクトで来日の在留資格・社会保険・税務は？ ……… 258
Q81 １年未満のプロジェクト中に日本側から給与が支給される場合は？ ………… 261
（コラムＰ）銀行口座の開設 ………… 262
Q82 海外からの赴任者・出向者を選ぶ際の注意点は？ ………… 263

3　留学生のアルバイト
Q83 アルバイトとして働いてもらう場合の手続き方法は？ ………… 266
Q84 アルバイト所得に対する課税はどうなる？ ………… 271
Q85 留学生が退学してもアルバイトは続けられる？ ………… 273

4　外国人社員の退職・帰国時
Q86 外国人社員が退職する時に会社が取るべき手続き ………… 274
Q87 母国に戻る外国人の住民税はどうなる？ ………… 277
Q88 退職した社員の在留資格の取扱いは？ ………… 280
Q89 年の途中で日本を離れる場合の会社側の税務処理は？ ………… 282
Q90 脱退一時金の請求方法・受給額の計算方法は？ ………… 284
Q91 脱退一時金の日本における税務上の取扱いは？ ………… 289
Q92 退職して母国に戻った外国人社員に支払う最後の給与・賞与は？ ………… 291
Q93 退職後の外国人が失業給付を受けることはできるか？ ………… 292
Q94 外国人社員の退職に当たり行政手続き以外で会社がすべきこと … 293

5　業務委託として働いてもらう
Q95 国内にいる外国人と業務委託契約する場合の留意点は？ ………… 294
Q96 海外にいる外国人と業務委託契約する場合は？ ………… 296

Q97 外国人は日本企業で働くことについてどのように感じているか？ 298
Q98 外国人社員にモチベーション高く働いてもらうためには？ 303
Q99 外国人技能実習生等とのコミュニケーションの留意点は？ 307

付録　海外赴任時・出張時のチェックリスト

海外赴任前 311
海外からの帰国時 314
海外出張時 317

【凡　例】

所法……所得税法　　　　　　所基通……所得税基本通達
所令……所得税施行令　　　　措法……租税特別措置法
所規……所得税法施行規則

※この書籍は、小冊子『中堅・中小企業のための　海外出張・赴任にまつわる社会保険と税務』（税研情報センター発行・絶版）に、大幅な改訂・加筆を加えたものです。

税務研究会のホームページに
『海外赴任・出張　外国人労働者雇用
税務と社会保険・在留資格・異文化マネジメント』
特設サイトができました！

URL　https://www.zeiken.co.jp/lp/kaigai

〈このサイトに掲載されているもの〉
●海外赴任・外国人雇用に役立つ書式等のリンク先リスト
●対談の追加情報　などを順次掲載します。

ぜひ、アクセスしてみてください。

巻頭対談

—海外に人材を出す・海外から入れる時に おさえておきたいこと—

これだけは

ロッシェル・カップ
×
藤井　恵

藤井　恵

ロッシェル・カップ

――初めての海外赴任の場合に気をつけたいことについてお聞かせいただけますか？

藤井　海外赴任を初めてなさる方は、具体的に何がどうなるというのがわからないので、漠然とした不安をお持ちです。その不安はやはり、会社からの説明がきちんとなされていないか、または、説明はされているものの不十分なため赴任者が理解できていないかのどちらかが原因になっていると感じます。「自分がこのまま海外に転勤して大丈夫なんだろうか」という不安は、会社がどれだけきちんとサポートしてくれるのだろうか、という不安によるものと思います。

カップ　そうですね。確かに、多くの企業では、細かい情報を本人に提供することまでは手が回っていない状況が見られますね。インターネットで探せばいいだろうと思っているのか、あるいは、私の住むアメリカに来る赴任者などでは、会社から「アメリカには旅行で何度も行っているから大丈夫でしょう」と言われたというケースもありました。でも、仕事しに行くことは観光で行くこととは違いますし、インターネットでももちろん情報

は見つけられますが、確実な情報の入手は難しいし、いろいろとヘンな情報もありますので、かえって混乱してしまうこともあるようです。ですから、赴任者はどこで情報を探せばいいか、誰に聞けばいいか、悩んでいる方が非常に多く、それが大きなストレスになっていると思います。

藤井 確かにそうですね。これから本社を離れていく時の会社の対応が、カップ先生がおっしゃったような形だと、会社に不信感を持ってしまうので、初めから少し疑いの目を持ちながら行くような感じになってしまいがちです。最初にきちんとやってくれているとか、わからないなりにもいろいろ調べたりしてくれていると、「会社のために頑張ろう」となりますが、「大丈夫なのか、この会社は」と不信感を持つ…（苦笑）。

カップ 「会社は私のことをケアしていない」という印象を赴任者は持ってしまいますよね。それは非常によくないことですね。

藤井 大企業で、いろいろな国に赴任者を出すことにもう慣れている企業であれば、ある程度いろいろな資料などが揃っているし、情報の取り方もわかっていることが多いですけれど、小さい会社やたまにしか海外に人を出さないような、あまり慣れていない会社ですと、そういうものがまずない。「本社は海外のことはわからないから自分で何とかして」というような感じのところは少なくないです。ただ、そこも人とのコミュニケーションなので、一所懸命に自分のためにやってくれている人がいると思えば、慣れていなくても何か相談したら応えてくれるだろうという思いが出てきます。逆に、大企業で情報があっても対応があまりに機械的すぎると、不信感が出てしまうこともあります。そこは難しいですね。小さい会社のほうが顔が見えているので、「この人はどういう家族構成で、どういうことが不安で…」というのがわかった上で、ケアしてもらえることもありますし、大企業は人数が多いので、ただ機械的に次々にという感じで、本人の事情が全く考慮されない場合もあります。ハードの面とソフトの面と両方からのサポートがあれば、いい結果につながるということです。

——赴任前の研修についてはどうですか？

藤井 それも本当に大事だと思います。それこそアメリカでは仕事をする上での文化が違うとか、セクハラには日本以上に厳しい処分が科せられるとか、そういうことも、何も教えずに赴任者を送り出す会社はけっこう多いのです。

カップ そうですね。アメリカはよく知っている国と思われていますけれど、日本とはだいぶ違いますね。

藤井 「赴任前の研修を受けさせたほうがいいですよ」と私どもが提案しても、「いや、あの人はアメリカに留学していたから大丈夫だ」とか…。

カップ そうそう！　そういうふうに言われることは確かにあります。日本在外企業協会が会員企業に実施したアンケートを見ると、赴任前研修を提供していない会社もあります。それに私の観察したところでは、赴任前研修といっても内容があまり充実していないところもあります。だから、「（研修を）行っている」ことと、それが「実用に足りている」かどうかは別の問題ですね。

藤井 実際に、「あの人は（日本で）アメリカの企業で働いていたから大丈夫だ」と日本で研修もせずに海外に行かせて、セクハラ等の大きな問題が起きてしまった企業がありました。事前に知識を持っておけばそういう問題は起きなかった、あるいは、研修を会社が実施することで事前に海外のルールを理解することにつながり、問題になりそうな人を選ばなかったかもしれない、と思えるようなケースは少なくないです。あまりにも、行ってから何とかすればいいという気持ちでいる会社が多いです。

カップ そうですね、「行って来い」って言うだけのところは多いわね（笑）。

藤井 それから、先進国は大丈夫と考えているようで、たとえば外部の研修も先進国の研修はあまりなかったりします。先進国は安全で、制度が整っているから大丈夫、と。

カップ 国が安全であっても職場でうまくいくかどうかは別の問題だし、それに、たとえばアメリカのようにセクハラにとても厳しい国という特徴もあったりします。でも、こんなケースもありました。ある企業は、赴任前

研修をしないで訴えられたら高額な費用が絡んでくるのを恐れてはいましたが、研修のコストをカットしたいためにセクハラ防止の研修だけをしたのです。赴任者はセクハラがとても怖くなって、現地に着いたら、現地で働いているアメリカの女性の従業員とほとんど会話しないようにしていました。そしたら、それは逆に差別だと従業員から文句が出ました。そういう例もあるように、問題になりそうなところだけを強調するような研修をしてしまうのはよくないのですね。

藤井 カップ先生がなさるような異文化コミュニケーションの赴任前研修はとても大切ですね。たとえば「日本人はドイツ人と似ている」と言うけれど、実際に長くドイツで働いている日本人の方たちは「ドイツ人と日本人は全く違う。もちろん他のヨーロッパの人とドイツ人も異なる」と一様におっしゃいます。ドイツでは全然違う考え方で仕事をするんですよ。そのため、向こうに住む日本人たちは「絶対にドイツ用の研修をすべきだ」とおっしゃるのですが、日本の本社側にはそのような研修メニューはありません。もう少しきめこまやかに、その国の事情を理解してもらう研修は日本では無理でも赴任地に到着してすぐに、専門家に頼んで実施することは必要だと考えます。

　あとは、赴任の時の処遇に関してもほとんど理解していないまま行く人が多いことで、問題が起こりやすくなっていると感じます。会社は一通り説明をするのですが、ほとんど理解されていない。他に心配事がありすぎて制度のことなど頭に入っていないのですね。もっとしっかりと、できることとできないことはちゃんと伝えたほうがよいと思います。海外に行くと、日本にいた時よりも他社の方との交流が増えます。そうすると「あそこの会社はこれをやってくれるのに、うちはどうしてできないの？」という不満が出てくるというケースは多いですね。受けられる医療の範囲とか、赴任前に全て説明しないといけないんですが、きちんと行われている会社

は少ないですね。他社の情報の入り方は海外のほうが絶対に多いです。結局、処遇と本社の愚痴と、現地をどうマネジメントするかという、その3つの話がものすごく盛り上がるのです。ですから、行く前にきちんと説明をして、「うちの会社は、これはできるけど、これは無理ですよ」と言っておかないと、どんどん期待していろいろなリクエストが来ます。

カップ それはそうですね。他社の情報が入ってきますから、条件が違うという不満は人材流出にもなりかねません。現地に行ってから、「こんなこと聞いていなかった」と言われることはありますか？

藤井 そうですね。「こんな給与になっているのは知らなかった」とか、「みなしで税金を引くなんて聞いていない」とか、規程に関することとコミュニケーションのことと、どちらもあります。実際に働く職場でのことと、自分の身の回りに関わる給料と、両方とも変化が大きいので大変なのだと思います。海外赴任者が1ヵ月に何十人も出るような会社だと、ノウハウもあるし、カップ先生のような専門家に頼んだりと事前に対処できるのでしょうが、年に数人しか出さない会社では、まずノウハウもないし、1人のために何十万も払うかといったら、本当は将来のリスクを考えれば払う必要があるでしょうが、実際に自社で大きなトラブルが発生したケースがある場合以外は、経営者の方がその必要性を理解してくださるケースは少ないです。

――赴任したらマネジメントを大きく任されることになるという負担も大きいですね。

カップ そうですね。日本で部下がいなかった人が、突然アメリカに行って部下が20人になるとか、多いんですね。人を管理したことのない人は、人をどうやって管理すればいいかわからなくて管理が下手でトラブルになる、ということは確かに起こりやすいです。それに、より大きな仕事を受け持つことになると同時に、違う環境で、違う言語でしなければならないというのは、大きなプレッシャーになります。それに圧倒されて困惑してしまう人もいます。

私が思うのは、先程の赴任前研修の話に戻りますけれど、一番理想的なのは、赴任前の心構えのための研修があって、赴任してからいろいろなことに直面したり、悩んだり、質問があったりするので、現地でもっと深く掘り下げる研修、あるいはコーチングを行うということをお勧めしたいです。行く前に研修で言われても、行ったことがないために全部は吸収できないということがありますので、行く前は準備、そして第一歩が間違わないように気をつけるためのもの。そして、着いていろいろ課題にぶつかって経験してから、もう一度深く研修を行ったほうが効果的ですね。

藤井　最近は、若い人が海外赴任すると、現地の上司が外国人というケースも結構あって、上に立つのもストレスだし、下でついていくのもなかなか難しいという問題もよく聞きます。ヨーロッパやアメリカにある日系企業ではアジア圏と比較すると、現地化が進んでいる企業も多いです。そこに、最近の傾向として、年齢の若い人材を送ることが増えていますので、「こんな若者が何しに来たの？」という感じで、疎まれると。

カップ　赴任には経費がかかるので、まだ独身の人から、あるいは配偶者だけで子供がいないとか、いてもまだ就学前の人のほうを送りましょうという傾向がありますね。顧客の外国人上司からも、付き合い方が難しいという話も聞いています。

藤井　会社でのビジネスの経験値も低いということもあり、その悩みを話せるような場所を会社は準備すべきと思います。

カップ　そして、ご自身でもこの本を読んだり、現地でセミナーや、交流活動に出たり、現地の日本商工会議所みたいなところに参加したり、他の人の話を聞いたり、自分のほうから積極的に情報収集するのがいいのではないかと思いますね。

　特に、赴任する方に提案したいのは、交流することです。よくある問題として、次のようなことが起こりやすくなります。まず、海外に赴任して大きな責任を感じていますし、そして、たくさんしなければならない仕事もあります。仕事以外のことをしようと考えた時、英語や他の言語など母国語以外の言葉ではでやりにくいし、回りも知らない人ばかりで億劫です。

かえって、会社に行って自分の仕事をするほうが、知っていることの範囲だから楽、そうすると会社にいるばかりで全然外に行かなくなってしまいます。近くにある会社の日本人とすら話さない。ネットワーキングに出かけない。その楽なほうに陥ると、外からの情報が入らなくなり、しだいに孤独になってしまいます。

　私はシリコンバレーにいますが、シリコンバレーの場合は住むための生活費が非常に高く、特に家賃が高くて、月額4,000ドルの家を借りるというのは普通です。その高いコストを払ってでもシリコンバレーにいる価値はどういうことなのかというと、ネットワーキングしたり、地元のベンチャー企業を訪問したり、ベンチャー投資家と関わったり、何が実際に起きているかを聞いたり、肌で感じたり、人脈をつくることができる、という理由からです。でも、日本企業の赴任者が来ても、そのような会に出ない人もいるし、事務所にこもってばかりで、夕方になったら日本の親会社との電話会議ばかりしています。だったら人をシリコンバレーに送っている意味が全然ないじゃないのと思っちゃうんですね。

藤井　確かにそうですね。アメリカにいる人たちが、夜遅くまで本社と会議をしていますので、本社はその点についてあまり考慮していないのでしょうね。

カップ　そういうふうに密接に親会社とコンタクトすることが仕事なら、なんで海外に人を送るのか。考えてみると本当に意味がないと思えてしまいます。

——よく、日本の本社と現地の、板挟みという話を聞きますが。

カップ　それもありますね。「板挟み」という言葉は日本人の顧客から学びました（笑）。

藤井　海外赴任者のローテーションがうまくいっている会社は、本社側に海外赴任経験者がいるのでまだよいです。とはいっても本社に戻ってしまうと本社の立場でものを言う人にはなるのですが…。たとえば海外赴任したい人がいないとか、何十年も同じ人を送り込んでいる会社もあります。そ

巻頭対談

うすると、日本側は、現地のことがわからない人ばかり、一方で、海外の人は日本側の事情に疎くなってしまう状況になると、互いに意思の疎通が図れないという問題が出てきます。そうなってくると、日本側の人はますます行きたがらない、帰って来られなくなるんじゃないかという不安も募る。そういう会社はよくあります。それから、海外赴任者からしてみると、意味のない書類の提出要求が日本側からものすごく多いという声もよく聞こえてきます。これ、提出させてその後何に使っているんだとか。

カップ 確かにそれはあって、そういうことは赴任者の負担になります。日本の会社に独特の、書類のスタンプラリーには問題が多いですね。もうひとつ見えている傾向があって、親会社のそういう要求があまりにも多いから、現地で日本人を雇う必要が出てきてしまい、比較的小さいオフィスでも日本人を2〜3人現地で雇って、そういった日本的な仕事に対応してもらっている、というところもありました。そうすると従業員の構成もおかしくなりますね。「なんでこんなに多くの日本人を置く必要があるのか」となりますね。

　ところで、海外赴任の大変な話ばかりになると、これから行こうと思っている方が嫌になってしまうかもしれません。赴任することのいい面、赴任から何を学べるのかも伝えたいですね。人生の中で赴任はどういう意味になるのか。ポジティブな部分もお話ししたいですね。

藤井 そうですね。それに関しては、弊社でも赴任者にアンケートをとっています。そのメインは、給与とか手当とか福利厚生に関してどう思っているのかということなので、皆さんいろいろ不満を書かれるんですけど、「もう一回行きたいと思いますか」という問いに、ほとんどの人は「行きたい」と書かれるんですよ。どれだけ給与に文句を言っていても、です。ですから、ポジティブな面もあるのだと思います。職位が上がることで高

い位置からものが見えて裁量があるということと、あとは手取り給与が増えるのです。日本にいる時より手取りが減るということは、あまりないですから。いろいろな経験ができることもあって「やっぱり行ってよかった」という人達が多いのだと思います。最初は不安があるとしても、赴任すれば金銭面・非金銭面でいいことがたくさんあるのだと思います。

「もう二度と行きたくない」というのは、よっぽど僻地などに行かされたりとか、生活環境が耐えられなかったりとか、あとは上司と合わなかったという理由もありますが、基本的にはどの会社でその質問をしてもポジティブな回答が多いですね。皆さん「ぜひ行きたい」が多いです。「二度と行きたくない」はほとんどなくて、「条件による」というのもありますけれど、やっぱりポジティブな面が多いのだなと感じます。

——この本のもう一つの柱である出張者の問題をお聞かせいただけますか？

カップ　私の観察では、海外に出張する人に対して何も教育がされてないので、アメリカではこういう言い方は不適切だとか知らなくて、出張している間に言ってしまったりするようなことが起こっています。

藤井　そうですね。アジア圏でも、赴任者はしなくても、出張者が不用意な言動をしてしまい会社全体の評判を落としているというのは聞いたりしますし、あと、赴任者には予防接種を受けさせているものの、出張者には何もさせていないで健康を損なってしまったという問題も起きています。そういう意味では大きなストレスがかかり、しかも期間も短い中でいろいろなことをしなければいけないので、出張者のほうが問題が起こりやすいといえますね。慣れていないし、知らなくてやってしまうこととかもありますね。

あとは、大企業ではあまりないですけど、海外に慣れていない会社は、ビザのことをよく理解していないので、短期間でも工場に入って仕事をするには就労ビザが必要なのに取らずに行かせたりすると、見つかって処罰を受けたりすることもあります。本人は悪くないのに本人に×（バツ）が

つきます。出国できないとか、取り調べを受けてしまったりとか、そういうことが起きています。

——出張が長期化している傾向がありますね。

藤井 はい、長期の出張が増えているのはコストの問題もあると思います。短期だと条件を満たせば任地で所得税がかからないことが多いので、短期でいろいろな人をぐるぐる回している会社もありますね。ほとんど赴任と同じような状況になっていますが、会社の規程上は扱いが違うので、赴任者のようなサポートはないんです。あまり出張を繰り返しすぎると今度はその国に入る時に「何しに来てるんだ」と言われ、就労ビザを持っていないことが発覚し、もう入国できなくなる。そういうことは本人にもストレスもかかるし、十分な仕事ができる環境とはいえません。日本人を担当しているお医者様に現地で聞いても、「出張者が体調を崩して駆け込んでくるケースは多い」そうです。赴任者は、海外での生活パターンに慣れているけれども、出張者は前後も出張中も、慣れていないのにギュウギュウに仕事を詰め込んでやってきて、体調を崩すようです。予防接種を受けずに肝炎になったというのもありますし、持病があるような人を行かせていて現地で急に調子が悪くなったとか。

カップ それは大変ですね！

藤井 中国などでは近いのと、何回でも出入りできるビザで月曜に日本を出て、金曜に帰るという生活をしている人もいますね。近いから、会社としては「北海道と同じ」という感覚なのでしょう。

カップ でも、それはおかしい。本当におかしい。非人間的ですね、そういうのは。

藤井 あと、税金の問題もあります。滞在日数が一定日数を超えると免税が適用されなくなるなど、納税の問題が生じることもあります。赴任者についていろいろ配慮していても、出張者への対応はおろそかになる傾向があります。

カップ 軽く考えないでほしいですね。

藤井 会社としてはそうですね。海外旅行保険を付け忘れるようなこともないようにしないといけません。

――最後に、外国人を雇用するということで気をつけたいことをお話しいただけますか？

藤井 最近は外国人を雇用したいとか、現地の子会社を使って採用活動して本社で採用したいというような相談が明らかに増えてきている感じはしますね。しかし、日本の会社は出世は遅いし、給与もあまり上がらないし、給与水準も決して高くありません。

カップ キャリアプランもないですね。

藤井 そうですね。それで、ローテーションさせられるから専門性も身につかないし。日本語も堪能だと、もっぱら通訳として重宝されてしまって、あまりおもしろくないので転職したというケースも聞きます。

カップ そうね。ちょっと経験を積んで、早くどこかに転職しようと考える外国人は少なくないです。私が思うのは、日本人は「もう転職できない」あるいは「してはいけない」と思っているから藤井先生がおっしゃるような扱いを我慢できますけど、いくらでも他の選択肢を持っている外国人だったら、我慢しないですね。我慢する理由もないし、意味もないし、特に日本語と母国語が流暢である有能な人だったら、いくらでも選択肢はありますね。だから、本当に日本企業が考えなければならないのは、その人にどんな将来を提供できるのか、ということです。

藤井 うまくいっている会社もあるんですか。

カップ ありますけど、少ないです。たとえば、「外国人はすぐ辞めるから」と言いますが、それは「自動的に実現させる予測」ですね。日本の女性も同じでしょ。子供が生まれたら辞めるだろうと言って責任を持たせない。でも、本当にそういう考えからスタートしてしまったら何もならないのですね。たとえば、有能な若い人を雇うことで有名なアメリカのコンサルティング会社は、雇うのは２年だけ。そして、その後大学院に行くとかは本人の自由です。でも、２年の間にはその人の能力を積極的に使う。学

ぶ機会も多いし、責任のあることを任せています。だから、「すぐ辞めるから」と言って有効に使えないのは、人を使う能力もない証拠ですね。

藤井 そうですね。有能なら、たった2年間でもしっかり働いてもらえればそれでよいという考え方もありますね。

カップ 私が思うに、2つの可能性があると考えています。外国人労働者の雇用について、1つは正社員、日本人と同じように雇って、将来がある道を見せる。もう1つは、先のコンサル会社のように、2年間働くプランを提示する。その後は別の仕事をするか、あるいは大学院に行く。特に、有能な欧米人の多くは大学院に学びに行きたいんですよね。だから、2年間雇ってその間はおもしろい仕事ができますということですね。そういったふうに、2年だけだということを最初から決めたらいいんじゃないかと思いますね。特別な名前をつけて、何とかプログラムとかみたいに。先のコンサルタント会社は、そういう若い時期に働いた人がいっぱいいて、OB会をちゃんと管理したりして、イベントも開いて、そしてまた、その会社の顧客になってくれる、という循環を作っています。

藤井 なるほど、うまく考えているんですね。有能な人はまた戻せばいいわけだし。

カップ そうですね。だから、日本企業ももっとクリエイティブに考えればいいじゃないかなと思います。

※ この他、「人材をどう選ぶか」「帰国後の対応について」「語学の必要性」などについても対談していただきました。続きは税務研究会のホームページにある、「海外赴任・出張 外国人労働者雇用」特設サイトでお読みいただけます。

URL　https://www.zeiken.co.jp/lp/kaigai

2

海外赴任

1 準備編

Q1
居住者・非居住者の定義と課税所得の範囲の違いとは？

海外勤務すると日本の非居住者に該当するケースが多いと聞きました。

そもそも日本において「居住者」と「非居住者」はどのような基準で区分しているのでしょうか。赴任時のビザの種類や会社からの内示の有無等で、居住者、非居住者の判断が異なってくるのでしょうか。

A1
1．居住者・非居住者で異なる課税所得の範囲
〜1年以上の予定で日本を離れる場合は出国の翌日から非居住者〜

日本の所得税法では、納税義務者を「個人」と「法人」に区分し、「個人」については国内における住所の有無、または1年以上の居所の有無に応じて、**【図表1−1】**のように「居住者」及び「非居住者」に区分しています。

このように居住者、非居住者の区分は、その人の「国籍」や、「赴任先でどのようなビザ（出張ビザ、駐在ビザ、留学生ビザ等）を取得して海外に赴任したか」や「社内の区分上、海外出張なのか海外勤務なのか」には関係なく、端的にいうと、「1年以上の予定で日本を離れるか否か」により判定します（ただし、公務員や船舶・航空機の乗務員等には特例が適用されるため、この限りではありません）。

よって、1年以上の予定で海外に勤務する方については、出国日の翌日から、日本の非居住者（※）となります。

（※）出国日と発令日が異なっている場合も、出国日を基準にして居住者・非居住者の判断を行います。

【図表１－１】所得税法による居住者・非居住者の区分

		定義	国内源泉所得 例：国内で勤務したことにより得た所得	国外源泉所得（＊） 例：国外で勤務したことにより得た所得（海外勤務中に、従業員に支払われる日本払給与等）
居住者	非永住者以外の居住者	国内に住所を有し、または現在まで引き続いて１年以上居所を有する個人のうち、非永住者以外の者	課税	課税
	非永住者	居住者のうち、日本国籍を有しておらず、かつ、過去10年以内において国内に住所または居所を有していた期間の合計が５年以下の者	課税	国内で支払われたもの、及び国内に送金されたもののみ課税
非居住者		居住者以外の個人（１年以上の予定で日本を離れる者は非居住者に該当）	課税	非課税

　通常、１年以上の予定で海外勤務する場合が多いことから、赴任中は日本の非居住者に該当します。

　非居住者は【図表１－１】からわかるとおり、国内源泉所得しか課税の対象にはなりません。

　なお、役務の提供の対価に関する国内源泉所得、国外源泉所得の区分は、「当該所得がどこから（どの国から）支払われたか」ではなく、「どこで（日本か海外か）働いたか」によって区分されることになります。

　したがって、日本の本社が１年以上の予定で海外勤務している方に支払う給与は、【図表１－２】のとおり、国外源泉所得に該当します（ただし役員報酬は例外です。詳細はQ21をご参照ください）。

【図表1-2】労務の提供に関する国内源泉所得・国外源泉所得の区分の仕方

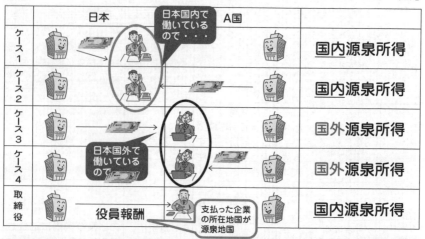

「どこから受け取ったか」ではなく「どこで働いたか」で判断する！（役員報酬は例外）

2．やむを得ない事情による勤務期間の変更について

やむを得ない事情による勤務期間の変更に伴う居住者・非居住者の判定については概ね、【図表1-3】のとおりとなります。

【図表1-3】居住者・非居住者の判定

事 例	取 扱 い	備 考
1年以上の予定で赴任したが、やむを得ない事情（業務、病気、事故等）で1年未満で帰国することになった場合。（例：3月末に1年以上の予定で海外勤務したが9月末に帰国した）	予定が変更になった（1年未満になった）時点から居住者扱い。それまでの期間は非居住者として取り扱ってもよい。	1年以上の予定で赴任しているので、1～3月分については年末調整が行われているが、帰国後、10～12月分及び1～3月分についても再度年末調整を行う。（非居住者期間は年末調整の対象にしない）
1年未満（5ヵ月）の予定で赴任したが、やむを得ない事情（業務、病気、事故等）で赴任期間が1年以上になった場合。（例：3月末から9月までの予定で海外勤務したが、9月末の時点で赴任期間が3年に延長になった）	予定が変更になった（1年以上になった）時点から非居住者扱い。それまでの期間は居住者として取り扱ってもよい。	当初、5ヵ月間の赴任予定のため、赴任前に年末調整は行われていないが、9月末の時点で1年以上の海外勤務になることが決まったため、1～9月分の所得について年末調整を行う。

関連法令　／　参考になるウェブサイト等

■関連法令

所得税法第2条①3，4，5；定義

所得税法第102条：年の中途で非居住者が居住者となった場合の税額の計算

所得税法第161条：国内源泉所得

所得税法第190条：年末調整

所得税法施行令第15条：国内に住所を有しない者と推定される場合

所得税基本通達2-1：住所の意義

所得税基本通達3-3：国内に居住することとなった者等の住所の推定

■国税庁ウェブサイト

業務の都合により1年未満で帰国したり、海外勤務が1年以上となった場合の居住者・非居住者の判定
http:s//www.nta.go.jp/law/shitsugi/gensen/01/02.htm

海外事業所等へ勤務するための出国の意義
https://www.nta.go.jp/law/shitsugi/gensen/02/08.htm

No.2875　居住者と非居住者の区分
https://www.nta.go.jp/taxes/shiraberu/taxanswer/gensen/2875.htm

No.2878　国内源泉所得の範囲（平成29年分以降）
https://www.nta.go.jp/taxes/shiraberu/taxanswer/gensen/2878.htm

1年以上の予定で海外勤務する場合は、赴任翌日から日本の「非居住者」に該当する。

日本の居住者、非居住者の判定において、海外で取得するビザの種類や、社内の区分（長期出張扱いか、駐在・出張扱いか、留学扱いか）は基本的には関係がない。

Q2
海外勤務に当たって支給される支度金は課税されるか？

海外勤務に際して必要な物品を購入できるよう、赴任支度金を支給することになりました。この支度金については給与として課税が必要でしょうか。

A2

1．支度金の相場は？

赴任支度金とは、海外勤務に伴い必要となる物資を購入するために支給するものです。

支度金の設定の仕方は会社によって「役職ごとに金額を設定するケース」「赴任形態ごとに金額を決定するケース」「基本給の1ヵ月分とするケース」「全員一律のケース」など様々です。なお、本人に対しては20～30万円とするケースが多いようです。

2．旅費・支度金の課税上の取扱い

通常、旅費は所得税法第9条1項4号に従い、非課税になりますが、あくまで実費見合い分のみです。赴任支度金を「給与の1ヵ月分」「●万円」といった形で渡し切りで支給するケースは給与所得扱いとなり、所得税の課税対象となるので注意が必要です（そのため、企業の中には支度金の利用明細を提出させているケースもあります）。

なお、法人がその役員または使用人の海外渡航に際して支給する旅費は支度金を含み、その海外渡航が当該法人の業務の遂行上必要なものであり、かつ海外渡航のため通常の費用と認められる部分の金額については、旅費としての処理が認められています。

関連法令

所得税法第9条：非課税所得

所得税基本通達9-3：非課税とされる旅費の範囲

所得税基本通達9-4：非課税とされる旅費の範囲を超えるものの所得区分

Q3
語学研修の費用は課税されるか？　家族の分は？

赴任前に赴任予定者本人と帯同予定の配偶者と子女に対して語学研修を提供することになりました。この際にかかる語学研修費は給与として課税されますか。

A3
1．本人の語学研修費について

役員や使用人に対し、業務に直接必要な技術・知識を習得させたり、免許・資格（特定の資格は除く）を取得させたりするための研修会、講習会等の参加の全部または一部の費用を負担した場合には、これらの費用として適正な金額（原則的には実費）であり、かつ会社から直接業者に支払うものについては非課税としてよいことになっています（所基通36-29の2）。

2．配偶者・帯同子女について

配偶者の語学研修費用の負担は、従業員に係る費用ではありません。そのため、給与として課税するのが一般的と考えられます。ただし、研修内容が海外勤務地で日常生活を営む上で必要不可欠なものであり、かつその費用の実費を会社が負担する場合は、配偶者に係る研修費についても、従業員本人の場合と同様に、所得税の課税対象とはならない可能性がありますので、必要に応じて税務署等にご確認ください。

なお、帯同子女について語学研修費用を提供した場合は、日常生活での必要性の有無にかかわらず給与として課税する必要があります。

関連法令　／　参考になるウェブサイト等

■関連法令
所得税法第9条：非課税所得
所得税基本通達36-29の2：課税しない経済的利益…使用人等に対し技術の習得等をさせるために支給する金品
■国税庁ウェブサイト
No.2588　職務に必要な技術などを習得する費用を支出したとき
https://www.nta.go.jp/taxes/shiraberu/shinkoku/tebiki/2015/

taxanswer/gensen/2588.htm

本人については業務上必要かつ実費見合いであれば非課税。
帯同家族については給与として課税と考えておいたほうがよい。

A ビザの申請

　海外勤務予定者が決まって、はじめに行わなければならないのは、勤務地国へ入国するためのビザ（VISA：査証）取得手続きです（VISAとは、勤務地国の在日大使館または領事館が発行する入国許可の推薦状です）。

　この手続きが順調に進まなければ、計画どおりの時期に赴任させることができません。そのため、赴任予定日からさかのぼって、いつの時点から必要書類を揃えておく必要があるかを十分に考慮する必要があります。

　また、国によってビザなどの申請手続き、添付書類の種類も異なり、中には当該国の在日大使館、領事館の認証や、出身校の卒業証明書、無犯罪証明書等が要求されるケースもあります。これらの書類の取得には日数を要するケースも多いため、ビザに関する手続きは、できるだけ早めに行うほうが安心です。

　そのためには、早めに内示が行われる体制作りをすることも必要になるため、事前にビザ取得に要する日数等を確認し、「赴任予定日から○ヵ月以上前に内示が行われないと、赴任時期に勤務地国で就労するために必要なビザが取得できない恐れが十分にあること」を内示発令権限のある方に事前に伝えてくことも必要です。

　（※）ビザ申請時には旅券（パスポート）の残存有効期間を確認してください。もし有効期間が1年未満等ビザ申請に必要な残存有効期間を満たしていない場合は、旅券を更新してからビザ申請をすることになり、ビザ申請が予定より遅れることになります。

　ビザの取得に要する期間、必要書類は国により様々であり、また同じ国であっても、時期により発給に要する時間や困難度は異なります。

　ビザ取得サポートを行っている専門業者によりますと、「【図表A−1】のいずれかに該当する海外勤務予定者については、必要書類の準備やビザ取得に通常より時間がかかることが多い」そうです。

そのため、特に【図表Ａ－１】に該当する海外勤務者を送り出す可能性がある場合には、できるだけ早い段階で、勤務地国の日本大使館に確認したり、ビザ取得代行業者に相談したりするなどして、会社が想定している人材を、スケジュールどおりに赴任させることが可能なのか否かについて確認しておくことが、スムーズな赴任に当たり不可欠といえます。

　なお、帯同する配偶者と子女については、「本人の家族」として、帯同ビザを取得することができますが、子女の年齢によっては、勤務地国では「成人」として扱われるため、帯同家族としてのビザを取得できないケースがあります（18歳を超えた子女については帯同家族としてのビザが発給されない国もあります）。このような場合は留学ビザを取得するなど個別に対応する必要があります。

【図表Ａ－１】ビザ取得に当たり、通常よりも時間を要することがあるケース

- **その拠点において初めての赴任者である場合**

　ローテーションで赴任者を送り込む場合と比較し、必要となる書類や審査事項も多い傾向にあり、時間を要することが多い。海外拠点設立が決まった段階から情報収集を行うことが望ましい。

- **経験の少ない若手人材を赴任させる場合**

　通常、招き入れる国側は、「自国内で代替することができない人材」を受け入れたいと考えている。

　その点を考慮すると、経験の少ない若手人材にビザを発給することは、上記の趣旨に沿わないため、「研修」等の、初めから研修とわかってビザを発給する場合を除き、歓迎されないケースがある。そのため、大使館より追加書類の提出や赴任者の個人経歴に関わる説明を求められることもあり、経験のある人材に比べるとビザ取得までに時間を要するケースがある。

- **大学卒以上の学歴がない場合**

　国によっては、就労ビザ、労働許可の発給の条件の一つに「大卒以上」であることを求めるケースも少なくない。「経験」があれば、大卒と同等に扱ってもらえる場合もあるが、ビザまたは労働許可の区分によっては大卒であることが絶対条件になるケースもあり、高専等では下りないこともある。

- **過去に海外での滞在経験（留学・駐在経験）等がある場合**

　勤務予定の国がビザ申請に当たり、「過去●年間の無犯罪証明書」を要求している場合、その期間内に海外滞在期間が存在すると、海外滞在国における無

犯罪証明書（日本では「警察証明」（※））も必要になる。また、ビザ取得に当たっては、最終学歴の卒業証明書や成績証明書が必要になる場合も多いが、海外の大学等を卒業・修了している場合は、当該大学の成績証明書等も必要になる。この場合、国内の大学等と比べ、書類取得までに時間を要することがある。
（※）「犯罪」の定義は、国により異なる。軽微な交通違反は問題ないと考えられるが、重大な過失のある交通違反等は、犯罪歴に含まれる可能性がある。

・**外国籍の場合**
　海外勤務予定者本人が外国籍で、本人の母国に赴任する場合を除いては、ビザ取得に要する手間と時間は同等能力・経験を保有する日本人のビザを取得する場合と比較し、確実に時間がかかると思ったほうがよく、場合によっては、特定の国の人については就労ビザそのものの発給が認められない可能性がある（本人ではなく帯同予定の配偶者が外国籍の場合、配偶者のビザの発給に当たり本人以上に追加書類が必要になり、本人のビザ取得以上に会社側・本人側双方にとって手間のかかることがある）。

・**勤務地国の長期休暇時期、イベント開催時期にかけてビザ申請する場合**
　夏休み等の長期休暇時期やクリスマス、カーニバル等その国の大きなイベント開催時期はビザや労働許可発給に関与する職員も休みを取るため、全体的に業務が滞ることも少なくない。できるだけそのような時期を外して申請するか、そういった時期があることを見越して早めに申請することが必要。

Q4
海外赴任前に年末調整が必要？
海外赴任者については出国時に年末調整が必要と聞きました。
出国時の年末調整について留意すべきことを教えてください。

A4
　1年以上の予定で日本を離れ、海外に居住する方については、出国までに年末調整を行っておく必要があります。
　年の途中で出国した場合、年末調整の対象となる給与は、出国する日までの給与です。なお、社会保険料や生命保険料等の控除は、出国する日までに支払われたものだけに限られます。
　また、医療費控除、雑損控除、寄附金控除（特定団体に1万円以上寄附した場合）の適用を受ける場合、年末調整ではこれらについては、計算の対象にならないので、各自で確定申告を行う必要があります。

【図表4-1】年末調整の対象となる所得控除

所得控除		概要
物的控除	社会保険料控除 生命保険料控除 地震保険料控除 小規模企業共済等掛金控除	その方が居住者であった期間内（1/1～出国の日まで）に支払った社会保険料、生命保険料（※）、地震保険料が控除対象になる。 (※) 外国の社会保険料及び外国保険事業所が締結した生保契約又は損保契約のうち、国外で締結したものにかかるものは、控除対象にはならない（所法74、76、77）。
人的控除	配偶者控除 扶養控除等	出国の際の年末調整においては、出国の日の現況で判定。 (出国の際の年末調整に当たり、控除対象配偶者や扶養親族に該当するための所得要件（合計所得金額が38万円以下）を満たすかどうかは、その出国の時の現況により見積もったその年の1/1～12/31までの合計所得金額により判定する（所基通85-1))。

関連法令　／　参考になるウェブサイト等

■関連法令

所得税法74条：社会保険料控除

所得税法76条：生命保険料控除

所得税法77条：地震保険料控除

所得税基本通達85-1：年の中途において死亡した者等の親族等が扶養親族等に該当するかどうかの判定

■国税庁ウェブサイト

非居住者であった期間内の社会保険料、生命保険料
https://www.nta.go.jp/law/shitsugi/gensen/03/12.htm

年の中途で出国し非居住者となった者が後発的事由により帰国し居住者となった場合の年末調整
https://www.nta.go.jp/law/shitsugi/gensen/03/13.htm

No.2517　海外に転勤した人の源泉徴収
https://www.nta.go.jp/taxes/shiraberu/taxanswer/gensen/2517.htm

No.1920　海外出向と所得税額の精算
https://www.nta.go.jp/taxes/shiraberu/taxanswer/shotoku/1920.htm

出国する前に、出国までの所得について年末調整を忘れずに実施すること。

Q5
海外赴任中に日本の税金の支払いがある場合は？
海外赴任に当たって、納税管理人を立てる必要がありますか。

A5
1．納税管理人はどういった場合に必要なのか？
〜海外勤務中、給与以外の所得が日本国内で発生する場合にのみ必要となる〜

1年以上の予定で日本を離れる場合、出国の翌日から「(日本の)非居住者」となりますが、非居住者の所得のうち、日本国内で発生した所得については、引き続き日本で所得税が課税されます。

たとえば自宅の賃貸料等の不動産所得が一定以上あれば、毎年確定申告が必要ですが、このような場合には、出国する日までに納税管理人を定める必要があります。

では納税管理人はどのような役目を果たす存在なのでしょうか。一般に納税管理人は、確定申告書の提出や、税金の納付等、非居住者の納税義務を果たすために置かれます。

納税管理人を定めた時は、その非居住者の納税地（通常、直前まで居住していた住所のあるところ）を所轄する税務署に「納税管理人の選任届」を提出する必要があり、納税管理人の届出をした後からは、以後税務署が発行する書類が納税管理人宛に送付されます。納税管理人を解任した時も、納税者の納税地の所轄税務署長にその旨を届け出なければなりません。

【図表5－1】納税管理人とは？

・どのような場合に必要か？
　⇒海外勤務中も日本国内で給与以外の所得が一定額（※）超発生する場合。
　（※）出国する年：20万円（超）、出国中の年：38万円（超）

・納税管理人は誰になってもらえばいいのか？
　⇒日本の居住者であれば誰でもよい。法人（勤務先など）、個人（日本に残る家族・親族、友人、会社の総務担当者等）のいずれでもかまわない。

・納税管理人の手続きはいつまでに行うのか？
　⇒出国するまでに手続きをする。

2．納税管理人を定めないとどうなるか？
～確定申告の際、扶養控除等の判定に関して不利になるケースがある～

居住者が非居住者になる前に、納税管理人を選任して、その旨を届け出ている場合には、所得税法上は申告期限、扶養控除の判定等に関して「出国」したことにはならず、納税管理人を選任しなかった場合に比べ、【図表5－2】のような違いがあります。

【図表5－2】納税管理人の有無と確定申告

	納税管理人指定なし		納税管理人指定あり	
出国時期	3/15までに出国	3/16以降に出国	3/15までに出国	3/16以降に出国
確定申告期限	前年分、当年分共に出国の日までに申告	当年分：出国の日までに申告	前年分：当年3/15までに申告 当年分：翌年3/15までに申告	当年分：翌年3/15までに申告
人的控除（扶養控除等）の判定時期	出国した時の現況により判定		出国した年の12/31の現況による（ただし出国後、子供が生まれた場合など、扶養家族が増えたからといって、出国前に行った年末調整のやり直しを行い、過納額を還付することはできない）	

関連法令　／　参考になるウェブサイト等

■関連法令
国税通則法第117条：納税管理人／国税通則法施行令第39条：納税管理人の届出手続
■国税庁ウェブサイト
所得税・消費税の納税管理人の届出手続
https://www.nta.go.jp/tetsuzuki/shinsei/annai/shinkoku/annai/07.htm
No.1923　海外転勤と納税管理人の選任
https://www.nta.go.jp/taxes/shiraberu/taxanswer/shotoku/1923.htm

---

非居住者期間中にも、日本で確定申告書の提出が必要な人については、納税管理人を指名する必要がある。
⇒非居住者全てに納税管理人が必要なわけではない！

Q6

住宅ローンがある場合はどうなる？

このたび海外勤務する社員は住宅借入金等特別控除の適用を受けています。赴任中には住宅借入金等特別控除は適用されないのでしょうか。

A6

1．住宅借入金等特別控除適用の条件

平成11年1月1日から平成31年6月30日までの間に、10年以上の償還期間があるローンで住宅を取得してその取得の日から6ヵ月以内に居住の用に供した場合には、その居住の用に供した年以後一定期間（住宅取得年度により異なります）、一定要件のもとに一定額の住宅借入金等特別控除（以下「住宅ローン控除」）を受けることができます。また、ローン型の特別控除の他、自己資金型の制度もあります。

ただし、いずれの年分においても、その年の12月31日まで引き続き住宅を居住の用に供していることが適用要件になっています（措法41①）。

【平成28年度税制改正により、平成28年4月1日以降に海外勤務中（非居住者期間中）に購入した自宅も、帰国後、住宅借入金等特別控除の適用を受けられる余地があります】

平成28年度税制改正により、住宅借入金等特別控除の適用対象者が、従来の「居住者」から「個人」に変更になりました。これにより、「非居住者」である海外勤務者が、平成28年4月1日以降に購入した自宅も、住宅借入金等特別控除の適用対象になります。

つまり改正前は、帰国後に居住者として住宅の取得等をした場合に限り、住宅借入金等特別控除の適用を受けることができたのが、改正後は、非居住者である海外赴任者が、その非居住者である期間中に、帰国後の生活のために住宅を取得等した場合であっても、特別控除の適用ができるようになりました。なお、適用を受ける各年の12月31日まで引き続き居住していること等の居住要件や合計所得金額が3,000万円以下であること等の所得要件は、改正の前後を通じて同じです。

〈※注意1〉
　海外勤務期間中、自宅等を賃貸に出し、不動産所得等を得るなど、日本で所得税の支払いが必要になる場合であっても、非居住者期間中は住宅借入金等特別控除の適用を受けることはできませんのでご注意ください（理由：非居住者には住宅借入金等特別控除をはじめとした税額控除は適用されないため）。

〈※注意2〉
　この改正においては住宅借入金等特別控除の適用対象者が「居住者」から「個人」に変更になっただけで、その他については一切の変更はありません。よって、「購入してから6ヵ月以内に居住の用に供した場合」という点も同じです。つまり、非居住者期間中（この場合、海外勤務期間中）に住宅を購入した場合も、購入してから6ヵ月以内に購入した本人が居住を開始する必要があります。そのため、この改正で恩恵を受けるためには、海外勤務中ではあるが、購入時点から6ヵ月以内に帰国して居住の用に供し、適用を受けようとする年の12月31日まで引き続き住むことが必要となります。
　なお、実際の取扱いの詳細は必ず税務署等でご確認ください。

２．帰国後に住宅ローン控除の再適用を受けるには

　海外勤務者が帰国し居住者となった後、再度その住宅を居住の用に供した場合は、それ以後の年分（残存控除適用期間内の各年分に限ります）については、住宅ローン控除の再適用が認められます。
　このケースも、海外勤務期間中の非居住者である年分については住宅ローン控除が適用されませんが、非居住者（A氏）が海外勤務を終え帰国して居住者となった後、住宅ローン控除の適用対象となっていた住居を再び居住の用に供している時は、【図表6－1】のとおり、それ以後の残りの控除適用期間内の各年分については、再度住宅ローン控除の適用が認められます。
　住宅ローン控除の再適用を受けるためには、「その家屋を居住の用に供しなくなる日（すなわち転勤する日）」までに「転任の命令等により居住しないこととなる旨の届出書」を提出する必要があります。詳細は最寄りの税務署（所得税担当）にお問い合わせください。

【図表6-1】海外勤務者と住宅借入金等特別控除

平成30年	平成31年～32年の各年	平成33年	平成34年 平成35年の各年	平成36年	平成37年～39年の各年
←居住者→			←非居住者→		←居住者→
1/1 ▲住宅取得 12/31 居住者	1/1 12/31 居住者	1/1 ▲出国 12/31 非居住者	1/1 12/31 非居住者	1/1 ▲帰国 12/31 居住者	1/1 12/31 居住者
住宅ローン控除 適用あり （確定申告）	住宅ローン控除 適用あり （年末調整）	住宅ローン控除 適用なし	住宅ローン控除 適用なし	住宅ローン控除 適用あり （確定申告）	住宅ローン控除 適用あり （年末調整）

★平成30年度に住宅を取得し居住を開始した場合は、平成39年度まで住宅ローン控除が適用されます。

POINT! 帰国後は再適用が可能。ただし海外勤務中、控除が受けられなかった期間分が延長になるわけではない。

B 家族帯同か単身赴任か

1．赴任形態に対する会社の考え方

　数十年前は、海外赴任といえば大手企業が中心で「家族帯同が原則」が一般的でしたが、企業の海外展開が進み、中堅・中小企業の海外進出も一般化してきた現在では、「家族帯同が原則」としている企業は減ってきており、「家族を帯同するもしないも本人の自由」というケースはもちろん、中には「海外勤務は単身が原則」とする企業も存在します。

　赴任形態別で見たメリット・デメリットを下の図表にまとめました。

【図表B－1】赴任形態による違い

	単身赴任	家族帯同
メリット	〈会社にとって〉 ・家族帯同に比べて赴任支度金、引越代、住居費等が安くつく。 〈海外勤務者本人にとって〉 ・家族と離れていて寂しい反面、自由で気楽。	〈会社にとって〉 ・海外勤務者の心身の健康が保たれることでパフォーマンスが安定する。 〈海外勤務者本人にとって〉 ・外国暮らしを一緒に経験することで家族の絆が深まる。 ・子女に異文化体験をさせることができ、外国語習得のよい機会を得ることができる。
デメリット	〈会社にとって〉 ・単身赴任手当として、国内払手当が必要となる。 〈海外勤務者本人にとって〉 ・健康管理をしてくれる家族が身近にいないため、自己管理ができないと、健康を損ねるなど、生活が荒れる可能性がある。	〈会社にとって〉 ・子女教育費、家族手当といった追加コストがかかる。 〈海外勤務者本人にとって〉 ・家族の健康、メンタルヘルス面に問題が発生する場合がある。 ・子女の学力等に対する不安。 ・海外勤務者が出張等で不在ばかりだと、家族が日本在住時以上に孤独を感じることもある。

2．家族帯同できるエリアは？

　「家族帯同で赴任したい（もしくは赴任させたい）」と考えていても、日本人がほとんどいない地域、もしくは就学年齢に達している子女がいるにもかかわらず、日本人学校がない地域であれば、家族帯同は事実上難しくなるでしょう。アメリカ等欧米の先進国で英語圏については、平日は現地公立校、週末は日本語補習校という組み合わせで通学しているケースも多く見られます。アジア圏については、日本人学校がない場合、現地の公立校という選択肢は取れない場合が多いので、インターナショナルスクールに通うケースもありますが、学費が非常に高く、会社が学費全額を負担してくれるケースも少ないことから、例としては多くありません。なお、日本企業の多いアジア圏については少なくとも首都所在地は日本人学校が存在する国がほとんどです。

　子女の教育については「コラムH「帯同した子女の教育」で詳しく解説しています。

Q7

出国税がかかる場合とは？

平成27年7月から、いわゆる「出国税」（国外転出時課税制度）が導入されたと聞きました。

このたび社長の子息が海外勤務するので、出国税について知っておくべきことを教えてください。

A7

1億円以上の対象資産を所有等している場合に課税される

平成27年7月1日以後に国外転出をする一定の居住者が1億円以上の対象資産を所有等している場合には、その対象資産の含み益に所得税及び復興特別所得税が課税されることとなりました。

また、1億円以上の対象資産を所有等している一定の居住者から、国外に居住する親族等（非居住者）へ贈与、相続又は遺贈によりその対象資産の一部又は全部の移転があった場合にも、贈与、相続又は遺贈の対象となった対象資産の含み益に所得税及び復興特別所得税が課税されることとなりました。

そのため、相続または贈与を受けた財産が【図表7－1】の2に当てはまる場合は、当該財産について被相続人や贈与者側で所得税が課された上、相続人や贈与を受けた側にも贈与税や相続税が課されることになってしまいます。

【図表7－1】国外転出時課税の対象者と対象となる資産

1．国外転出時課税の対象者
　国外転出時において、以下の①②のいずれにも該当する居住者
①所有等している対象資産の価額の合計が1億円以上であること
②原則として国外転出する日前10年以内において国内に5年を超えて住所または居所を有していること
2．対象資産
　有価証券（株式、投資信託等）、匿名組合契約の出資の持分、未決済の信用取引・発行日取引・デリバティブ取引

（出所）国税庁資料より作成

関連法令　／　参考になるウェブサイト等

■関連法令

所得税法第60条の2　国外転出をする場合の譲渡所得等の特例

所得税法第60条の3　贈与等により非居住者に資産が移転した場合の譲渡所得等の特例

所得税法第60条の4　外国転出時課税の規程の適用を受けた場合の譲渡所得等の特例

所得税法第95条の2　国外転出をする場合の譲渡所得等の特例に係る外国税額控除の特例

所得税法第137条の2　国外転出をする場合の譲渡所得等の特例の適用がある場合の納税猶予

所得税法第137条の3　贈与等により非居住者に資産が移転した場合の譲渡所得等の特例の適用がある場合の納税猶予

所得税法第153条の5　国外転出をした者が外国所得税を納付する場合の更正の請求の特例

■国税庁ウェブサイト

国外転出時課税制度
https://www.nta.go.jp/taxes/shiraberu/shinkoku/kokugai/01.htm

国外転出時課税制度関係の各種様式
https://www.nta.go.jp/taxes/shiraberu/shinkoku/kokugai/yoshiki/index.htm

国外転出される方へ（リーフレット）
https://www.nta.go.jp/taxes/shiraberu/shinkoku/kokugai/pdf/01.pdf

POINT!　税逃れの国外転出ではなく、通常の海外勤務の場合でも、国外転出時に一定の資産を保有していたり、赴任中に贈与や相続を受けたりした場合は、出国税の対象になる。

Q8
海外赴任者の住民税はどうなる？
　出国時期によって翌年度の住民税の課税の有無が変わると聞きましたが本当でしょうか。

A8
1．海外勤務に際し海外転出届（住民票除票）が必要な根拠
〜昭和46年自治省通達より〜

　海外転出届提出の根拠は昭和46年3月31日付の自治省行政局振興課長通知（自治振128号）に由来します。

　この通達によると「海外出張者の住所は、出張期間が1年以上にわたる場合を除き、原則として家族の居住地にある」とされています。つまり「1年以上の予定で海外に出張（赴任も含みます）する場合は、住所は日本にはない＝海外転出届を提出しなければならない」ということになります。

2．海外での住所が決まっていない場合、転出先はどう書けばよい？

　海外での住所が決まっていない場合は、当面の滞在先（国名だけでも可）を記入し、提出することになります。海外転出届の提出は、出国の2週間前から可能です。

3．住民票の除票と所得税法
〜住民票の有無と税法上の居住者・非居住者は直接的には関係ない〜

　所得税法第2条によりますと、「1年以上の予定で日本を離れる個人」は非居住者となります。よって、1年以上の予定で海外勤務するに当たり、仮に海外転出届を提出せず出国したとしても、あくまで税法上の居住者と非居住者の判断基準は「1年以上の予定で日本を離れるかどうか」です。つまり、住民票の有無は基本的に、直接的な関係はないといえます（逆にいうと半年間の海外出張に際して海外転出届を提出し住民票を除票したとしても、1年以上の予定で日本を離れるわけではないので、海外出張中も、当然ながら日本の居住者として扱われます）。

4．住民票の有無と住民税の関係は？

　住民税の納税方法は「普通徴収」と「特別徴収」に分けられますが、給与所得者については通常、給与から住民税が差し引かれ、会社が当該住民税を納めるという特別徴収の方式がとられています。よって後者の場合、会社が給与支払報告書の個人別明細書の摘要欄に「〇年〇月〜〇年〇月まで海外勤務中」の旨を記載しておけば、翌年度の住民税は徴収されないのが一般的です。

　住民票の有無に関係なく、出国により1月1日現在において国内に住所を有しない場合は、原則として住民税の納税義務はありません。ただし、住所を有しないかどうかは、実質的に判断するものとされています。

5．住民票を除票すると何かデメリットは？

　住民票を除票すると、住民であることによる権利及び義務がなくなり、主に以下のような状況になります。

(1)　予防接種の案内が来ない、印鑑登録が抹消される、選挙の通知が来ない等

　海外転出届を提出し、住民票を除票すると、住民としてのサービスが受けられなくなりますから、たとえば学齢前の子供が受ける予防接種などの案内も来なくなります。

　なお、印鑑登録は抹消されるため、印鑑証明の入手ができなくなりますが、日本に住民登録をしていない海外在留者に対し、印鑑証明に代わるものとして署名証明（サイン証明）の取得は可能です。

　また、選挙の通知が来なくなりますが、在外公館で在外選挙人名簿に登録申請することで「在外選挙」で投票を行うことができます。

(2)　児童手当が受給できない

　児童手当は保護者が日本に住民登録または外国人登録をしていれば、所得制限や国籍制限はなく、受給権があります。

　よって、単身赴任の場合で子供と子供の母親等の保護者が国内に居住していれば（＝住民票があれば）、本人が海外勤務していても、子供本人が海外留学していたとしても、一定の条件を満たしている場合は児童手当を受給す

ることができます。しかし、保護者が1年以上の予定で日本にいない場合は（住民票の転出届を提出している場合）、児童手当の受給はできません。

　夏休み期間中など定期的に日本に戻って来られる場合などは、その都度、住民登録をする方もいます（何ヵ月以上日本に滞在する予定がないと住民登録ができないという決まりはありません）。そうすれば、その間は住民としての権利（及び義務）を受けることができます。

　一般に元の住所地に戻る場合は、過去5年前までの住民票の記録が残っているため、住民登録する方のパスポートを持参すれば手続きを行うことができます。一方、元の住所地以外の日本国内に居住する場合は、戸籍謄本と戸籍の附表（住所変更の記録）をパスポートと共に持参し、登録することになります（パスポートを持参するのは日本入国日を確認するためです）。

関連法令　／　参考になるウェブサイト等

■関連法令
昭和46年3月31日自治省自治振128号（住民基本台帳法の質疑応答について）
所得税法第2条

■ウェブサイト
各市区町村のウェブサイト（以下は東京都港区の場合）
https://www.city.minato.tokyo.jp/shibamadosa/kurashi/todokede/hikkoshi/index.html
厚生労働省　児童手当Q＆A（子供が海外留学している際に受給できる要件等も記載されている）
https://www.mhlw.go.jp/bunya/kodomo/osirase/dl/jidouteate240618-3.pdf

---

POINT! 1年以上の予定で海外勤務する場合は、住民票の転出届を提出すること！（単身赴任の場合は本人のみ届出を行う）

C 在留届の提出

1．3ヵ月以上滞在する予定のある方は在留届提出の義務がある

海外で生活している日本人が、災害や事故・事件に遭うことも少なくありません。そういった時に、日本国大使館や総領事館は「在留届」をもとに所在地や緊急連絡先を確認して、援護をしてくれます。

そのために、海外に3ヵ月以上滞在する場合は、住所または居所を管轄する日本の大使館または総領事館（在外公館）に「在留届」を提出することが、旅券法で義務付けられています。

この届け出は、実際に現地に到着後に行っていただくものですので、住所等が決まりましたら、届け出てください。ウェブサイトからでも情報を登録できます（日本を出国する前に在留届を提出することはできません）。

「オンライン在留届（外務省 ORR ネット）
https://www.ezairyu.mofa.go.jp/RRnet//index.html

在外公館で在外選挙人登録などの領事窓口サービスを受ける際にも、「在留届」は利用されています。自分や家族の安全のためにも、いざという時に役立つ「在留届」を忘れずに提出しましょう。

2．3ヵ月未満の滞在には「たびレジ」登録を

短期間の滞在の場合には、外務省の「たびレジ」に登録しましょう。こちらは法律で決められているものではありませんが、登録した渡航先の日本国大使館や総領事館から、安全情報が、出発前からメールで届くサービスで、無料で利用でき、最新の情報が届きます。

また、現地で事件・事故に巻き込まれた時は安否を確認し救援してくれます。

「外務省 海外安全情報配信サービス　たびレジ」
https://www.ezairyu.mofa.go.jp/tabireg/index.html

［※太字で印した届出書類等は、この本の特設サイトに詳細リンク先を掲載しています（以下同じ）。https://www.zeiken.co.jp/lp/kaigai］

Q9
日本の健康保険や年金などの取扱いは？

海外赴任中も日本の社会保険は継続することができるのでしょうか。

A9
1．在籍出向の場合

日本企業で雇用関係が継続したまま海外で勤務する場合、つまり「在籍出向」の場合で、出向元から給与の一部（全部）が支払われているのであれば、出向元との雇用関係は継続しているとみなされますので、海外勤務者の健康保険・厚生年金保険・雇用保険等の被保険者資格は継続します。被保険者資格が継続している以上、社会保険料の負担（出向元及び本人）は発生します。

なお、日本本社や現地法人から海外勤務者に対して支払われる給与等が標準報酬月額の算定の基礎となる「報酬等」に含まれるか否かは以下の基準で判断されます。

【図表9－1】海外勤務者の「報酬等」についての考え方

①国内適用事業所（日本本社等）からのみ給与等の報酬が支払われている場合
この場合、現地法人払い給与がないので、日本本社が支払った給与等のみを「報酬等」に含めます。

②国内適用事業所（日本本社等）及び海外の事業所（現地法人等）の双方から給与等が支給されている場合
ア）海外事業所からの給与・手当を「報酬等」に含めない場合
適用事業所の給与規程や出向者規程等に海外勤務者に係る定めがなく、海外事業所から支給される報酬が、海外事業所における労働の対価として直接給与等が支給されている場合は、国内の適用事業所から支給されているものではないため、「報酬等」に含めないことになります。
イ）海外事業所からの給与・手当を「報酬等」に含める場合
日本国内の事業所（A事業所）に勤務する被保険者が、海外の事業所（B事業所）に転勤となり、A事業所及びB事業所双方から給与等を受けているものの、B事業所から支給される給与等は、A事業所からの給与規程に基づいている場合は、両事業所の報酬の合計額を「報酬等」にします。

③国内適用事業所から給与が一切支給されない場合
在籍出向であっても、出向先から給与の全部が支払われ、出向元から給与が全く支払われないのであれば、出向元との雇用契約は継続していないとみなされる可能性があります。その場合、健康保険・厚生年金保険・雇用保険等の被保険者資格は喪失します。そのため、扶養家族を日本に残して海外勤務した際の、扶養家族の社会保険等について、対応策を考える必要があります。

（出所）日本年金機構「海外勤務者の報酬の取扱い」等をもとに作成

2．移籍出向の場合

　移籍出向とは、日本の出向元との雇用関係をいったん終了させ、勤務地国の現地法人等との雇用関係のみとなるケースを指します。つまり、出向元である日本企業との雇用関係がなくなるため、健康保険・厚生年金保険・雇用保険等の被保険者資格は喪失します。この場合も、扶養家族を日本に残して海外勤務した際の、扶養家族の社会保険について対応策を考える必要があります。

3．まとめ

　1～2をまとめたのが【図表9－2】です。

【図表9－2】海外勤務者の社会保険と労働保険

	被保険者資格が継続している場合	被保険者資格を喪失した場合
出向形態	・在籍出向で国内企業から給与が一部または全部支払われている場合	・在籍出向で国内企業から給与が全く支払われない場合 ・移籍出向の場合
健康保険	**継続** 日本一時帰国時も国内勤務時同様、健康保険が利用できる。海外では「療養費」扱いとなり、海外での療養費はいったん本人が全額立替し、後日一部療養費として健康保険から支給される（ただし、支給される療養費は、実際に支払った金額ではなく、日本の医療機関で治療を受けたと仮定した場合の保険診療料金を基準として計算される）。	**継続できない** 〈対応策〉 ①　任意継続被保険者手続を行う 　ただし、健康保険の被保険者資格喪失日から最長2年間しか加入できない。 ②　国民健康保険に加入 　ただし、市区町村に居住する者が対象のため、住民票を除票していると加入できない。
介護保険	**海外では介護保険サービスは適用除外** ただし、住民票を除票していれば、一部例外を除き、介護保険料は支払う必要はない。	**海外では介護保険サービスは適用除外** 保険料も不要（ただし、国民健康保険に加入している場合は、住民票の除票ができないため、国民健康保険料とあわせて介護保険料も納付しなければならない）。
厚生年金	**継続** 【図表9－1】参照。	**継続できない** 〈対応策〉 国民年金に任意加入。
雇用保険	**継続** ただし、失業給付等は帰国後しか受給できない。	**原則的には継続できない**

労災保険	適用対象外 労災保険は属地主義のため、海外勤務時は原則的に対象外。 〈対応策〉 労災保険の海外派遣者特別加入制度を利用。	適用対象外 移籍出向の場合は、労災保険の特別加入もできない。

参考になるウェブサイト等

■日本年金機構ウェブサイト

海外勤務者の報酬の取扱い

https://www.nenkin.go.jp/oshirase/taisetu/2014.files/0000020022FUlxbluFis.pdf

海外赴任中の給与が全額、現地法人等から支給され、日本本社からの支給がない場合は、日本の社会保険は継続できない。

Q10
社会保障協定の適用対象国とは？

このたび赴任する国と日本の間には社会保障協定が締結・発効されていると聞きました。

そもそも社会保障協定とは何でしょうか。また、社会保障協定発効国に赴任する場合に必要となる手続きについて教えてください。

A10
１．社会保障協定締結の背景は？
〜年金保険料の二重払いによる企業負担の増加、勤務地国での年金保険料掛け捨て〜

社会保障協定とは、相手国に勤務した会社員等の社会保険料の二重払いを防ぐことを目的としたものです。そもそも公的年金などの社会保険制度は、現在居住している国の制度に加入することが原則となっています。しかし通常、企業からの命令で海外勤務する場合、海外勤務中も出向元である日本本社との雇用関係が継続しているため、その間、日本と勤務地国の両方の社会保険制度に加入しているのが現状です（いわゆる「保険料の二重払い」）。そして、多くの場合、勤務地国での社会保険料の負担は海外勤務者本人ではなく、海外勤務者を送り出した日本本社が全額負担しています。

さらに、年金を受給するには、ある一定期間以上の加入期間が必要なため、数年程度で日本に帰国するケースが多い海外勤務者については、勤務地国での保険料は結果的に掛け捨て（いわゆる「保険料の掛け捨て」）になるケースがほとんどでした。

２．社会保障協定の概要

上記のような状況を解決するため、年金制度の二重加入の防止や、年金加入期間を両国間で通算し、年金の掛け捨てを防止しようとする二国間での協定が、社会保障協定と呼ばれるものです。

(1) 二重加入の防止
〜日本または外国の社会保険制度のどちらか一方にのみ加入〜

社会保障協定が発効している国に赴任する場合で、相手国（つまり勤務地国）の赴任期間が５年以内と予定される場合は、日本の社会保険制度のみに

加入し、相手国での加入が免除となります。
　一方、相手国での赴任期間が当初から5年を超えると見込まれる場合は、日本の社会保険制度を脱退し、相手国の制度に加入することになります。
　このように、どちらか一方の国の制度のみに加入することで、日本と赴任地の両方の社会保険料を負担する必要（いわゆる「二重加入」）がなくなったといえます。

(2) 年金加入期間の通算措置
〜自国（相手国）の年金受給に必要な加入期間が足りない場合は相手国（自国）の年金制度加入期間を足すことができる〜

　年金加入期間の通算とは、一方の国の年金制度の加入期間のみでは、その国の年金受給資格を満たさない場合に、社会保障協定相手国の年金制度の加入期間を、一方の国の受給資格期間に足す（いわゆる「通算する」）ことができるという制度です。
　たとえば、アメリカの年金受給資格を得るために必要な年金加入期間は10年（正確には40クレジット）ですが、アメリカでの赴任期間が6年のAさんは、アメリカ年金受給に必要な期間に満たないため、本来であればアメリカ年金を受け取れません。しかし日米社会保障協定においては「年金加入期間の通算措置」が盛り込まれているため、アメリカでの年金受給に必要な期間が足りない場合、日本で年金加入していた期間を通算することができます。
　仮にAさんの日本の年金加入期間が30年の場合、アメリカ勤務期間の6年に、日本の年金制度に加入していた期間を足すと「30年＋6年＝36年≧10年」となることから、アメリカでの年金受給資格を得ることができます。
　ただし、あくまでアメリカからは加入していた期間（6年間）に応じたアメリカ年金が受け取れるということであり、36年分の年金をアメリカから受け取れるというわけではありません（通算した加入期間（この場合36年）分の年金をどちらか一方の国からまとめて受け取ることができる仕組みにはなっていません）。
　つまり、Aさんは、日本から30年分の日本の年金を、アメリカから6年分の年金を受け取ることになります。

【図表10−1】社会保障協定締結の背景

問題点		社会保障協定が発効すると
保険料の二重払い	→	保険料の二重払いの防止
保険料の掛け捨て	→	年金加入期間の通算（※）

（※）協定によっては年金加入期間の通算が盛り込まれていない場合もある。

3．発効している社会保障協定の概要は？
〜2019年1月現在、18ヵ国との協定が発効中〜

2019年1月現在、ドイツ、イギリス、韓国、アメリカ、ベルギー、フランス、カナダ、オーストラリア、オランダ、チェコ、スペイン、アイルランド、ブラジル、スイス、ハンガリー、インド、ルクセンブルク、フィリピンとの協定が発効中です。

【図表10−2】現在発効中の社会保障協定の概要

		ドイツ	イギリス	韓国	アメリカ
発効年月		2000年2月	2001年2月	2005年4月	2005年10月
二重防止の対象となる社会保障制度	相手国	年金	年金	年金	年金、医療（メディケア）
	日本	年金	年金	年金	年金、医療
	相手国加入免除期間（延長期間）	60ヵ月（最長36ヵ月）	原則5年（最長3年）	原則5年（最長3年）	原則5年（最長3年）
	2回目以降の派遣条件	−	−	−	−
年金通算措置		あり	なし	なし	あり

2 海外赴任

		ベルギー	フランス	カナダ	オーストラリア
発効年月		2007年1月	2007年6月	2008年3月	2009年1月
二重防止の対象となる社会保障制度	相手国	年金、医療、労災、雇用	年金、医療、労災	年金（ケベック州年金制度を除く）	年金
	日本	年金、医療	年金、医療（※）	年金	年金
	相手国加入免除期間（延長期間）	原則5年（最長2年）	原則5年（最長1年）	原則5年（最長3年）	原則5年（定められていない）
	2回目以降の派遣条件	―	あり（1年インターバルルールあり）	―	―
年金通算措置		あり	あり	あり	あり

		オランダ	チェコ	スペイン	アイルランド
発効年月		2009年3月	2009年6月	2010年12月	2010年12月
二重防止の対象となる社会保障制度	相手国	年金、医療、雇用	年金、医療、雇用	年金	年金
	日本	年金、医療	年金、医療	年金	年金
	相手国加入免除期間（延長期間）	原則5年（定められていない）	原則5年（最長3年）	原則5年（最長3年）	原則5年（最長3年）
	2回目以降の派遣条件	あり（1年インターバルルールあり）	―	―	―
年金通算措置		あり	あり	あり	あり

		ブラジル	スイス	ハンガリー
発効年月		2012年3月	2012年3月	2014年1月
二重防止の対象となる社会保障制度	相手国	年金	年金、医療、雇用	年金、医療、雇用
	日本	年金	年金、医療	年金、医療
	相手国加入免除期間（延長期間）	原則5年（最長3年）	原則5年（最長1年）	原則5年（最長1年）
	2回目以降の派遣条件	あり（1年インターバルルールあり）	―	―
年金通算措置		あり	あり	あり

（※）仏に赴任する場合に日本で労災の特別加入

		インド	ルクセンブルク	フィリピン
発効年月		2016年10月	2017年8月	2018年8月
二重防止の対象となる社会保障制度	相手国	年金	年金、医療、労災、雇用	年金
	日本	年金	年金、医療	年金
	相手国加入免除期間（延長期間）	原則5年（最長3年）	原則5年（定められていない）	原則5年（最長3年）
	2回目以降の派遣条件	―	―	―
年金通算措置		あり	あり	あり

4．各協定の相違点

(1) 社会保障協定の対象となる社会保険制度
～年金制度のみが対象になる協定と年金以外の制度も対象になる協定がある～

　ドイツ、イギリス、韓国、カナダ、オーストラリア、スペイン、アイルランド、ブラジル、インド、フィリピンとの協定では、年金制度のみが社会保障協定の対象となっています。一方、アメリカ、ベルギー、フランス、オランダ、チェコ、スイス、ハンガリー、ルクセンブルクとの協定では、年金制度の他に医療保険制度等、社会保険制度の対象が広いのが特徴です。

(2) 相手国の年金制度等への加入の概要
　現在発効中の18ヵ国との協定のいずれにおいても、相手国での勤務期間が5年以内（協定によっては最長8年以内）の場合、自国（日本）の年金制度（厚生年金制度）等への加入を条件に、相手国の年金制度等への加入が免除されます。

(3) 年金加入期間の通算
　各協定のうち、年金加入期間の通算措置が認められているのは、イギリス、韓国以外との協定となっています。

(4) 年金制度への二重加入の特例

　以前は、イギリスとの間にだけ認められていた年金制度への二重加入特例措置ですが、2012年3月1日より、厚生年金保険の特例加入制度の対象国が全ての社会保障協定に適用されることになりました。

　この制度改定により、当初から相手国への赴任予定期間が5年を超えるため、相手国の社会保険制度に加入しなければならない場合でも、年金事務所に「厚生年金保険特例加入被保険者資格取得届」を提出することで、相手国の年金制度に加入しながら、日本の年金制度に加入することが可能になります（厚生年金に任意加入が可能になるため、企業年金への加入も可能になります）。

　いったん特例で厚生年金に加入しても、その必要がなくなった場合は、「厚生年金保険特例加入被保険者資格喪失申出書」を年金事務所に提出することで、厚生年金保険を脱退することも可能です。

関連法令　／　参考になるウェブサイト等

■関連法令
社会保障協定の実施に伴う厚生年金保険法等の特例等に関する法律
社会保障協定の実施に伴う厚生年金保険法等の特例等に関する政令
社会保障協定の実施に伴う国民年金法施行規則及び厚生年金保険法施行規則の特例等に関する省令
■日本年金機構ウェブサイト
社会保障協定概要
https://www.nenkin.go.jp/service/kaigaikyoju/shaho-kyotei/kyotei-gaiyou/20141125.html
社会保障協定手続き関連書類一覧
https://www.nenkin.go.jp/service/kaigaikyoju/shaho-kyotei/sinseisho/tenpu.html

---

POINT 赴任する国と日本の間で社会保障協定の発効があるか必ず確認し、発効している場合は赴任前に社会保障協定適用証明書交付申請書を作成。年金事務所に届け出をして同証明書の交付を受け赴任国の勤務先に提示すること。

Q11
海外旅行保険の加入はどうする？

海外赴任中も海外旅行保険に加入するケースが多いと聞きました。海外旅行保険について知っておくべきことを教えてください。

A11
1．海外旅行保険加入の必要性

社員を海外勤務させる際は、海外旅行保険に加入させるケースが多くなっています。

海外で支払った医療費は、日本の健康保険でもカバーされますが、健康保険からの払い戻しの範囲は、日本国内で保険診療を受けたとした場合の医療費を基準とするため、必ずしも海外勤務者本人が支払った医療費全額が支給されるとは限りません（欧米等の医療費の高い地域、またアジアでも欧米系の医療機関を利用した場合は、かなりの自己負担を強いられる可能性があります）。

よって、安心して海外生活を送るためにも日本の健康保険だけでなく、各保険会社が取り扱っている海外旅行保険に加入することが必要になりますが、海外旅行保険の加入申し込みは、必ず日本を出国するまでに行う必要があります（日本を出国してからの加入はできません）。

2．こんなケースは旅行保険の対象外
(1)　持病及び妊娠・出産

旅行保険前からの既往症は旅行保険の対象外となります。保険加入時に持病について自己申告をしていなかったとしても、保険金請求の際、保険会社による調査の結果、「治療内容から判断すると持病である」とされ、保険金が支払われないケースもあります。

よって、持病を抱え、定期的に医療行為を受ける必要がある社員を赴任させることは避けるのが望ましいのはいうまでもありませんが、代替する人員がいないため、やむを得ずそういった社員を赴任させる場合は、現地でかかる医療費は、どこまで会社が負担するのか等もあらかじめ決めておくことをお勧めします。

また、妊娠・出産は病気ではないため、これらに要する医療費は海外旅行

保険の対象にはなりません。

(2) 歯科治療

　歯科治療費は海外旅行保険の対象にはならないことがほとんどです。よって、海外で歯科治療を受ける場合は、かかった医療費を健康保険組合などに申告して、治療費の一部を還付してもらうという形になります（ただし、交通事故で歯を損傷した場合は「怪我」扱いとして、歯の治療費が旅行保険から給付されることがあります）。

3．海外勤務者にしっかり事前説明しておくこと

　海外勤務者からよく聞こえてくるのは、「総務や人事担当者から、『旅行保険に加入しておいたよ』と、旅行保険会社が作った「海外旅行保険ガイドブック」などをポンと渡されるだけで、何も説明がなかったため、いざ現地で旅行保険を使おうと思った時、どうすればよいかわからず困った」という意見や不満です。

　そこで、赴任前には、給与等の説明だけでなく、旅行保険の使い方や注意事項についても説明しておく必要があります。

(1) 保険証券番号・緊急時の保険会社連絡先の携帯

　万が一の事態に備え、充実した旅行保険を海外勤務者に付与していたとしても、当該海外勤務者が事故に遭った時、自分の保険証券番号がわからない（つまり、保険に加入していることが証明できない）状況であれば、医療行為を受ける必要がある場合でも、医療機関から「支払い能力なし」とみなされて治療を行ってもらえない可能性もあります。

　よって、保険証券は何部かコピーして、常に控えを持っておく、もしくは手帳や財布に番号を控えておくといった準備が必要になります。また、加入している保険の引受会社の緊急連絡先もあわせて携帯電話に登録したり、手帳に書きとめておくことが必要になります。

(2) キャッシュレスとなる医療機関の確認

　通常、保険会社は各国の主要都市に「提携の医療機関」をいくつか保有していて、その病院で治療を受けると、保険証券を提示すれば、キャッシュレ

ス（治療費の支払なし）で治療を受けることができます。よって、海外勤務者が赴任する都市、頻繁に出張する都市において、キャッシュレスとなる医療機関が存在するか、あらかじめ調べておく必要があります（赴任先や居住地の近くにキャッシュレスの対象となる医療機関がない場合、保険会社に依頼すれば、現地の医療機関に対し、キャッシュレス対応ができるよう、交渉してくれることもあります）。

4．賠償責任が適用されないケース

　「個人賠償責任補償特約」をつけておくと、法律上の賠償責任が発生した場合に支払い対象になります。
　しかし、「保険契約者又は被保険者の故意によって生じた損害、被保険者の職務遂行に起因する損害賠償責任、被保険者と同居する親族及び同一旅行行程の親族に対する損害賠償責任、被保険者が所有、使用又は管理する財物の損壊もしくは損失に対する損害賠償責任、被保険者の心身喪失に起因する損害賠償責任、被保険者又は被保険者の指図による暴行・殴打に起因する損害賠償責任」等については対象外になります。

> **POINT!** 海外赴任する際も海外旅行保険に加入しましょう！
> 旅行保険に加入していないと、万一の際、多額の治療費が発生して、治療費が支払えず、命を落としてしまうリスクがあることを認識すること！

Q12
海外赴任前健康診断とは？

6ヵ月以上の海外勤務の際は、赴任前に健康診断を受けることが法律で決められているそうですが、どのような内容なのですか？

A12

労働安全衛生規則第45条の2により、社員を6ヵ月以上海外勤務させる場合は、あらかじめ当該社員に対し、同法第44条第1項各号に掲げる項目（以下を参照）及び厚生労働大臣が定める項目のうち、医師が必要であると認める項目について、健康診断を行わなければなりません（企業の中にはより細かく健康状態をチェックするため、赴任予定者に検査項目の多い人間ドック受診を義務付けているケースもあります）。

【図表12－1】定期健康診断項目（労働安全衛生規則第44条）

1. 既往歴及び業務歴の調査
2. 自覚症状及び他覚症状の有無の検査
3. 身長、体重、腹囲、視力及び聴力の検査
4. 胸部エックス線検査及び喀痰検査
5. 血圧の測定
6. 貧血検査（血色素量、赤血球数）
7. 肝機能検査（GOT、GPT、γ-GTP）
8. 血中脂質検査（LDLコレステロール、HDLコレステロール、血清トリグリセライド）
9. 血糖検査
10. 尿検査（尿中の糖及び蛋白の有無の検査）
11. 心電図検査

ただし、どのような診断結果であれば海外勤務を中止または延期すべきかについての基準までは定められていません。本来、海外勤務する人は健康面に問題のない人を選ぶべきですが、通常、「行かせたい人」が先に決まっており、その人に健康診断を受診させるという流れになります（「複数の赴任候補者が存在する中、健康診断を行い、健康状態が良い人に赴任してもらう」という手段を取るケースはほとんど見られません）。

そのため、赴任予定者が基礎疾患等をもっている場合または健康診断結果が芳しくなかった場合、赴任中、健康状態を悪化させないためにはどうすればよいか、赴任中に症状が悪化したらどうするか等を具体的に検討しておく

必要があります。

　赴任前の健康診断は、労働安全衛生規則に明確に定められていることから、実施されている企業が多いのですが、赴任中の健康診断については、企業によっては「ついうっかり」と忘れてしまっているケースもあります。また、海外勤務者規程において、赴任中の健康診断について明記はされているものの、海外に赴任している社員が、実際に健康診断を受けているかまできちんと把握されているケースばかりではありません。

 海外赴任前は忙しいので健診のスケジュールは早めに決めること。

D 海外赴任前の予防接種

　赴任前健康診断は、労働安全衛生規則で義務付けられていますが、赴任に当たって予防接種を受けなければならないという規則はありませんし、勤務地国側で、予防接種を受けていることを入国の要件にしている国はほとんどありません。しかし、勤務地国が途上国等の場合、感染症にり患するリスクが存在することから、多くの企業においては海外勤務予定者及びその家族に予防接種を受けることを推奨し、その費用を会社負担しているケースが多く見られます。

　厚生労働省検疫所のウェブサイトによると、アジア圏においては以下のとおり、A型肝炎、B型肝炎、狂犬病、破傷風等の予防接種を受けることが推奨されています。

【図表D-1】海外渡航で検討する予防接種の種類の目安

地域及び滞在期間		ポリオ	麻しん及び風しん	日本脳炎	A型肝炎	B型肝炎	狂犬病	破傷風
東アジア	短期		◎		○			
	長期		◎	○	◎	○	○	○
東南アジア	短期		◎		○			
	長期		◎	○	◎	○	○	◎
南アジア	短期		◎		○			
	長期	○	◎	○	◎	○	○	◎

(注1) ◎…予防接種を推奨　○…局地的な発生がある等、リスクがある場合に接種したほうがよい
(注2) この一覧表は、あくまでも参考であり、絶対的なものではありません。
(注3) この図表の「長期」とは、概ね1ヵ月以上の滞在を指します。冒険旅行は短期間であっても「長期」に含めます。
(出所) 厚生労働省検疫所「FORTH (https://www.forth.go.jp)」より作成

　また、予防接種の中には、以下のとおり数週間おきに何度も注射する必要がある場合が多く、1回限りの接種では効果が期待できません。

　そのため海外勤務者の決定後、人事・総務担当者は、勤務地国が接種を義務付けている予防接種の種類や、勤務地国で注意が必要な病気についての予防接種に

関し、海外勤務予定者及び帯同家族の接種スケジュールを組む必要があります。

【図表D-2】海外勤務者向け予防接種の接種回数

ワクチン	接種回数	接種間隔の目安	
		2回目	3回目
A型肝炎（国産）	3回	2〜4週	6〜12ヵ月
A型肝炎（輸入）	2回	6〜12ヵ月	
B型肝炎	3回	4週間	6〜12ヵ月
破傷風トキソイド	3回	4週間	6〜12ヵ月
狂犬病（国産）	3回	4週間	6〜12ヵ月
狂犬病（輸入）	3回	7日	21日または28日

(出所) 東京医科大学病院「渡航者医療センター」ウェブサイトをもとに作成
http://hospinfo.tokyo-med.ac.jp/shinryo/tokou/vaccine.html

Q13
労災保険の海外派遣者特別加入とは？

海外勤務中も日本の労災保険に加入できる制度があると聞きました。この制度の概要と、この制度を利用するための手続き方法について教えてください。

A13
労災保険の海外派遣者特別加入制度とは
～現地採用者や留学する場合は対象外～

労災保険は、日本国内で行われる事業のみを対象としていますが、海外で行われる事業に従事する場合、【図表13－1】に該当する方に限り特別加入が認められています（労災保険法第33条第6号、7号）。

また、特別加入に当たっては、新たに海外に勤務する方に限らず、すでに海外に勤務している方も加入することができます。ただし、現地採用の方は、日本国内の事業から派遣されていないことから、特別加入することはできません（また、単なる留学を目的とした派遣の場合も、特別加入の対象外となります）。

通常、海外赴任者は、勤務地国の災害補償制度の対象となりますが、勤務地国の労災保険制度の適用範囲や給付内容が必ずしも十分でない場合もあるため、海外で勤務する方（海外の事業に出向や派遣で働く者）についても労災保険の給付が受けられる制度として「海外派遣者特別加入制度」が存在します。

【図表13－1】労災保険の「海外派遣者特別加入制度」の概要

特別加入対象者	① 日本国内で行われる事業（注1）から派遣されて、海外支店、工場、現場、現地法人、海外の提携先企業等、海外で行われる事業に従事する労働者 ② 日本国内で行われる事業（注1）から派遣されて、海外にある一定数（注2）以下の労働者を常時使用する中小事業に従事する事業主及びその他労働者以外の者 ③ 国際協力機構等開発途上地域に対する技術協力の実施に事業（注1）を行う団体から派遣されて、開発途上地域で行われている事業に従事する者

	(注1) 有期事業を除く (注2) 中小事業と認められる規模は以下のとおり 　　　金融業・保険業・不動産業・小売業…50人　卸売・サービス業…100人 　　　上記以外の業種…300人
年間保険料	3,831円～27,375円（2018年度の場合）※年収に応じて金額が異なる
加入時期	海外勤務期間中からの加入も可能
補償対象となる範囲	国内労働者と同様、業務災害又は通勤災害を被った場合
備考	海外出張時は「特別加入」の必要はない （ただし、労災保険での「出張」の定義をよく確認すること）

関連法令　／　参考になるウェブサイト等

■関連法令
労働者災害補償保険法第33条（第四章の二　特別加入）
労働者災害補償保険法第36条（第四章の二　特別加入）
労働者災害補償法施行規則第46条の25の2：海外派遣者の特別加入
■厚生労働省ウェブサイト
特別加入制度のしおり（海外派遣者用）
https://www.mhlw.go.jp/new-info/kobetu/roudou/gyousei/rousai/040324-7.html

---

海外での通勤・業務中の病気、事故に備えるため、海外派遣者用の労災保険に加入することを検討したほうがよい。

2 海外赴任

E 持病のある社員の留意点

(1) 海外勤務に伴う健康上のリスク

そもそも海外勤務者の生活は、運動不足になりやすい傾向があります。理由としては、車通勤の場合が多いことや、日本と比較して治安が悪い地域の場合、散歩したりウォーキングしたりできる場所が限られていること等が挙げられます。よって、週末等に野球やサッカー、テニスなどのサークル活動に参加するなど、定期的に運動している場合を除けば、運動できるのはアパート内のスポーツジムや社内の階段程度になってしまいます。

また、海外での食生活は日本と比較し、概して脂肪分が多い上、単身での赴任の場合、家族帯同者よりも外食に頼ることが多くなりがちであることから、脂肪分や塩分の多い食生活に拍車がかかります。もちろん、日本食レストランが存在する場合も少なくありませんが、海外で日本食をとる場合、物価の安い地域であっても日本以上に高いケースも多いことから、コストを考えると、現地食中心になりがちです。

さらに、海外での業務は日本本社と現地法人の橋渡し役や、日本本社からの様々なプレッシャー、異なる文化・価値観を持つ現地社員とのコミュニケーション、数少ない日本人駐在員同士の濃い人間関係への疲れなどストレスがたまりやすい環境の上、いわゆる会社の「顔」として、パーティ等の懇親会に参加し、（国にもよりますが）飲酒する機会も増えるなど、健康管理という側面から見た場合、日本よりも厳しい状況にあるといえます。

つまり、日本でよほど不健康な生活をしていない限りは、「海外勤務して健康になる」という話はあまり聞かないのが現実です。

よって、海外勤務する場合、かなり健康に留意しない限り、健康な人も不健康に、もともと不健康な人はさらに不健康になってしまうというリスクがあります。

ですから、基礎疾患がある人を赴任させると、その症状が海外勤務に伴い、さらに悪化する可能性も否定できません。

(2) 持病が悪化した事例
～開発途上国に長期間単身赴任で勤務の結果、勤務地国で持病が悪化し死亡～

J社は海外拠点が多数あり、数多くの海外勤務者を送り込んでいました。基本的には5年程度でローテーションをしていましたが、近年の海外拠点の急激な増加に、赴任候補者数が追いつかず、結果として同じ社員が10年近く海外勤務を継続している拠点も少なくありませんでした。その拠点の一つに勤務するK氏は、長年の単身赴任での海外生活の中で、運動不足と外食になりがちの食生活や飲酒機会の増加、様々なストレス等が原因で赴任前から患っていた生活習慣病が悪化していました。J社の海外勤務者規程では、海外旅行保険が適用されない内容の医療費は、その大半を自己負担しなければならないことになっていたため、現地で高い医療費を負担することを避けたかったK氏は、現地では特に治療を受けることもなく、1年に1～2度の一時帰国時にのみ、通院するにとどまっていました。

　またK氏は自らの健康状態の悪化を本社に知られてしまうと、「病気による帰任」という扱いによって、自らの出世に影響すると考えていたようで、毎年受けるべき健康診断も受けないまま赴任生活を続け、それについても本社から特に指導等は一切行われていなかったようです。

　そのような生活を継続していた結果、さらに持病は悪化し、ある月曜日の朝、出社してこないことを不審に思った同僚が、K氏の住むサービスアパートメント（家具や清掃付アパート）を訪ね、合鍵を使って部屋に入ったところ、亡くなっていたことが発覚しました。

【図表E－1】基礎疾患のある社員を海外に赴任させる際、留意すべき健康上の事項

1．日本の医療機関で記載してもらうとよい事項
□　基礎疾患の内容
□　これまでの治療歴
□　現在服用中の薬の名前、服用頻度、服用目的
□　上記薬の代替品の確認（日本及び赴任地の日系クリニックで確認）
□　赴任中の健康管理の留意点
2．勤務地国医療機関で本人が確認しておくべき事項
□　勤務地国での継続治療の方法
□　勤務地国救急車事情の確認（渋滞の度合い、呼んでから来るまでの時間、費用の有無）

- [ ] 勤務地国の医療システムの確認（予約なしでも可能か、家庭医→専門医の手順が必ず必要か、支払方法）
- [ ] 日本で使用している薬や代替薬の入手可否、入手方法等の確認
- [ ] これまでの病状経過、今後の治療方針についての主治医のレターに対する、任地での生活を含めたアドバイス

3．会社が確認しておくこと
- [ ] 本人の日本国内でのかかりつけ医の名前、場所、連絡先
- [ ] 勤務地国で利用する医療機関（日系クリニック、緊急対応ができる病院）の名前、場所、連絡先、診療時間の確認
- [ ] 2. で調べた事項のフィードバック

4．本人に同意してもらうべきこと
- [ ] 会社の安全配慮義務遂行のため、健康状態や既往症に対する個人情報を提供することへの承諾

コラム

F　海外勤務者の健康問題トップ5

　長年、海外勤務者の健康管理について調査・研究及び赴任予定者等の診察を行っている東京医科大学病院の濱田篤郎先生によりますと、海外勤務者の健康問題は以下の5つに分けられるということです。

【図表F－1】海外勤務者が抱える健康問題トップ5

⑴　気候に関する健康問題
暑さによる原因のはっきりしない発疹や、乾燥による呼吸器疾患
→深刻なものは比較的少ない。

⑵　感染症問題
感染症による長引く下痢など
→最近は公衆衛生に関する知識が普及したこともあり、以前よりは相談件数は減少している。

⑶　生活習慣病
海外勤務により悪化することが多い。また海外勤務中に発症することもある。

⑷　メンタル面のトラブル
不眠、朝起きられない、不定愁訴など。

⑸　現地医療機関への不信感からくる治療機会の喪失
「現地の医療機関は信頼できない」等の理由で、日本にいれば通院していた人も、海外勤務中は医療機関から遠ざかる傾向がある。

（出所）東京医科大学病院　渡航者医療センター　濱田篤郎先生へのインタビュー

　このように、海外勤務中は、日本との様々な環境の違いにより、健康維持について日本以上に安全配慮が求められることになります。

Q14
海外赴任先での車の運転は？
海外赴任先で従業員が自由に車の運転をすることを禁止している日本の会社も少なくないそうですが…。

A14
一般に海外赴任者の自動車の運転は、許可制としている企業が多く、また許可を出している地域は北米やヨーロッパの一部の国に限定していることがほとんどです。

一方、東南アジアでの許可は、シンガポールとマレーシアの一部のみ、自動車の運転を会社が認めているケースが見られます。また、シンガポールについては自動車の運転は許可しているものの、自動車保有に関するコストが非常に高いことから、都心部に居住し、タクシーやMRT（地下鉄）などを利用して通勤している例が多いようです。

工業団地近辺など、都心部から離れたところに居住している海外勤務者にとっては、会社の運転手付自動車が土日に利用できない場合、出かけるたびにタクシーを利用しなければならないなど、コスト面からも利便性の面からも何かと不便です。そのため、郊外で自動車事故のリスクが比較的低いエリアの海外勤務者の中には、自動車を自己調達し、自分で運転している事例もあり、会社側もその事実を知りながら黙認しているケースも見られます。万一の事態に備えて自動車保険に加入しているか、加入している場合はその内容が十分かチェックしたほうが安全です。

なお、アジア圏のうち、【図表14－1】に記載されている国については、日本の国外運転免許証を保有すれば現地で自動車の運転が可能ですが、それ以外の国については原則として現地の運転免許証の取得が必要となります。

【図表14－1】国外運転免許証が利用可能な国（アジア圏の例）

フィリピン　インド　タイ　バングラデシュ　マレーシア　シンガポール　スリランカ　カンボジア　ラオス　大韓民国

（出所）警視庁ウェブサイト「国外運転免許証が有効な国等（ジュネーブ条約加盟国）」を基に作成

なお、国外運転免許証の取得に当たっては【図表14－2】の書類が必要になります。

【図表14－2】国外運転免許証取得のための必要書類

・運転免許証　・写真1枚（縦5cm×横4cm）　・パスポート等渡航を証明するもの
・古い国外運転免許証（保有の場合）
（※）　国外運転免許証の有効期限は、発行から1年以内。

　日本の免許証が有効期限内であれば何度海外に行っても利用可能だが、有効期間が短い場合はいったん返納し、新しい国外運転免許の取得が必要になる。

参考になるウェブサイト等
■日本人が外国で車を運転するには
警視庁
http://www.keishicho.metro.tokyo.jp/menkyo/menkyo/kokugai/kokugai03.html
■国外運転免許証取得手続
警視庁
http://www.keishicho.metro.tokyo.jp/menkyo/kokugai01.html

Q15
海外赴任者の選定をどうするか？

誰を海外に行かせるのがよいのか悩んでしまいます。どういう基準で選べばよいのでしょうか。

A15
1．現地のニーズに合った従業員を選定

この本ですでに説明したように、海外赴任者にかかるコストは高く、また海外赴任は様々なトラブルが起こる危険性が伴います。でありながら、成功すれば本人の生活と人生にポジティブな影響をもたらすことができます。赴任者を上手に選択すると、海外赴任は会社にとっても赴任先にとっても、また本人にとってもとても素晴らしい結果となりますが、一方その選択を失敗してしまうと、様々な問題の原因になってしまいます。

いうまでもなく赴任者を誰にするかという決断はとても重要な選択ですが、日本企業の赴任者の選び方に、正直私は疑問を持っています。事実、配属されているポストに対して明らかに準備不足な赴任者が派遣されている例は少なくありません。日本企業の海外拠点で働いている現地採用従業員から、「親会社が赴任者を選ぶ時に、どんな基準で選んでいるのでしょうか？　こちらのニーズと全然合わない人ばかりが送られてきます」という悩みをよく耳にします。残念ながら、多くの日本企業では、海外赴任者の選択プロセスには現地のニーズについて十分な考慮はされないようです。しかし、そんなことでは、事業を推進するどころか、赴任者自身が赴任先の事業への負担になってしまいます。

赴任者を選択する際、現地のニーズに合った従業員を選定し、事業を拡大させながら、結果的に現地の拠点にとっても赴任者自身にとっても、成長の機会となって次のステップにつながるような赴任にすることが理想です。

下記に、海外赴任者の選択において避けたほうがいいタイプの人の例を、また、その際にやっておくべきことを紹介します。

2．海外赴任に適していないタイプの人
＜個人の事情のため、単身赴任しなければならない人＞
配偶者がフルタイムで働いている、子供が重要な試験を直前に控えている、

家族が高齢の親のケアをしているなど、海外赴任になれば単身で行かざるを得ないという状況がよくあります。その時に、残念ながら多くの日本企業はラッキーだと思ってしまうようです。なぜなら、単身赴任は従業員を家族と一緒に海外に送るよりコストが安く済むからです。しかし、その節約は短期的なものにとどまります。単身赴任はストレスが多いので、単身で派遣された赴任者がアルコールの過剰摂取や健康の問題を抱えることは少なくありません。私の観察では、アメリカの現地法人で起こるセクハラなどのハラスメント問題に関わる人の割合は、実は単身赴任者が多くを占めています。また、寂しさを常に感じている人の仕事の質が低下する可能性も否定できません。そのため単身での海外赴任はなるべく避けたほうがいいといえます。

＜左遷の対象＞

　日本の文化には村八分の習慣が昔ありましたが、その感覚は今でも残り続けているように感じます。そのため、日本企業で時々見受けられるのは、本社で問題を起こした人や社内政治で負けた人をどこか遠いところに追い出すべく、海外赴任という手を使うケースです。現地採用従業員も、赴任者の態度から推測して「この人は懲罰として左遷された」とすぐにわかってしまいます。本人も、左遷と思われる赴任先では、仕事での態度が悪くなったり全力を出さなかったりすることもあるでしょう。

＜褒美の対象＞

　これは私が見た実例です。ある在米日系企業で、退職の２年前に現地会社の社長として赴任して来た方が現地に着くや否や、会社の業務に関心を示すどころか、ほとんどゴルフばかりしていました（その会社はアメリカの南部にあるので、一年中ゴルフをすることが可能な場所でした）。現地の人事担当者になぜ彼が社長として選ばれたかを聞いてみたところ、親会社の社長の親友なので、退職の前のご褒美として選ばれたようだ、という答えが返ってきたのです！　いうまでもないですが、これは赴任者を選ぶ上での適切な決断であったとはいい難いでしょう。

＜（専門職の場合）仕事内容に経験のない人＞

　多くの日本企業には人事異動の習慣があり、従業員を未経験の職務にいきなりポンと置くことがよくあります。そうなると、本人は頑張って新しい仕事内容を覚えようとしますが、一般的にいってこのやり方に関して私は大きな疑問を持っています。ましてや海外赴任の場合、リスクはかなり高く、と

ても危険な人事異動だと思います。また、慣れない環境で何かの専門分野について急に学ぶのは本人にとって大きなストレスになり、予想外のことが起きるリスクもあります。

　一つの例を挙げるとするならば、在米日系企業でよく見られる例で、経理の経験を持つ赴任者が、アメリカでの赴任時に人事を担当するということがあります。親会社の考えでは、経理と人事は同じ管理分野の枠組みの中かもしれませんが、内容は全く違いますし、アメリカの場合でしたら人事管理や労働法は非常に複雑で、一歩間違えたら大きな問題につながる危険性があります。そういった赴任者がいつも短期間で人事管理全体及びアメリカの人事管理の特徴を全部把握しようとしている姿を見ると、よく頑張っているなあと思いながら、同時にそれは大変なことであり、本当に会社にとっていい選択なのかと疑問に感じてしまいます。

＜（管理職の場合）管理職が初めての人＞

　部下を持ったことがない人にとって、初めて部下を持つことは簡単なことではないはずです。一般社員から管理職へのステップアップはかなり大きな意味を持ちます。残念ながら、日本からの多くの赴任者は海外で初めて働くと同時に、初めての部下を持つことにもなります。同時にその両方に慣れることはとても大変です。そのため、赴任先のポストに部下の存在がもれなくついてくるのであれば、部下を持った経験のある人だけを送るのが望ましいでしょう。

3．海外赴任者を選ぶ際のベストプラクティス

＜通常の「人事異動」と違う扱いをする＞

　多くの日本企業では、海外に赴任する従業員の選択を、一般的に行われている人事異動のプロセスの一環として行います。様々なポストに従業員を回す中で、海外でのポストもその一つとして扱われます。しかし、国内の異動と比べて、海外赴任は企業にとっての影響と本人にとっての影響がはるかに大きいため、海外赴任に対しては特別に注意を払い、独立したプロセスを構築したほうが望ましいです。

＜そのポストに現地採用者を入れられるかを検討する＞

　人事異動プロセスの一環として、日本からの赴任者の任期が終わると、次の赴任者を自動的に派遣することが多いです。しかし、その代わりに私がお

勧めしたいのは、まずは現地の従業員を見てそのポストに入られる人がいるかをチェックすることです。

＜ジョブディスクリプションを用意する＞

赴任者が現地に着いて、具体的にどんな仕事内容なのか、そしてその職務をするためにどんな資格や経験や知識が必要なのかを確認できるよう、ジョブディスクリプション（職務内容記述表）を用意することをお勧めします。そして、そのジョブディスクリプションに基づいて、その職務にふさわしいと思われる赴任者を選ぶと効果的です。

＜仕事関連の技術や知識だけを考慮しない＞

多くの日本企業は赴任者を選ぶ際、赴任先で行う仕事の内容についてどれほど精通しているかだけを考慮します。上記で述べたように、それはもちろんとても重要なことですが、それだけでは不十分です。海外で働くためにはコミュニケーションスキルは不可欠となります。そのため、それも赴任者を選択する際の考慮に入れるべきでしょう。

＜英語力や英語を学ぶ姿勢を考慮する＞

海外の仕事で成功するための一つの重要な要素は、やはり英語力です。赴任者を選ぶ時に、すでに英語ができるか、あるいは英語があまりできないのであれば英語力向上に向けて努力する姿勢があるのか、を事前にチェックしておくのが好ましいでしょう。

 日本側の都合ばかりでなく、現地の状況をよく考えて人選すること。

(kopp)

Q16
赴任前に行っておくべき研修とは？

初めて海外に人材を送り出します。どのような研修を受けさせてから出すのが効果的なのでしょうか。

A16
1．数日にわたる研修をすることが理想的

　国際経営を研究している学者の間では、海外赴任の前に研修を行うのは効果的であるというのがコンセンサスとなっています。しかし、これは全ての企業が実施しているわけではありません。研修なしで海外に行かなければならない人はとても不運だといわざるを得ません。現地到着後に避けられたはずの問題に直面したり、トラブルを起こしたりしてしまう危険性が高くなるからです。でありながら、たとえ何らかの赴任前研修を行っている場合でも、時間や内容が不十分であるケースは少なくありません。そのため、準備不足で海外に派遣される従業員は数多く存在します。

　赴任前研修は、数日にわたって行うのが理想的です。全部を一日に収めようとする会社がありますが、そうすると幕の内弁当のようにかなり集約して詰め込まれた内容となり、重要なテーマに１時間か２時間ほどの時間しか割けないため、結果的に不十分な研修となってしまいます。

　正直にいうと、日本企業は欧米企業と比べて、赴任前研修に対してちょっとケチだと思います。日本企業の場合、赴任先が異なる人を集めて、グループで研修を行うのが普通です。一方、欧米企業の場合、赴任者は各々個人のためだけの２日間研修に参加します。その中では、目的地の文化の紹介、日常生活、ビジネス慣行などが深くカバーされた内容を教わります。日本企業では考えられないほどの贅沢さですが、欧米企業はそれほど赴任前研修に力を入れています。なお、家族が帯同することが一般的なので、多くの場合、配偶者が一緒に参加します。残念ながら、グループ研修でも、配偶者に赴任前研修の参加を許可する日本企業がほとんど存在しないのが現状です。

　現実的にいえば、いきなりそのような手厚い対応を取り入れることができる日本企業は非常に少ないと思いますが、しかしながら、本当にそういったような研修を今すぐにでも提供するのが望ましいことなのです。特に上級職のマネージャークラスの方の赴任でしたらなおさら、そのようなしっかりと

した対応を行うのがふさわしいと思えます。赴任者に伴うコストと、そしてその人が担う業務を考えて比較してみればわかるとおり、適切な準備を与えるのは賢明な投資だといえます。準備すべき内容を下記に挙げてみます。

２．赴任前研修にカバーするべき重要なテーマ

＜異文化コミュニケーション＞

　文化のギャップを認識して、それをどうやって効果的に乗り越えるかの方法について教えます。赴任地の文化の特徴、価値観、エチケットなどをしっかりとカバーするとよいでしょう。異文化研修の専門家に依頼するとより効果的な研修となります。

＜マネージメント・リーダーシップスキル＞

　一般的にいえることは、日本と比べて海外の従業員からのマネージャーに対する期待は高い、ということです。しっかりしたマネージメントスキルなしに、現地従業員の期待に応え、外国人である彼らを管理するのはとても難しいでしょう。仮に日本で部下を持った経験があったとしても、外国人部下を管理するためには、一歩上を行くスキルを磨く必要があります。先程同様、これに関しても異文化環境におけるマネージメントを専門にしている講師に依頼するのが好ましいです。

＜現地の法律＞

　現地でトラブルを避けるために、その国の労働法をしっかりと把握する必要があります。労働法に対する知識を持つことは必要不可欠です。たとえば、工場での仕事でしたら、労働組合に関する法律を知る必要性があります。というのは、日本の労働組合のそれとはかなり異なるからです。セクハラなどのハラスメント問題に対する理解も大切です。

　最近多くの日本企業がアメリカで法に触れてしまった独占禁止法は、無視できない法律の一つです。こういったテーマを専門にしている弁護士に依頼するのが望ましいでしょう。

＜赴任先の全般的な事情＞

　目的地の経済、政治、宗教、歴史、社会構造などを知った上で赴任するのは大変望ましいことです。研修でこのテーマをカバーできなかったら、少なくとも資料を赴任者に渡したほうがいいです。

<危機管理や安全対策>
　どんな赴任地でも、これは必要な知識です。この分野の専門家に依頼することをお勧めします。
<健康管理や病気対策>
　赴任者は仕事のストレスと異文化のストレスがあって、不慣れな環境に住んでいますので、健康へのリスクをたくさん抱えてしまいます。自己ケアの大切さ、そして、もし病気になったらどうするかは、赴任する前に知るべき情報だといえます。

3．赴任後研修

　上記で述べたように、赴任前の研修はとても大きな意味を持ちます。しかし、ベストは赴任前研修と赴任後研修をセットで提供することです。赴任前研修をしっかりしていても、現地に着いて実際に仕事をしてみてから直面する課題は多く存在します。そのため現地に着いてから６週間以上経った時点でもう一度研修を行うことで、派遣された駐在員は現地の文化や仕事の習慣を一歩深く掘り下げて追求できます。赴任前研修で意識を高めて、赴任後研修でより深い理解を身につけるのは理想的なコンビだと思います。

　赴任後研修のもう一つのメリットは、日本にいた時に行われた研修と比べて、現地の状況により合った内容を提供できるということです。例として、最近ある在米日系企業で働いている駐在人事担当者から聞いた話によれば、彼は日本で赴任前の研修を受けたのですが、それは派遣先の異なる従業員が一緒に参加するものなので、参考になる傍ら、アメリカに関する細かい話が取り入れられていないそうです。彼によると、アメリカに来た駐在員は、彼のアメリカに対する不十分な知識・理解が原因で、問題を起こしてしまっているといいます。こういった問題の対策として、現地の事情に合わせた赴任後研修はとても有効な手段となります。

4．語学研修

　最後に、語学研修に関して一言。最近、多くの日本企業は「英語ができて当たり前」という姿勢を持っているので、赴任者の英語教育に対してお金を出さなくなりました。しかしながら、私はそれはとても残念なことだと思います。英語力は赴任者が成功するかどうかを左右する決定的な要素なので、

それを本人に任せるのは賢明な判断ではないと思います。完全な英語教育に徹底的に投資するのが理想的ですが、それが不可能であれば、少なくとも補助が必要だと思います。赴任前の英語教育と赴任後の英語教育は仕事が成功するための必要不可欠な要素です。

　英語圏以外の赴任の場合、現地の言語に関する教育も必要です。ビジネスを行うための共通語は英語になるにしても、現地語を少しでも話せるようになると、現地の人に対して敬意を示すことができますし、生活もしやすくなります。

 数日間にわたるプログラムが望ましいが、それが無理でも必ず研修は受けさせること。

(kopp)

② 海外勤務中

Q17
出国後に支払われる給与は日本の課税か？

赴任後最初の給与については支払い時に日本で源泉徴収する必要がありますか。

A17
1．海外勤務後（日本出国後）最初に会社が支払う給与

海外勤務後、最初に従業員が受け取る給与について、以下の前提条件をおいて考えてみます。

（前提条件）

> 従業員Aさん：1月20日に日本を出国し、同日海外入国。3年間の予定で海外に勤務
> 給与支給日：1月25日　給与計算期間：1月1日～1月31日

Q1のとおり、所得税法では、1年以上の予定で日本を離れる場合は出国の翌日から非居住者という取扱いになることから、日本で課税されるのは国内源泉所得のみとなります（所法2①五）。

1月25日に支払われる給与のうち、1月1日～1月20日に対応する部分については国内源泉所得に該当しますが、所得税基本通達212-5によると「給与の計算期間が1ヵ月以下であり、かつ給与支払日に日本の非居住者である場合は、その給与については全額を国外源泉所得とみなす」ことが認められています。

よって、1月25日に支給される給与については、「非居住者の国外源泉所得」となり、日本で非課税扱いになります。したがって、赴任後最初に支払う給与については日本で20.42％の源泉徴収をする必要はありません。

【図表17−1】赴任後最初に受け取る給与の取扱い

事実関係	給与計算期間（1/1〜1/31）				1/25支払給与についての日本及び海外での課税関係
		日本出国/海外入国	給与支給日		
日付	1/1	1/20	1/25	1/31	
日本	居住者 （〜1/20）		非居住者 （1/21〜）		非課税 （所基通212-5）
海外 （*）	非居住者 （〜1/19）	居住者 （1/20〜）			1/1〜1/19分給与：非課税 1/20〜1/31分給与：課税

（*）各国ごとに税制は異なるため、ここで記載している海外での取扱いはあくまで一例とご理解ください。

ただし、必ずしも出国後最初に支払う給与が非課税になるとは限りません。
たとえば支給日が1月25日の給与の計算期間が12月21日〜1月20日までの場合、12月21日〜1月20日までの間に出国すれば非課税になります。しかし、1月21日以降に出国した場合、12月21日〜1月20日までの給与の計算期間は全て国内で勤務しているため、その給与全額が「国内源泉所得」と取り扱われ、非課税となる余地はなく、「非居住者の国内源泉所得」として、給与全額を国内源泉所得として20.42％の税率で源泉徴収する必要があります。

関連法令 ／ 参考になるウェブサイト等

■関連法令
所得税基本通達212-5：給与等の計算期間の中途で非居住者となった者の給与等
■国税庁ウェブサイト
No.2884　源泉徴収義務者・源泉徴収の税率
https://www.nta.go.jp/taxes/shiraberu/taxanswer/gensen/2884.htm

---

出国後最初に支払う給与の計算期間に、1日でも国外勤務期間が含まれていれば、当該給与は全額非課税として差し支えない。

Q18
出国後に支払われる日本の賞与の取扱いは？
赴任後最初の賞与については支払い時に源泉徴収する必要がありますか。

A18
海外勤務後（日本出国後）最初に会社が支払う賞与
海外勤務後、最初に従業員が受け取る賞与について、以下の前提条件をおいて考えてみます。

（前提条件）
> 従業員Ａさん：１月20日に日本を出国し、同日海外入国。３年間の予定で海外に勤務
> 賞与支給日：６月15日　賞与計算期間：前年10月１日～３月31日

　Q17の「出国後最初に支払う給与の取扱い」の場合とは異なり、賞与の計算期間において日本が源泉となる部分（国内源泉所得部分）については非居住者に対する支払として20.42％の税率で源泉徴収を行い、日本が源泉ではない部分（国外源泉所得部分）については非課税扱いになります。
　つまり、６月15日に支払われる賞与は次頁の【図表18－１】のとおり、前年10月１日～３月31日までの合計182日間（閏年ではないとします）を計算期間としますが、日本の居住者であった期間は10月１日から１月20日までの合計112日間となりますので、この期間に相当する賞与につき、日本で20.42％の税率で源泉徴収をする必要があります。

【図表18-1】出国後に支払われる賞与の課税関係

事実関係	賞与計算期間（10/1～3/31）				1/25支払給与についての日本及び海外での課税関係
		日本出国／海外入国		賞与支給日	
日付	10/1	1/20	3/31	6/15	
日本	居住者（～1/20）		非居住者（1/21～）		10/1～1/20分賞与→20.42％課税（所法213、所基通161-41） 1/21～3/31分賞与→非課税
海外（＊）	非居住者（～1/19）	居住者（1/20～）			10/1～1/19分賞与→非課税 1/20～3/31分賞与→課税

（＊）各国ごとに税制は異なるため、ここで記載している海外での取扱いはあくまで一例とご理解ください。

関連法令　／　参考になるウェブサイト等

■関連法令
所得税基本通達161-41：勤務等が国内及び国外の双方にわたって行われた場合の国内源泉所得の計算
■国税庁ウェブサイト
No.2884　源泉徴収義務者・源泉徴収の税率
https://www.nta.go.jp/taxes/shiraberu/taxanswer/gensen/2884.htm

---

国内勤務期間部分に相当する賞与は20.42％の税率で源泉徴収、国外勤務期間部分に相当する賞与は非課税。

Q19
海外赴任者の給与はどう決める？

初めて海外勤務をする人材を出す会社です。海外赴任中の給与はどのように決めたらよいのでしょうか？

A19

1．給与についての考え方

日本勤務時の給与はまず「総額」が決定されており、その中から税金や社会保険料を支払いますが、海外勤務者の給与は、まず「手取り額」を設定し、その手取り額から税金、社会保険料を逆算して「総額」を計算するのが一般的です。通常、海外勤務者は海外勤務期間中も日本の社会保険に継続加入し、さらに勤務地国でもその国の社会保険制度に加入しなければならない場合が少なくありません。そのため、最初に総額を決めて給与を支給していたのでは、海外勤務者は日本での社会保険だけでなく、勤務地国の社会保険料も負担しなければならなくなります。

また、給与にかかる税金も、日本より海外のほうが高いことも少なくありません。このような点からも、海外勤務者の給与は、まず、「手取り額」を設定し、その手取り額を補償するには総額でいくら支払わなければいけないのかを、勤務地国での税金や社会保険料等を加味して計算するのが一般的となっているのです。

このように海外給与は「手取りを補償する」という考え方に立つケースが多いのですが、この場合、「手取り」とは何をもとに決定すればよいでしょうか。

一般には「日本に勤務していた時の手取り」を補償するという意味ですが（もちろん、海外勤務中は、各種の手当が支給されるため、日本の手取り額よりは増えることが多いですが）、この「日本に勤務していた時の手取り」の捉え方は、会社によりかなり異なります。

たとえば、可能な限り細かく計算する会社では「完全に手取りを補償しなければならない」と、赴任者の給与について、日本にいたのであれば発生する税金等も緻密に計算、最終的には仮の年末調整まで行い、手取り額を計算し、日本の居住者であれば適用されたであろう住宅借入金等特別控除についても会社が計算を行い、控除相当額を本人に手当として支給している、とい

うケースもあります。

　一方、もっと簡単な方法を使っておよその手取り額を補償する会社もあります。たとえば、年収600万円で、所得税、住民税、社会保険料等を控除した額が手取り480万円の場合、手取り率は480万円÷600万円＝80％となります。よって、本人が日本にいたであれば受け取るであろう給与にこの手取り率をかければ、日本勤務時の手取り額を補償していることになる、とみなす会社もあります。このように一口に「手取り補償」といっても会社により、その厳密さにはかなり差があるのが事実です。

　また「手取り補償」や「ノーロス・ノーゲイン（海外勤務によって損もなければ得もない）」を声高に主張してしまうと、「日本勤務していれば受け取れるはずであろう住宅借入金等特別控除が受けられなくなったので、ノーロスではない」「家族帯同で海外勤務したことにより、児童手当が受けられなくなったため、ノーロスとはいえない」といった不満が出ることになります。よって、「手取り補償」というのはあくまで基本的な考え方であり、必ずしも日本勤務時の手取りと全く同じ金額にはなり得ない、ということは説明しておいたがほうがよいといえます。

2．基本給の決定方法

　海外基本給の設定に当たり、各方式の利用割合はどのようになっているのでしょうか。労務行政研究所が大手主要企業数十社を対象に毎年行っている「海外勤務者の給与」の調査によると、海外基本給の決定方式は「別建て方式」「購買力補償方式」「併用方式」の3つに分類されます。

　このうち、近年、大手企業において多く用いられている購買力補償方式と、中堅・中小企業で用いられることが多い併用方式について以下に説明します。

①購買力補償方式とは

　通常、外資系人事コンサルティング会社等から年2回ほど発表される、都市別の「生計費指数」を企業が購入します。海外基本給の算出に当たっては、たとえば「年収600万円で、配偶者・子女各1名を扶養していれば、日本での生計費はこのくらい」という金額を決め、その金額に対し、勤務都市ごとに設定された「生計費指数」と「為替レート」を掛け合わせて海外基本給を設定します。ですから、日本での給与と海外基本給が形式的にはリンクする

ことになります。つまり、日本での購買力を赴任先でも維持することを目的にしています。

【図表19-1】購買力補償方式の設定（年収ベースで考える場合）

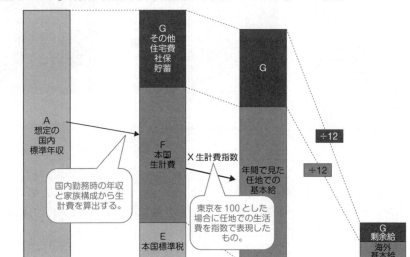

②併用方式とは

　労務行政研究所の定義によると、併用方式とは「国内勤務時の基本給に比例する給与」と「駐在先の国・地域別に設定した給与」を合算して算出したもの、とされています。

　この方式の一例としては、日本勤務時の月給手取り額をそのまま海外基本給とし、現地物価に見合った手当等を追加で支給する、といった方法があります。**【図表19-2】**を参照してください。

【図表19-2】併用方式

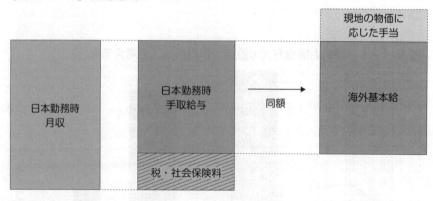

③各方式のメリットと課題

購買力補償方式、併用方式のメリットとデメリットを以下にまとめてみました。それぞれ一長一短ありますので、各企業において自社の考え方に近く、赴任予定者に説明しやすい方式を選択するのがよいでしょう。

【図表19-3】購買力補償方式と併用方式のメリット・デメリット

	メリット	デメリット
購買力補償方式	・外部機関の「生計費指数」という客観的データを用いることで、基本給設定の根拠が説明しやすくなる。 ・生計費指数と為替レートは連動しているため、為替変動にも対応できるといわれている。	・海外勤務者の生活実感と生計費指数の数値が合わない場合、不公平感が生じやすい。 ・いったん導入すれば、生計費指数を毎年購入するコストがかかる。
併用方式	・どの勤務地でも日本の基本給が保証されるためわかりやすい。 ・制度維持のためのコストがかからない。	・給与を円建てで決めている場合、為替変動の影響を受ける。 ・勤務地国による物価差が大きい場合、物価手当等を導入する必要がある。

3．海外勤務者に支払われる様々な手当

海外勤務者に対しては、基本給の他に、各種の手当を支給することが一般的です。代表的なものとしては「海外勤務手当」「単身赴任手当」「ハードシップ手当」等があります。それぞれの主な支給意義と支給額のイメージを【図表19－4】にまとめました。

【図表19－4】海外勤務者に支給される主な手当

手当の名称	支給意義	支給額（月額）
海外勤務手当	海外勤務の奨励や、海外勤務に伴う精神的・経済的不利益の補償のために支給されることが多い。	0～30万円程度（場合によってはもっと多い企業も存在する）
単身赴任手当	海外勤務に伴い世帯が2つに分かれることへの生活保障として支給されることが多い。	0～20万円程度（国内の単身赴任よりも高い金額に設定している企業が多い）
ハードシップ手当	特に生活が不便であったり、治安・気候の面から生活がしにくかったりする場所への赴任に特定して支給されることが多い。	地域により異なるが、インド等生活環境が特に厳しい地域には10万円以上の手当が多い。
海外役職手当	勤務先での役職に応じて支給される手当。	0～10万円程度（支給しない企業も多い）

手当の設定根拠は会社により様々であり、海外勤務が当たり前の企業、赴任したい人が多数存在する企業は海外勤務手当を支給していないケースもあります。

一方、「入社当初は海外勤務をすることを誰も想定していなかった」「社内に海外勤務したい人は誰も存在せず、無理を言って海外勤務してもらう必要がある」という企業においては、慰労の意味合いの海外勤務手当は多額に支給しているケースも見られます。このように、手当の設定に当たっては、他社の手当水準の把握も必要ですが、何のために支給する手当なのかという意義や、自社が置かれている様々な状況をよく確認・検討し、金額を決定することが重要といえます。

海外基本給は別建て方式、購買力補償方式、併用方式の3つがある。

Q20
海外赴任者の給与と為替レートの関係は？

海外勤務者の給与を検討する上で、常に問題になるのが為替レートの設定方法ですが、他社ではどのように為替レートを設定しているのでしょうか。

A20

1．為替レート決定方法

為替レートの決定方法について【図表20－1】でまとめてみました。

【図表20－1】為替レートの決定方法の種類と例

例：50万円の円建て給与の一部を日本円と現地通貨で分けて支給する場合
　　　（赴任時の為替レートが1米ドル100円の場合）

			海外勤務者にとっての有利・不利	
			勤務開始時点より円安 （100円→120円）	勤務開始時点より円高 （100円→80円）
①	海外勤務開始時点のレートで固定 日本本社30万円 現地法人2,000ドル	海外勤務開始時点のレートで固定するため、現地通貨建てで給与は常に一定になる。	有利 実勢レートだと現地払給与が1,666ドルだが、レート固定なので2,000ドルのまま。	不利 実勢レートだと現地払給与が2,500ドルになるはずだが、レート固定なので2,000ドルのまま。
②	実勢レートを利用	毎年/毎月時点でレート見直し。	不利 現地払い給与が目減りする。	有利 現地払い給与が増える。
③	過去数年間の平均レートを使用	毎年一定時点で過去数年間の平均を取り、レートを見直す。	有利 過去の円高局面のレートが計算に入るので、有利になる。	不利 過去の円安局面のレートが計算に入るので、不利になる。
④	購買力補償方式を採用	生計費指数の定めるレートを利用する。	—	—

2．海外勤務者に納得感のある決定方法とは

どの方式を採用したとしても、為替の変動により海外勤務者にとって不利に働くことがあれば、必ず不満が生じます。そのため、為替相場が正確に予

想できない限り、どの方式をとってもある意味同じといえますが、為替の変動により、海外勤務者にとって有利・不利が生じたとしても、ある程度納得できる（納得せざるを得ない）為替レートの決定方式としては【図表20－2】が考えられます。

【図表20－2】海外勤務者に納得感のある為替レートの決定方法

			メリット	デメリット
1	本人に為替レート決定方法を選択させる。	前頁の選択肢のうち、いずれの方法がよいかを赴任時点で選択させる。	本人が選択するので不満を言い難い状況になる。	海外勤務者ごとに対応を変えなければならない等煩雑になる。
2	本人に支給割合を決めさせる。	たとえば50万円の円建て給与＋手当のうち、日本払いと現地払いの割合を決めさせる。	為替レートにさらされる現地通貨部分の支給割合を本人が決めるため、上記「1」ほどではないが、不満を言い難い状況になる。	海外勤務者ごとに対応を変えなければならない。現地払いゼロ、といった方法は現地払い給与額が一定以上必要な国の場合、実施できない。
3	海外勤務手当に為替差損を織り込む。	海外勤務手当等には為替差損分の補填が織り込まれていると説明する。	海外勤務手当の中に織り込み済みであるのであれば、不満を言い難い。	海外勤務手当の支給意義や根拠の説明が足りないと納得してもらえない。

POINT! 為替レートの決定は本人の手取り額に影響するので明確にしておくこと。

G　海外赴任中の住居

　海外勤務者の住居の選定に当たっては、会社が借上げ社宅を提供するケース、本人が自分で決めるケース等様々です。海外で住居を借りる際、必ず理解しておかなければならない事項として【図表G-1】がありますが、海外での住居選びに当たっては、いずれの場合においても、まずは「安全性」を重視することが肝要です。

　また、本人が同意しているからといって、安全性に疑問のある物件に居住させ、その結果、海外勤務者及びその家族の身に危険が及んだ場合は、「会社は安全配慮義務を果たしていたのか」等、会社の危機管理体制の落ち度を指摘され、賠償責任に発展するケースも考えられます。このように、住居選定に当たっては、まずは安全性を重視するのが第一です。

　子女を帯同する場合、日本人学校等、子女の通う学校のスクールバスルート内での物件選びも重要になります。この点も含め、海外で住居を選定するに当たり、事前に留意すべき点をまとめてみました。

【図表G-1】海外での住居を探す前に認識したほうがよいこと

⑴物価が低い途上国であっても、日本人が居住する物件の家賃は日本より（大幅に）高い

　日本人が居住できる物件は一般に現地の相場からすると非常に高額な場合も多く、東京都心で住居を借りるよりも高いことも珍しくない。

　慣れない海外で安全かつそれなりに快適に暮らすためには、居住環境に関する費用は惜しんではならない。

⑵部屋面積は日本より圧倒的に広い場合が多い

　日本のようなワンルームマンションは少ない場合が多い。そのため一人暮らしでも80平米以上の住居を借りることもまれではなく、日本と同じ基準の狭さの住居を探すほうが困難である場合も多いので、会社もその点を理解すること。

⑶アパート内にプールやジムがあるからといって超高級物件とは限らない
　海外のアパートにはプールやスポーツジムが施設内に入った物件が少なくない。
　「プールやジム等はぜいたく」として、これら施設がない物件を探すことを要求する会社もあるが、それでは住居が見つからない場合もあるので、このような考え方は捨てたほうがよい。

　では、以上の点をふまえて住居選定に当たってはどのような点に留意すればよいでしょうか。【図表G-2】にまとめました。

【図表G-2】赴任者用住居選定のポイント

⑴探し方の手順における注意点
①誰の名前で契約？
　→会社契約（日本本社？　現地法人？）か個人契約か
　国によっては会社契約にすると、会社が負担した家賃相当額を、赴任者本人の個人所得に含めなくてよい場合がある。
②入金方法は？
　→現金か振り込みか
③家賃契約はドル？　現地通貨？
④その他留意点
・国により異なるが、保証金が数ヵ月分必要になったり、数ヵ月分の家賃の前払いを要求されたりする場合もある。
・会社名義契約の場合、実際にその会社が日本で存在するか等の証明が必要な物件もある。
・年初めの1～2月は空室が多いが、3月頃から人気のある物件はすぐに満室となる。

⑵物件見学段階の留意点
①自分なりの条件を用意
・通勤、通学、買い物に便利等、優先順位を考えておく。
②物件見学に当たっての注意点
・水の出（階数が高いと水圧が弱いケースあり）。
・お湯の熱さ（冬場でも満足できる熱さか）。

・ガス湯沸器が外側にあるか、排気に問題はないか、日系企業製の湯沸し器が使われているか等チェックが必要。
・周辺環境のチェック（スーパーの有無、病院へのアクセス、日本人学校のスクールバスルートか否か、タクシーの交通量、周囲の騒音、工事現場の有無）。

③昼間だけでなく夜間にも見学に行くこと
・昼間は人通りが多いが、夜間になるとほとんど人通りがないようなエリアは安全上避けたほうが無難。

(3)オーナーとの交渉段階の留意点

①値段交渉
　日本人が相手とみると、賃貸料を釣り上げたり、値引き幅を少なくしたりするオーナーも存在するため粘り強く交渉することが必要。

②中途解約条件をよく確認
　突然の帰国というケースも考えられるため、中途解約条件は要確認。予告なく退去の場合は、保証金を没収されるケースがほとんど。

③必要設備の導入について交渉
　家具付物件の場合、基本的な家具、家電以外に電子レンジや浄水器、食器等も備え付けがなければ交渉して用意してもらうこともできる（その分、家賃が高くなる場合もある）。

④個人オーナーとの契約に注意
　オーナーが信頼できる人かどうか、よく見極める必要あり（同じオーナーから物件を借りている人や信頼できる不動産会社からの情報収集も大切）。

（出所）各国不動産業者等へのヒアリングを基に作成

H　帯同した子女の教育

　子女を帯同して海外勤務する人にとって、最も大きな関心事の一つとなるのは、「子女の教育」問題です。一般に海外勤務者は、自身の子女に海外での生活を体験させることは得がたい機会であると認識している一方、日本とは異なる習慣・文化の国や地域に子女を帯同させたことにより、わが子の将来の学力や人間形成に影響は出ないか等、多かれ少なかれ、悩みや不安を抱えているのが現状です。

　そういった点を考慮しても、海外勤務者が安心して海外での勤務に取り組めるように、会社として海外勤務者の子女に対し、何らかのサポートをする必要があるといえます。

　以下に、帯同子女が通う学校の選択肢として考えられるものをまとめました。

1．日本語での教育機関

　赴任地で日本語で教育を受けられる機関としては、「日本人学校」や「私立在外教育施設」があります。

⑴　日本人学校

　日本人学校は、国内の小中学校における教育と同等の教育を行うことを目的として日本人会等が設置した、文部科学大臣から認定を受けている全日制の教育施設のことをいい、世界各地に存在します。

　最近は、外国語教育に対する関心の高さから、子女をあえて日本人学校ではなく、インターナショナルスクールや現地校に通学させるケースもありますが、まだまだ少数派といえます。海外勤務に当たって、家族を帯同するか否かは、「勤務予定地に日本人学校が存在するか否か」によって決まるといっても過言ではありません。

①入学資格

　一般的な日本人学校の入学資格としては「日本国籍を有している」「保護者と同居している」「居留許可証を有している」「日本語能力・集団生活適応力がある」等が挙げられます（日本国籍保有を条件としていない学校もあります）。

②日本人学校入学・通学にかかる費用
　～各学校により費用は様々、中には企業寄付金が必要なケースも～
　一口に「日本人学校」といっても、入学金や授業料等諸費用は、学校の財政状況等により様々です。たとえば年間授業料は、低い場合は50万円程度、高い場合は200万円以上と、学校により金額に大きな差があります。
(2)　私立在外教育施設
　国の認定を受けた全日制私立学校で、たとえばアジア圏では「早稲田大学系列早稲田渋谷シンガポール校」等が有名です。学費は日本人学校より高く、インターナショナルスクールに通わせる場合と同等もしくはそれ以上の出費が必要となる場合もあります。

２．外国語での教育機関
(1)　インターナショナルスクール
　インターナショナルスクールとは主に外国人子女のための学校で、英語で授業を行う学校が多くなっています。アジア圏にも多数の外国人学校がありますが、それらの学校が居住地から通学できるエリアにあるか否かはもちろん、ESL（英語を母国語としない子供向けのクラス）があるか、国際的な大学入学認定資格が得られるかといった点が、学校選びの大きなポイントになります。
　また、インターナショナルスクールの学費は、年間200万円以上することも珍しくありません。よって、多くの企業では「インターナショナルスクールへの通学は、日本人学校がない地域のみ認める」という方針をとっていることが多いですが、具体的にその費用をどこまで負担するか（全額会社負担か、一部本人負担か）は会社によって取扱いが様々です。
(2)　現地公立学校
　現地の公立学校等に入学すれば、学費は日本人学校やインターナショナルスクールとは比較にならないほど安価です。ですが、帯同子女が現地校に通学しているのは、「英語圏の先進国に赴任している場合」「両親のどちらかが、赴任地の出身者である場合」といったケースになります。
（※）アジア圏に勤務する方は、小中学校については日本人学校に、幼稚園児については日本語幼稚園を利用するケースが多くなりますが、勤務地にそれら日本語教育機関が存在しない場合は、インターナショナルスクールに通うか、家族帯同をあきらめるか、どちらかのケースが多いです。

Q21
海外赴任をしている役員に支払う報酬の取扱いは？
海外勤務している取締役に支払う役員報酬についての課税について教えてください。

A21

1．海外勤務している日本の役員への報酬が日本で課税される理由
〜所得税法212条、213条、所得税法施行令285条より〜

日本本社で使用人の立場の方が、海外勤務中に受け取る国内払給与（留守宅手当）は、「国外源泉所得」に該当するため日本では課税されません（詳細はＱ１の【図表１－１】をご参照ください）。

一方、日本本社の取締役の方が、海外勤務中に役員報酬を受け取った場合は、当該給与は「国内源泉所得」扱いとなり、所得税法第212条、第213条に基づき、支払時に会社側で20.42％の税率で源泉徴収する必要があります。一般に取締役の方は、日常の業務には直接関与しないで、取締役会に出席し、企業の経営に従事することをその職務として、役員報酬を得ている場合も少なくありません。

このような場合、役員としての役務提供が現実にどこで行われたかを判断するのは困難ですから、所得税法上、内国法人の役員に対して支給される報酬・賞与は原則として、その勤務地がどこであろうと「国内源泉所得」として日本で課税されることになります。

2．役員の国内払い給与であっても課税されないケース
〜所得税基本通達161-42、161-43より〜

①海外の勤務先で使用人として業務している場合

内国法人の取締役であっても、勤務地国での職務内容によっては、日本で使用人の地位を持つ方と同様、国内払い給与を非課税扱いとすることができます。このことを【図表21－１】にまとめてみました（日本において取締役である方の日本払い給与が非課税扱いになるかどうかは、現地での職務内容など、個別に判断されることになりますので、【図表21－１】はあくまでご参考程度にご利用ください）。

【図表21－1】海外勤務中の日本の取締役・使用人に支払う国内払い給与に対する課税関係

		(1) 海外現地法人に勤務する場合		(2) 海外支店・駐在員事務所に勤務する場合	
		①日本の親会社から見ると、実質的には使用人として勤務する場合（現地法人で使用人として常時勤務する場合）	②左記以外（使用人として常時勤務しない場合）	①日本の親会社から見ると、実質的には使用人として勤務する場合（支店・駐在員事務所で使用人として常時勤務する場合）	②左記以外（使用人として常時勤務していない場合）
日本での役職	1．代表権を持つ役員	20.42％課税（所令285①一） (仮に「使用人」としての業務を行っていたとしても、日本で代表権を持つ者が使用人としての地位を有するとは認められない)	20.42％課税（所令285①一）	20.42％課税（所令285①一） (仮に「使用人」としての業務を行っていたとしても、日本で代表権を持つ者が使用人としての地位を有するとは認められない)	20.42％課税（所令285①一）
	2．役員	非課税 「支店の設置が困難である等、その子会社の設置が海外における現地特殊事情に基づくもので、その子会社の実態が内国法人の支店・出張所と異ならない場合」等の要件を満たす場合は使用人兼務役員として扱われる （所基通161-43） **⇒実際に当該通達の適用対象となるか否かは管轄の税務署等にご確認ください。**	20.42％課税（所令285①一）	非課税 ニューヨーク支店長など、内国法人（＊）の使用人として常時勤務する場合 (＊) 海外支店というのはあくまで日本の本社の一部、つまり内国法人に該当する （所令285①かっこ書き）（所基通161－42） **⇒実際に当該通達の適用対象となるか否かは管轄の税務署等にご確認ください。**	20.42％課税（所令285①一）
	3．使用人	非課税	非課税	非課税	非課税

②赴任している国との租税条約において、役員報酬が「源泉地国免税」となっている場合

　赴任している国と日本が租税条約を締結しており、当該租税条約の役員報酬条項において、「法人の役員が管理的又は技術的性格を有する日常的な職務の遂行につき、その法人から取得する報酬については『給与所得条項』を適用する」等とされている場合（※）で、日本本社から支払われる役員報酬がこれに該当する場合は、当該役員報酬は日本で非課税になる余地があります。

（※）ベルギーとの租税条約においては、議定書においてこのような記載があります。

3．勤務地国での課税
〜役員報酬の勤務地国での取扱い〜

　海外勤務中の日本の役員に支払われる役員報酬は、「（日本）国内源泉所得」に該当するからといって、勤務地国において当該役員報酬が「国外源泉所得」と見られるとは限りません。日本では役員報酬は「国内源泉所得」扱いであっても、勤務地国から見れば、「自国で勤務していたことに対する対価」、つまり、勤務地国においても「国内源泉所得」として取り扱われ、課税される可能性は十分あります。詳細は勤務地国の税務専門家にご相談ください。

関連法令　／　参考になるウェブサイト等

■関連法令

所得税法第161条：国内源泉所得

所得税法施行令第285条：国内に源泉がある給与、報酬又は年金の範囲

所得税基本通達161-42：内国法人の使用人として常時勤務を行う場合の意義

所得税基本通達161-43：内国法人の役員が国外にあるその法人の子会社に常時勤務する場合

■国税庁ウェブサイト

国外において常時使用人として勤務する役員に支払われる役員賞与
https://www.nta.go.jp/law/shitsugi/gensen/06/12.htm

日本本社が支払う役員報酬は、20.42％の税率で源泉徴収、ただし当該役員が勤務先で使用人として勤務している場合は非課税となる。

Q22

一時帰国中に日本で仕事をした場合は？

海外勤務中に一時帰国し日本で仕事を行った場合、日本払い給与について源泉徴収する必要がありますか。

A22

1年以上の予定で海外勤務している場合、日本の非居住者に該当し、非居住者は国内源泉所得のみ日本で課税されます。通常、海外勤務中に日本本社から支払われる給与は、「海外での勤務の対価」として「国外源泉所得」に該当するため、非課税となります。

しかし、海外勤務している方が一時的に日本に戻り、その間、日本で業務を行ってしまうとどうなるのでしょうか。日本本社から支給されている給与等は、日本で行った業務に対する対価として、日本勤務期間に相当する給与について、「国内源泉所得」扱いとなり、20.42％の税率で源泉徴収される可能性があります。

一方、「所得税基本通達161-41」によりますと、「……国内において行った勤務又は人的役務の提供に係る部分の金額は、国内における公演等の回数、収入金額等の状況に照らしその給与又は報酬の総額に対する金額が著しく少額であると認められる場合を除き、次の算式により計算するものとする。……」とあります。

この点については明確な解釈は難しいものの、少なくとも1週間程度日本で業務を行うような場合は、「著しく少額」に該当するか否か判断に迷うところですので、日本勤務期間の所得相当額については、20.42％の税率で課税しておくほうが望ましいといえます。

関連法令

所得税基本通達161-41：勤務等が国内及び国外の双方にわたって行われた場合の国内源泉所得の計算

海外赴任者が一時帰国し日本国内で勤務を行う場合は、国内勤務期間に相当する日本払給与等について、20.42％の税率で源泉徴収が必要になる。

Q23

日本国内に持つ不動産で収入がある場合は？

海外勤務しているAさんの日本国内の住居を日本本社が借上げ社宅にした場合の留意点について教えてください。

A23

1．会社側（借り手側）が行う処理
～賃料の20.42％を源泉徴収～

Aさんに支払う賃貸料を20.42％の税率により源泉徴収し、翌月10日までに非居住者用の納付書を用いて納付することになります。さらに、その年に支払った非居住者に対する家賃について、会社は支払調書を作成し、翌年1月31日までに所轄税務署長に提出しなければなりません。

（※）なお、借り手が個人であり、自己の居住用に借り受けた場合は、借り手に源泉徴収義務は発生しません。

2．非居住者（Aさん側）が行う処理
～日本での取扱いと勤務地国での取扱い～

(1) 日本での取扱い

留守宅の賃貸から生じる不動産所得の計算方法は【図表23-1】のとおりですが、不動産所得が黒字の場合と赤字の場合で、手続きが異なります。

【図表23-1】不動産所得の計算方法

① 不動産所得が黒字の場合

不動産所得を含む、給与以外の所得が一定額を超える場合（出国した年：

20万円超、出国中の年：38万円超）は、確定申告を行う必要があります。
　確定申告を行うことにより、賃貸料を受け取る際に源泉徴収された税額を精算することになります。
（※）不動産所得が一定額以下でも、賃貸料を受け取る際に20.42％の税率で源泉徴収された所得税の還付を受けるために、確定申告書を提出することができます。
（※）青色申告を選択している場合は、不動産所得から一定額の青色申告特別控除を受けることができます。

【図表23－2】確定申告の必要がある所得が不動産所得のみの場合の計算方法

> （　不動産所得の金額　－　所得控除（＊）　）×　所得税率　＝　所得税額
>
> （＊）非居住者に適用される所得控除は雑損控除、寄附金控除、基礎控除のみ。

② 不動産所得が赤字の場合
　【図表23－3】のとおり、不動産所得が赤字の場合、白色申告者か青色申告者かによって、取扱いが異なります。

【図表23－3】青色申告者と白色申告者で異なる不動産損失の取扱い

白色申告者	総合課税の対象となる所得がある場合は、他の国内源泉所得と相殺して申告
青色申告者	翌年3年間繰越可能（不動産の賃貸にかかる損失のうち、他の国内源泉所得から控除しても、なお損失の金額がある場合は、その年以降の各年において連続して確定申告書を提出することを要件として、その損失が生じた年の翌年4年間繰り越すことができる）

（※）青色申告とは？
　不動産所得のある人は、青色申告を選択適用することができます。
　つまり、持ち家を借上げ社宅にし、賃貸料を受け取っているAさんも青色申告（**【図表23－4】**参照）を選択することができます（非居住者であっても青色申告は可能です）。

【図表23－4】青色申告とは

■青色申告とは
不動産所得や事業所得のある人が、毎日の取引を帳簿に記載し、それに基づいて自分の所得金額や税額を計算し、申告して納税する制度です。

■青色申告の特徴
税法上多くのメリットが受けられます（青色申告特別控除、欠損金の繰越、繰戻など）。

■青色申告の手続きとその期限
前もって、「青色申告の承認申請書」を提出する必要があります。青色申告の承認申請書の提出期限は、承認を受けようとする年の3月15日または、不動産所得を生じるべき業務を開始した日から2ヵ月以内のいずれか遅い日となります。

(2) 勤務地国での取扱い
〜日本の留守宅から生じた不動産所得につき勤務地国で申告・納税義務が生じる可能性〜

　Aさんの勤務地国の税法にもよりますが、一般的に、その国に1年以上滞在する場合は、その国の居住者となります。
　勤務地国が、居住者については全世界所得課税としている場合、Aさんが日本に所有している不動産から生じる所得も、当該国で申告・納税する義務が生じる可能性があります。
　この場合、勤務地国の税法に従って当該不動産所得について申告・納税することで発生する税金を実質的に誰が負担するのか、問題になることがあります。
　個人の資産にかかる税金ですから個人が負担するのが当然、ともいえますが、会社都合で海外勤務しているわけですから、勤務地国の当該不動産所得にかかる税金相当額を給与に上乗せして支給することも考えられます。この点については、会社において一度考え方を整理されることをお勧めします。

関連法令　／　参考になるウェブサイト等
■関連法令
所得税法第161条：国内源泉所得
所得税法第166条：申告、納付及び還付
所得税法第212条：源泉徴収義務
所得税法第213条：徴収税額
所得税法施行令328条：源泉徴収を要しない国内源泉所得
■国税庁ウェブサイト
No.1926　海外転勤中の不動産所得などの納税手続
https://www.nta.go.jp/taxes/shiraberu/taxanswer/shotoku/1926.htm

POINT! 会社が借上げ社宅にしている場合は、家賃支払い時に20.42％の税率で源泉徴収。本人は、不動産所得等の国内源泉所得が赴任年は20万円を超えた場合、赴任中の年は38万円を超えた場合は確定申告が必要。

Q24
海外赴任中に日本の不動産を売却した場合は？

赴任中に資産を売却（譲渡）した場合の取扱いについて教えてください。

A24

1．日本での課税
(1) 国内税法での取扱い
①買い手側
〜10.21％の源泉徴収が必要だが、一定要件を満たした場合、源泉徴収の必要はない〜

非居住者に対し、国内にある土地建物等の譲渡による対価の支払いをする者（買い手）は、その支払の際、10.21％の税率で源泉徴収を行う必要があります。

ただし、その土地・建物等の譲渡による対価の額が1億円以下であり、かつ、その土地・建物等を譲り受けた個人（買い手側）が自己またはその親族の居住の用に供するために譲り受けた土地・建物等である場合には、その個人が支払う譲渡対価については、所得税の源泉徴収をする必要はないことになっています。

【図表24−1】買い手と源泉徴収義務の有無

買い手	源泉徴収の有無
買い手が個人で自己又は親族の居住用にする場合で、かつその土地・建物の譲渡による対価の額が1億円以下である場合	源泉徴収する必要はない
上記以外の場合	譲渡対価の10.21％を買い手側が源泉徴収し、翌月10日までに納付する。国外支払の場合は翌月末

②売り手側（Aさん）
a）確定申告の義務はあるか？
〜譲渡価格や源泉徴収の有無にかかわらず、確定申告が必要〜

譲渡する側は、譲渡する相手が個人であり、その譲渡価格が1億円以下の場合であっても確定申告は必要になります。
　また、不動産の譲渡対価が1億円超の場合は、不動産を譲渡した際に所得税が源泉徴収されていますが、源泉徴収された所得税はこの確定申告時に精算され、源泉徴収された税額が確定申告による納税額より大きい場合は還付されることになります。

b）確定申告時における取扱い
～譲渡所得の計算方法は居住者の場合とほぼ同様、ただし適用できる所得控除は限定～

　非居住者が確定申告を行う場合、譲渡所得の計算は居住者の場合とほぼ同様の方法で行われ、収入金額から取得費と譲渡費用を差し引いた金額となります。
（※）ただし、所得の金額から差し引くことができる所得控除は「雑損控除」「寄附金控除」「基礎控除」に限定されます。

c）土地・建物を譲渡した場合
　個人（居住者及び非居住者を含む）が土地建物等を譲渡した場合には、原則として、次のようになります。

【図表24－2】土地・建物を譲渡した場合の税率

譲渡年の1月1日で		所得税・復興特別所得税	住民税	合計
所有期間　5年以下		30.63%	9%	39.63%
所有期間　5年超		15.315%	5%	20.315%
所有期間10年超のマイホームを譲渡した場合（注）	6,000万円以下の部分	10.21%	4%	14.21%
	6,000万円超の部分	15.315%	5%	20.315%

（注）年数の他に一定の条件があります。

d）持ち家を売却した場合の住民税（均等割）の課税は？
〜譲渡した翌年1月1日に日本に住所を有しない限り、住民税は課税されない〜

　住民税は1月1日現在で、日本国内に住所を有する個人に対して課税されます。したがって、譲渡した翌年1月1日において、日本に住所を有しない限り、上記c）の不動産の譲渡所得に対しては住民税の課税は行われません。

(2)　租税条約上の取扱い
　日本と勤務地国が租税条約を締結している場合、当該租税条約での取り決めが、国内税法に優先して適用されます。ただし、租税条約では、不動産の譲渡により生じた所得については、その不動産の所在地国の課税権を全面的に認めています。よって海外勤務者の勤務地国が日本と租税条約を締結している場合であっても、不動産所得について特に租税条約上でメリットがあるわけではなく、国内税法がそのまま適用されると考えてよいでしょう。

2．勤務地国での課税
　勤務地国においては、Aさんは「居住者」に該当します。そのため勤務地国が居住者に対して全世界所得課税を行っている場合には、日本で生じた譲渡所得も本来、勤務地国で申告・納税する必要があります。

関連法令　／　参考になるウェブサイト等
■関連法令
所得税法第161条：国内源泉所得
所得税法施行令第281条：長期譲渡所得
租税特別措置法第31条：長期譲渡所得の課税の特例
■国税庁ウェブサイト
No.1932　海外勤務者の不動産の売却と税務
https://www.nta.go.jp/taxes/shiraberu/taxanswer/shotoku/1932.htm

POINT! 買い手側が10.21％の税率で源泉徴収を行った上、譲渡した側が確定申告を行う（不動産の譲渡価格が1億円以下で、買い手が個人の場合、買い手側が源泉徴収する必要はない）。
赴任する国が居住者に対して全世界所得課税を行っている場合、当該譲渡所得について勤務地国でも申告・納税の必要がある。

Q25
海外赴任中でも日本の確定申告が必要になる場合とは？
海外赴任中に確定申告書の提出が必要な場合について教えてください。

A25
1．出国した年に確定申告が必要なケース
～給与以外の国内源泉所得が20万円超ある場合～

海外に赴任する年の1月1日から出国時までに生じた所得が給与所得のみであれば、通常は出国時に年末調整が行われているので、確定申告は不要です。

しかし、たとえば不動産の貸付による所得等、給与以外の所得が20万円超ある場合は、確定申告が必要です。

確定申告書の提出時期は、【図表25－1】のとおり、納税管理人を選任しているか否かで異なります。

【図表25－1】納税管理人選任の有無で異なる確定申告書の提出時期

納税管理人を選任している場合	赴任した翌年の2月16日～3月15日までに提出
納税管理人を選任していない場合	出国前にいったん提出

また、出国した年に確定申告を行う際、適用対象となる所得控除は【図表25－2】のとおりです。

【図表25-2】確定申告に際して適用する所得控除

所得控除		計算方法
物的控除	医療費控除 社会保険料控除 小規模企業共済等掛金控除 生命保険料控除 地震保険料控除	居住者期間（1/1～出国の日まで）に支払ったこれらの金額をもとにして計算する。 なお、外国の社会保険料は、外国の保険会社と外国で契約した生保契約や損保契約は控除の対象とならない。
	雑損控除 寄附金控除	居住者期間及び非居住者期間に生じた損失の金額や所得金額を通算してその年分の控除額を計算する。
人的控除	基礎控除 配偶者控除 配偶者特別控除 扶養（親族）控除 障害者控除 老年者控除 寡婦（夫）控除 勤労学生控除	①納税管理人を選任した場合 　出国した年の12月31日（その年中に死亡した時はその死亡の時）の現況で計算する。 ②納税管理人を選任しなかった場合 　出国の日の現況により計算する（所基通165-2）。

2．出国中の年に確定申告が必要なケース
～給与以外の国内源泉所得が38万円超ある場合～

　海外勤務者として赴任した翌年以後（帰国年を除く）の各年に確定申告が必要なのは、毎年その年1年間に生じた海外勤務者に生じた一定所得（【図表25-3】参照）の金額が基礎控除額（38万円）を超える場合です。

　この場合、翌年の2月16日から3月15日までにこれらの所得について確定申告をする必要があります（非居住者期間に確定申告を行う際、適用される所得控除は「基礎控除」「雑損控除」「寄附金控除」のみになります）。

【図表25-3】確定申告が必要となる所得

- 国内にある資産の運用、保有または譲渡による所得（所法161一、一の二）
- 国内に事業所を有して事業を行っている場合には、その事業の所得
その他の国内源泉所得（所法161一、二、164①一～三）
- 国内にある不動産の賃貸料による所得（所法161三）

3．非居住者の確定申告書はどこに提出するか？
～海外勤務者の直近の居住地もしくは資産の所在地～

非居住者の確定申告書の提出先は【図表25－4】のとおりです。

【図表25－4】非居住者の確定申告書の提出先

①国内に事業を行う一定の場所がある場合	その事業所等の所在地
②「①」に該当しない場合、その海外勤務者の納税地とされていた場所にその者の親族が引き続き居住している時	その納税地とされていた場所
③「①」「②」いずれにも該当しない場合	所得税法施行令第54条で定める場所（その貸付等を行った資産の所在地等）

関連法令

所得税法第161条：国内源泉所得

所得税法第164条：非居住者に対する課税の方法

所得税法施行令第54条：特殊な場合の納税地

所得税基本通達165-2：居住者期間を有する非居住者に係る扶養親族等の判定の時期等

赴任した年は給与以外の所得が年間20万円超、赴任中の年は給与以外の所得が年間38万円超の場合は確定申告が必要となる。

Q26
海外赴任者の給与等を日本の本社が負担すると寄附金課税？

海外赴任者に支払う給与・手当・賞与等を日本の本社で負担する場合、寄附金課税されるのでしょうか。

A26
1．なぜ出向者の給与は出向元に支払ってもらうべきなのか

企業の中には、海外の現地法人に出向している社員の給与を全額または大部分について、日本本社が支給しているケースも見られます。会社としては「出向中とはいっても、自社の社員であることには変わりがないのだから、当該社員の給与を、出向元である日本本社が支給しても問題ないだろう」と考えていることも多いようです。

しかし、自社の社員が海外で勤務している先が、仮に自社の100％子会社であっても、自社とは別の法人です。よって、出向者にかかる費用は全額、出向先に負担してもらうのが当然です。

2．日本側が費用負担しても問題ないケースはあるのか

法人税基本通達9-2-47によると、出向先が経営不振で賞与を支給することができない場合や、出向先法人が海外にあるため、出向元法人が支給する留守宅手当等の金額等を出向元（この場合日本本社）が負担しても、出向元の損金の額に算入することを認める、としています。ただ、どの程度の金額までなら損金に認められるかといった基準はありませんので、個々の企業の経営状況等に応じて、個別に判断されることになります。

【図表26－1】出向者に対する給与の較差補填

（法人税基本通達 9-2-47）
　出向元法人が出向先法人との給与条件の較差を補填するため出向者に対して支給した給与の額（出向先法人を経て支給した金額を含む）は、当該出向元法人の損金の額に算入する。（昭55年直法2－8「三十二」、平10年課法2－7「十」により改正）
（※）出向元法人が出向者に対して支給する次の金額は、いずれも給与条件の較差を補填するために支給したものとする。
1．出向先法人が経営不振等で出向者に賞与を支給することができないため出向元法人が当該出向者に対して支給する賞与の額
2．出向先法人が海外にあるため出向元法人が支給するいわゆる留守宅手当の額

3．日本側が費用負担する際に必要なこと

(1)費用負担に関する契約書の作成

　出向者にかかる費用について、出向元と出向先のそれぞれがどれだけ負担するかを明確にした契約書の作成も必要です。また、日本側が海外出向先に代わって立替払いしている際は、いつの時点でその費用を回収するべきかも、明確に取り決めをしておくことが求められます。また、設立当初の海外子会社は通常、赤字であるため、海外勤務者にかかるコストの多くを日本側が負担しているケースが大半です。しかし、海外子会社が黒字になった後も、海外勤務者のコストについて、相変わらず日本側が負担している場合、税務調査の際に、何らかの指摘をされる可能性が高いでしょう（前回の税務調査で何も指摘されなかったからといって、安心していてはいけません）。よって、費用負担割合は、海外子会社の経営状況に応じて、その都度見直しをする必要があります。

(2)海外勤務者が本社に直接的に貢献していることを証明できる資料の準備

　「出向中も本社に何かと貢献してくれている」というのも、日本側が費用負担をする際に、よく挙げられる理由の一つです。その場合、「出向者が直接的に本社に貢献している」ことを客観的に証明できる資料を準備しておくことも必要になるでしょう。そうすれば、出向元である日本本社が当該出向者の給与を負担していることに合理性がある、と判断される可能性も高くなります。

4．勤務地国での税務
～日本払い給与も赴任している国で申告・納税義務あり～

　海外勤務している社員は通常、勤務地国の居住者になります。また、日本本社が支給している給与・手当・賞与等は勤務地国で勤務していることの対価となりますので、当然ながら勤務地国で所得税の申告・納税の対象となります。企業の中には、日本払い給与について、海外で納税していないケースもありますが、適切ではありません。現地払い給与と共に、日本払い給与もあわせて海外で申告・納税する必要があります。

　「日本払い給与・賞与・福利厚生関連費用は勤務地国側では見つからないだろう」という理由で、または、申告する必要性を知らずに、申告していないケースもあります。無申告のままでいると、勤務地国における税務調査や法定調書等により申告すべきことが判明し、さかのぼって課税され、勤務地国における無申告加算税や延滞税なども課されることになります。よって、日本払い給与・賞与・福利厚生関連の費用は必ず勤務地国にて納税することを徹底する必要があります。

関連法令　／　参考になるウェブサイト等

■関連法令
法人税基本通達 9-2-47：出向者に対する給与の較差補填
■国税庁ウェブサイト
No.5241　出向者に対する給与の較差補てん金の取扱い
https://www.nta.go.jp/taxes/shiraberu/taxanswer/hojin/5241.htm

---

出向者に係るコストは現地法人が負担することが大原則。日本側で負担した場合、寄附金として課税されるリスクあり。
日本払い給与・手当・賞与・福利厚生関連費用は必ず勤務地国で申告・納税すること。

Q27

海外勤務者の源泉徴収票は？

　海外勤務者については源泉徴収票の提出が必要ないと聞きましたが、日本本社から給与を支払った場合、源泉徴収票に代わって提出が必要な書類があれば教えてください。

A27

1．非居住者に支払を行っても、源泉徴収票の作成は必要ないのか

　そもそも、源泉徴収票は居住者に対して作成するものです。よって、非居住者について給与を支払った場合は、源泉徴収票の作成・提出は必要なく、提出する必要があるとすれば、「支払調書」になります。

　ただし、本年から海外勤務者となり、年の途中で非居住者になった方のうち、居住者期間分の報酬が50万円を超える場合は、税務署に対し、源泉徴収票の提出が必要です。

　では非居住者に支払を行うに当たり、どのようなケースで支払調書を提出する必要があるのでしょうか。順次説明していきます。

2．非居住者に支払う給与等について支払調書が必要な場合

　非居住者に支払う給与等のうち、国内源泉所得に該当する部分が非居住者1名につき、年間50万円超の場合は、翌年の1月31日までに、「非居住者等に支払われる給与、報酬、年金及び賞金の支払調書（同合計表）」を提出する必要があります。

　また、非居住者に対し、日本本社が毎月、留守宅手当等を支払っていても、当該手当が、海外勤務に対する報酬（いわゆる「国外源泉所得」）に該当する場合は、当該報酬の支払金額が年間50万円を超えていても、支払調書の提出の必要はありません。

3．非居住者に支払う工業所有権の使用料、不動産の使用料等について支払調書が必要な場合

　当該使用料が、国内源泉所得に該当する場合、その金額がそれぞれについて非居住者1名につき、年間50万円超の場合は、翌年1月31日までに支払調書の提出が必要です。

ちなみに非居住者1名に対し、年間50万円を超える不動産の使用料を支払った場合は「非居住者等に支払われる不動産の使用料等の支払調書（同合計表）」を、年間50万円を超える工業所有権の使用料を支払った場合は、「非居住者等に支払われる工業所有権の使用料等の支払調書（同合計表）」を提出します。

【図表27−1】非居住者に関係する法定調書の種類

支払調書の種類
非居住者等に支払われる機械等の使用料の支払調書（同合計表）
非居住者等に支払われる工業所有権の使用料等の支払調書（同合計表）
非居住者等に支払われる不動産の使用料等の支払調書（同合計表）
非居住者等に支払われる借入金の利子の支払調書（同合計表）
非居住者等に支払われる人的役務提供事業の対価の支払調書（同合計表）
非居住者等に支払われる給与・報酬・年金及び賞金の支払調書（同合計表）

関連法令　／　参考になるウェブサイト等

■関連法令
所得税法第225条：支払調書及び支払通知書

■国税庁ウェブサイト
［手続名］非居住者等に支払われる給与、報酬、年金及び賞金の支払調書（同合計表）
https://www.nta.go.jp/taxes/tetsuzuki/shinsei/annai/hotei/23100049.htm

---

非居住者に支払う給与等のうち、国内源泉所得に該当する部分が非居住者1名につき、年間50万円超の場合は、翌年の1月31日までに、支払調書の提出が必要。

Q28
海外赴任中に遺産相続や贈与を受けた場合は？
　海外勤務中に遺産相続や贈与を受けた場合、日本の税務上、非居住者ということで、何らかの優遇措置が受けられるのでしょうか。それとも海外にいることで課税上、不利益が生じることはあるのでしょうか。

A28
1．相続税・贈与税の納税義務者の範囲
(1)　相続税・贈与税の納税義務者の範囲

　相続税・贈与税の納税義務者の範囲は【図表28－1】となります。

　この表からわかるとおり、日本国内にある財産を相続したり、贈与を受けた場合は、日本で居住している人とほぼ同様に、日本の相続税・贈与税が課税されます。

【図表28－1】日本国籍保有者が相続や贈与を受ける際に課税される財産の範囲

分類			制限／無制限	国内の財産	国外の財産
日本国内に住所あり			居住無制限納税義務者	課税	課税
日本国内に住所なし	5年超日本に住所なし	被相続人：5年超日本に住所なし	制限納税義務者	課税	非課税
		被相続人：5年以内に日本に住所あり	非居住無制限納税義務者	課税	課税
	5年以内に日本に住所あり	被相続人：5年超日本に住所なし	非居住無制限納税義務者	課税	課税
		被相続人：5年以内に日本に住所あり	非居住無制限納税義務者	課税	課税

(2)　相続・贈与の対象となる財産次第では被相続人、贈与者に課税される場合も

　1億円以上の対象資産を所有等している一定の居住者から、国外に居住す

る親族等(非居住者)へ贈与、相続または遺贈によりその対象資産の一部または全部の移転があった場合に、贈与、相続または遺贈の対象となった対象資産の含み益に所得税及び復興特別所得税が課税されることとなりました。

そのため、一定の財産を相続または贈与を受けた場合は、当該財産について被相続人や贈与者側で所得税が課された上、相続人や贈与を受けた側にも贈与税や相続税が課されることになってしまいます。詳細はＱ７をご参照ください。

２．海外居住者が相続する際に必要となる書類

通常、相続登記に当たっては、相続する人の住民票、印鑑証明書付の遺産分割協議書等が必要になります。

しかし海外に居住している場合、日本の住民票もありませんし、印鑑証明もありません。そのため、【図表28－２】のとおり、それらの代わりとなる書類を揃えて在外公館にて申請を行う必要があります。

【図表28－２】相続登記に当たり、海外居住者が準備しなければならない書類（一例）

	概要	発給要件	証明書取得に必要となる書類	手数料
在留証明書	海外居住の人が、現在どこに住所（生活の本拠）を有しているかを証明するもの。 ⇒住民票の代わりとなる書類 （※）在外公館でのみ発行している証明書であるため、日本国内で取得することはできない。	・日本国籍を有する人。 ・現地にすでに３ヵ月以上滞在し、現在居住していること（ただし、申請時に滞在期間が３ヵ月未満であっても、今後３ヵ月以上の滞在が見込まれる場合は発給対象となる）。 ・原則本人申請	・日本国籍を有していることを証明できる書類（有効な日本旅券等）。 ・住所確認できる文書（当該国での滞在許可証、運転免許証、納税証明書、現地の警察が発行した居住証明書等）。	1,200円相当（現地通貨での支払い）

署名(サイン)証明	日本に住民登録していない海外在留者に対し、日本の印鑑証明の代わりに発行する書類。	・日本国籍を有する人。 ・領事の面前で署名（及び拇印）を行うこと。 （申請者本人が在外公館に出向き申請する必要あり。代理申請や郵便申請は不可）	・日本国籍を有していることを証明できる書類（有効な日本旅券等）。	1,700円相当（現地通貨での支払い）

（出所）外務省「在外公館における証明」より作成

関連法令　／　参考になるウェブサイト等
■関連法令
相続税法第1条の2：相続税の納税義務者
相続税法第1条の4：贈与税の納税義務者
相続税法第2条：相続税の課税財産の範囲
相続税基本通達1-3-4共-6：国外勤務者等の住所の判定
相続税基本通達1-3-4共-7：日本国籍と外国国籍とを併有する者がいる場合
■国税庁ウェブサイト
No.4138　相続人が外国に居住しているとき
https://www.nta.go.jp/taxes/shiraberu/taxanswer/sozoku/4138.htm
■外務省ウェブサイト
在外公館における証明
https://www.mofa.go.jp/mofa/toko/page22_00554.html

海外勤務中に相続・贈与を受けた場合、相続・贈与開始前のいつごろまで日本に居住していたかによって課税対象範囲が異なる。
海外勤務中に相続・贈与を受けた場合、在留証明書やサイン証明が必要となる。

コラム

I 国外財産調書

　財産調書は、居住者（非永住者を除きます）で、その年の12月31日において、その価額の合計額が5,000万円を超える国外財産を有する者を対象に、その国外財産の種類、数量及び価額その他必要な事項を記載して提出することとされています。本制度の対象になるのは非永住者を除く居住者です。なお非永住者とは日本の国籍を有しておらず、かつ、過去10年以内に国内に住所または居所を有していた期間の合計が5年以下である者をいいます。

　したがって、1年以上の予定で海外赴任している場合は非居住者となり、「居住者のうちの非永住者」と共に、財産調書の提出は必要ありません。

参考になるウェブサイト等

■国税庁ウェブサイト

国外財産調書制度に関するお知らせ

http://www.nta.go.jp/shiraberu/ippanjoho/pamph/hotei/kokugai_zaisan/index.htm

「内国税の適正な課税の確保を図るための国外送金等に係る調書の提出等に関する法律（国外財産調書及び財産債務調書関係）の取扱いについて」の一部改正について（法令解釈通達）

https://www.nta.go.jp/law/tsutatsu/kobetsu/hotei/181121/pdf/01.htm

---

「非居住者」と「居住者のうちの非永住者」については国外財産調書の提出は必要ない。

Q29
お土産や買い物の輸出免税とは？

海外赴任中に日本で買い物をすると消費税が免税になる場合があると聞きましたが本当でしょうか。

A29
1．日本人でも免税の対象になる人とは？
〜外国にある事務所に勤務する目的で出向した人、2年以上外国に滞在する目的で出国した人等が該当〜

外国人旅行者が日本で買い物した際、消費税が免税になるのはよく知られていますが、実は、外国人旅行者だけでなく、海外勤務している海外居住の日本人が日本で買い物をした時も消費税が免税になります。

厳密にいうと、外国人旅行者だから消費税が免税になるのではなく、「日本の非居住者」つまり、日本国内で物品は購入しても、「日本国内で物品を"消費"しない」から消費税が免税になるのです。

そして、【図表29－1】で示している「非居住者」に該当すれば、日本人であっても消費税が免税になります（なお、ここでいう非居住者は、外国為替及び外国貿易法で規定する非居住者を指しています。よって、所得税法でいう「非居住者」とは必ずしも一致しません）。

【図表29－1】非居住者・居住者とは

外国人	非居住者	① 外国人は原則として非居住者として取り扱われます。 ② 外国政府又は国際機関の公務を帯びる者
外国人	居住者	① 本邦内にある事務所に勤務する者 ② 本邦に入国後6か月以上経過するに至った者
本邦人	非居住者	① 外国にある事務所（本邦法人の海外支店等、現地法人、駐在員事務所及び国際機関を含む。）に勤務する目的で出国し外国に滞在する者 ② 2年以上外国に滞在する目的で出国し外国に滞在する者 ③ ①及び②に掲げる者のほか、本邦出国後、外国に2年以上滞在するに至った者 ④ ①から③までに掲げる者で、事務連絡、休暇等のため一時帰国し、その滞在期間が6か月未満の者
本邦人	居住者	① 本邦人は、原則として居住者として取り扱われます。 ② 本邦の在外公館に勤務する目的で出国し外国に滞在する者は、居住者として取り扱われます。

（※）居住者又は非居住者と同居し、かつ、その生計費が専らその居住者又は非居住者に負担されている家族については、その居住者又は非居住者の居住性の判定に従うことになります。
（出所）国税庁消費税室「輸出物品販売場制度に関するＱ＆Ａ」（平成26年8月）

この表からわかるように、日本人であっても、「外国にある支店・現地法人・駐在員事務所等に勤務する目的で出国し滞在する者」や「2年以上外国に滞在する目的で出国し外国に滞在する者」に該当すれば、消費税が免税になります。

2．どのような品目が免税の対象になる？
～食料品なども含め、ほとんど全ての品目が消費税免税の対象になる～

輸出するために購入する物品のうち、通常生活の用に供する物品は全て免税の対象になります。

（※）なお、「①国内に所在する資産の運送や保管」、「②国内における宿泊や飲食」、「③①及び②に準ずるもので、国内において直接便益を受けるもの」については、国内における消費と同様の役務の提供に該当するため、免税の対象とはなりません。

3．免税の適用が受けられる金額に制限はある？
～消耗品と一般物品で免税対象となる下限額、上限額に違いがある～

消費税の免税対象になる下限額、上限額は具体的には【図表29－2】のとおりです。

【図表29－2】消耗品と一般物品で異なる消費税の免税対象になる上限額と下限額

	物品の具体例（一例）	免税対象となる金額
消耗品	・食品 ・野菜、果物 ・飲料 ・化粧品 ・医薬品	一店舗当たり非居住者の1日の販売合計額5,000円以上、50万円までであること（1店舗当たりの金額なので、複数店舗で各50万円までの購入であれば免税の対象になります）。
一般物品	・家電製品 ・靴、かばん ・時計、宝飾品 ・洋服、着物 ・民芸品	一店舗当たり非居住者の1日の販売合計額が5,000円以上（免税の上限額なし）。

4．消費税の免税はどこでも受けられるの？

「非居住者」が購入する物品だからといって、全ての店舗で消費税が免税になるわけではありません。「輸出物品販売場」に指定されている店舗での購入に限られます。

なお、輸出物品販売場に指定されている店舗は、全国に2万件近く存在するため、店舗一覧表等は存在しません。そのため、物品購入予定の店舗が輸出物品販売場に指定されているかどうかを事前に確認することをお勧めします（ウェブサイトで確認できます）。

5．非居住者であることを証明するには？

前記「1」のとおり、消費税の免税は、外国人旅行者に限らず、日本人でも外国に一定期間以上居住していれば、「非居住者」に該当するため、免税の適用が受けられます。「海外に一定期間以上居住している」ことを証明するには、購入時にパスポートを提示し、就労ビザ等の貼付している頁を提示

し、パスポートの上陸印を提示する必要があります（なお、日本入国時に自動化ゲートを通過すると上陸印は押印されませんが、パスポートに上陸許可が必要な旨を自動化ゲート利用時に伝えることで、証印を得ることが可能です）。

6．具体的な免税の手続き方法及び手続きに必要な書類は？

具体的な免税の手続きは以下のとおりです。

【図表29－3】免税手続きの流れ

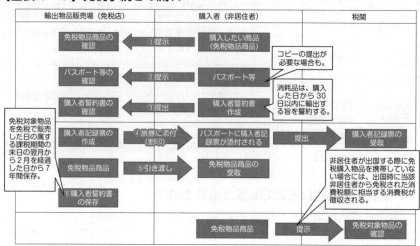

（出所）国税庁消費税室「輸出物品販売場制度に関するQ＆A」（平成26年8月）より作成

7．勤務地国に持ち込む時の留意点

日本で輸出免税の適用を受けた物品を勤務地国に持ち込む際、新品物品については販売用とみなされ、課税される可能性があります。また、食料品の持ち込み等が厳しく制限されている国もあるため、せっかく日本で大量に購入した食料品等を勤務地入国時に没収される可能性もあります。

そのため、日本での物品購入に当たっては、それらを勤務地国に持ち込む際、持ち込み禁止対象物品になっていないか、または関税の対象にならないかについて、よく確認しておく必要があります。一般に引越荷物に新品物品を入れる際は、関税がかからないよう、あえて開封し、新品とわからないよ

うに送付する場合も少なくありません。しかし、輸出免税の対象になる物品は、日本国内で利用できないよう、開封しにくいように梱包されていることもあります。

そのため、上述の引越荷物のように開封して持ち込むことが難しい場合もあり、注意が必要です。

■関連法令
消費税法第8条：輸出物品販売場における輸出物品の譲渡に係る免税
消費税法施行令第18条：輸出物品販売場で譲渡する物品の範囲、手続等
消費税法施行規則第7条：輸出物品販売場における購入者誓約書等の保存等
消費税基本通達 8-2-1：輸出物品販売場の許可
外国為替及び外国貿易法
■国税庁ウェブサイト
No.6559　外国人旅行者等が国外へ持ち帰る物品についての輸出免税
https://www.nta.go.jp/taxes/shiraberu/taxanswer/shohi/6559.htm
■免税店を探すウェブサイト
https://tax_freeshop.into.go.jp

外国人に限らず、海外勤務等で海外に長期滞在している日本人も条件を満たせば外国人と同様、日本での買い物の際に消費税が免税となる。

Q30
海外で医療を受けた場合、日本の健康保険は使えるか？

海外でかかった医療費は日本の健康保険でカバーされますか。また、海外の医療保険事情について教えてください。

A30
1．日本の健康保険では海外での治療費もカバーされる
〜海外では「療養費」扱いに〜

日本国内で使用している「健康保険被保険者証」を海外で使用することはできませんが、健康保険組合の被保険者・被扶養者が海外の医療機関で治療や投薬を受けた場合は、日本の健康保険から一部医療費の補助が受けられます。

ただし、海外では「療養費」扱いとなるため、海外でかかった医療費（療養費）の全額を、いったん本人が立て替えた後、療養を受けた海外の病院にて「診療内容明細書」と「領収明細書」をもらい、これらに日本語の翻訳文を添付し、保険者の内容チェックを受けます。特に問題がなければ療養費の一部が払い戻されます（【図表30−1】参照）。

【図表30−1】健康保険の場合の療養費の払戻しに必要な書類

> 海外療養費の支給申請には、次の書類が必要になる。
> 　(1)　療養費支給申請書
> 　(2)　診療内容証明書（医科用、歯科用）
> 　(3)　領収明細書（診療明細書）
> 　(4)　領収書（原本）
> 　　提出書類が外国語で記載されている場合は、翻訳者の氏名及び住所を明記した日本語の翻訳文を添付しなければならない。
> 　　(1)、(2)、(3)は、所轄年金事務所または加入している健康保険組合に用意されているので、海外勤務時には、申請書類一式を持参するとよい。

2．日本の健康保険の対象となる療養費
～支払った医療費全額が支払われるわけではない～

しかし、療養費が支給される場合でも、費用の全額が払い戻されるわけではありません。日本国内で保険診療を受けたとして保険診療報酬の点数に直して計算した額から、被保険者や被扶養者の自己負担額（医療費の3割）を差し引いた額が支給されます。そのため、海外で治療を受けた場合は、海外で支払った費用の7割が払い戻されるとは限りません。

海外療養費請求の手順は【図表30-2】のとおりです。

【図表30-2】海外療養費請求の手順

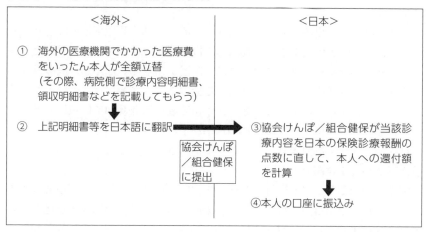

3．日本の健康保険で海外での医療費を賄う場合の留意点
～日本の健保システムを熟知している医療機関を利用するのがベター～

いくら海外での医療費の一部が日本の健康保険から支給されるといっても、支給に当たっては、所定の要件が必要です。たとえば海外の病院で、日本の健康保険の対象外となる医療行為や処方箋を出された場合は、当然、健康保険からの還付はありません。そのため、健康保険の海外療養費制度を利用するのであれば、日本の健康保険システムを熟知した病院（日本の医療機関等が出資した日本の医師免許も持つ日本人医師による日系クリニック等）を利用するほうが、スムーズかもしれません。

また、歯科治療については海外旅行保険の対象外となるケースも多いため、健康保険の役割はその分、大きくなります。また、この場合も日本の保険診療に沿うような形で治療が行われないと、健康保険が適用できなくなるので注意が必要です。治療の各段階で、一度でも日本の保険診療から外れる治療が行われると、その治療にかかった医療費全てが保険診療の対象外とされ、健康保険からの還付金の対象外となります。

4．日本の健康保険がない場合の海外の医療保険事情

　医療保険については、勤務地国によって、公的医療保険への加入を義務付けている国、義務付けのない国、そもそも海外勤務者は加入できない国など様々です。

　たとえば、海外勤務者であってもタイにおいては代表取締役に該当する方以外は、タイの公的医療保険に加入しなければなりませんが、当該制度を使って医療行為を受ける海外勤務者はほとんどいません。ただし、医療保険料自体が日本の物価水準から考えるとまだ低いため、企業にとって負担感はそれほどありません。とはいえ、数百人単位で赴任者を置いていれば、それなりの金額になりますし、現地の物価水準が上がれば保険料も上がりますから、より負担は大きくなります。加入せずに済むならそのほうが望ましいのはいうまでもありません。

　中国についてもタイと同様、赴任者も公的医療保険に加入義務がありますが、保険料はそれなりに高いため、企業にとっての負担感はタイと比較して大きくなります。しかしタイ同様、海外勤務者が中国において公的医療保険を利用しているケースはほとんど見られません。アジアに関しては台湾、インドネシアなども同様ですが、このように公的医療保険制度に加入しながらも海外勤務者が公的医療保険を利用していない場合はもちろん、海外勤務者に対して公的医療保険等の加入義務がない国（シンガポール等）においても、海外勤務中の医療費を賄うため、海外旅行保険に加入しているケースが大半です。

　一方、アメリカについては、公的医療保険（メディケア）の保険料を支払っていても、当該保険は老齢給付であることから、通常、65歳未満の海外勤務者がアメリカで公的医療保険の対象になっていることはほとんどありません（日米社会保障協定に基づき、アメリカでの滞在期間が5年以内等、一時

的な滞在であればアメリカの公的医療保険制度の加入が免除されている場合もあります)。

　そのため、何らかの民間医療保険に加入することになりますが、海外旅行保険に加入しているケースもあれば、アメリカ現地法人が現地従業員のために加入している団体医療保険を、海外勤務者にも付保しているケースも多く見られます。

　カナダやイギリスにおいても、海外勤務者は現地の公的医療保険制度の対象になっており、その医療レベルも高いですが、待ち時間が長い等、必ずしも利便性が高いとはいえないため、結局、海外旅行保険や現地法人が契約している民間医療保険に加入しているケースも見られます。

　【図表30－3】からもわかるとおり、勤務地国により、海外旅行保険が事実上の医療保険として利用されている国もあれば、アメリカのように民間保険会社の医療保険の利用者が多い国等様々です。

【図表30－3】医療保険の使い分けの例

地域	内容
アジア	外国人駐在員も公的医療保険に加入義務がある国(中国、台湾、インドネシア、インド、タイ等)もあるが、実際に公的医療保険を利用して医療費を賄うケースはあまり聞かれず、海外旅行保険に加入・利用しているケースがほとんど。
アメリカ	日米社会保障協定により、アメリカの公的医療保険、民間医療保険への加入義務はない。 そのため、海外勤務者の医療関連の保険への加入パターンとしては、日本の健康保険を除いては以下のいずれかのケースが多い。 ①アメリカ民間医療保険のみ ②海外旅行保険のみ ③アメリカ民間医療保険＋海外旅行保険
中南米	一時的に勤務している外国人も公的医療保険に加入義務がある国(メキシコ・ブラジル等)もあるが、実際に公的医療保険で治療費を賄うケースはあまり聞かれず、海外旅行保険に加入しているケースが多い。

欧州	一時的に勤務している外国人も公的医療保険制度に加入義務がある場合は、公的医療保険を利用している場合も多い。イギリスは国民健康サービス（NHS）があるが、待ち時間が長い等の課題があるため、海外旅行保険を利用していることが多い。 また、ドイツ等では、年収が一定額以上あれば、公的医療保険か、現地民間医療保険のどちらかを選択できる。

関連法令 ／ 参考になるウェブサイト等

■関連法令
健康保険法第87条：療養費
■けんぽれんウェブサイト
けんぽれん「海外療養費」
https://www.kenporen.com/health-insurance/kaigai-ryoyou/

POINT! 日本の健康保険への加入が継続していれば、海外での医療費も健康保険でカバーされるので、利用した医療機関で診療内容明細書などを作成してもらうこと。ただし、かかった医療費の7割程度が必ず戻ってくるわけではないことに注意！

J 生活習慣病に注意

東京医科大学病院の渡航者医療センターの濱田篤郎先生によると、「海外勤務中は生活習慣病が悪化もしくは、新たに発症する確率が国内勤務時に比べて高い」ということでした。

これは海外勤務中の様々なストレスに加え、「現地の高カロリーな食生活」「自動車中心の生活による運動不足」が主な原因となっているようです。

以下、濱田先生による生活習慣病防止のポイントをまとめてみました。

１．体重を増やさない
〜毎日体重計に乗り、できるだけ日本食を。現地食生活であれば腹６分目に〜

家族帯同者の場合、配偶者にできるだけ日本食を作るように配慮してもらうことができますが、単身赴任者や独身者の場合、日本食を食べようとすれば自炊を行う、もしくは日本食を作れるメイドを雇う必要があるものの、自炊も日本食を作れるメイドも、必ずしも可能な選択肢とはいえません。

よって、やむを得ず現地の食生活になりますが、その場合は「腹８分目ではなく、腹６分目に抑えておくことが重要」というのが濱田先生からのアドバイスでした。

特に「単身赴任で賄い付きの寮生活をしている場合、あるいは毎回外食に頼ってしまう場合など、つい食べすぎてしまう傾向が強く、食事については赴任して１年間程度は節制できるが、２年目からは現地の食事に慣れてしまい、食べる量も増え、それと共に体重も増加する傾向にある」ようです。

しかしながら「理論的に考えれば家族帯同のほうが日本食を食べる機会が多く、その点でも単身者よりも体重増加は少なくて済むはずだが、実際の健康診断の結果を見る限り、家族帯同者のほうが単身者よりも健康状態が良いとは言い切れない。家族帯同者であっても接待等で外食が多ければ、その分家庭で日本食を食べる機会は少ないのではないか」ということでした。

【図表J－1】体重増加を抑えるために気をつけること

①家族帯同者の場合
・配偶者にできるだけ日本食を作ってもらうようにする。
・できるだけ外食は控え自宅で食事をするように心がける。
・アルコールは控え目に。
② 単身赴任者の場合
・メイドに日本食を作ってもらうか、自炊を行う。
・やむを得ず現地食生活の場合は、腹8分目ではなく腹6分目くらいで留めておくこと。
・アルコールは控え目に。

（出所）東京医科大学病院　渡航者医療センター教授　濱田篤郎先生へのインタビュー

２．運動をする
　日本で勤務している時は電車通勤などを通じて、通勤中が「運動時間」も兼ねていましたが、「海外勤務では運転手の送迎による通勤もそれほど珍しいことではないため、『通勤中に運動する』機会が少ないことも、生活習慣病につながっている」ということです。
　また、日本であれば「ウォーキングを行う」ことも運動不足解消の有効な手段となりますが、1年を通じて暑い国の場合、歩くだけでも大変であると共に、早朝や夜間に歩くのは治安面からも望ましくないことから「時間が取れればジムに通うことも一案だが、その余裕がなければ、夕食後の10分間を運動する時間に充てるなど、運動を自分の生活の中に習慣づけることが大切」ということでした。

３．気軽に相談にのってもらえる医療機関を
　　あらかじめ探しておく
　「なんだかおかしいな」と思った際に、安心して診てもらえる医療機関をあらかじめ探しておくことは、生活習慣病の悪化を防ぐためにも重要です。

Q31
海外赴任中の介護保険はどうなる？

海外勤務している社員が、海外勤務中に40歳を迎えました。この海外勤務者から海外勤務中に介護保険料を徴収する必要はあるのでしょうか。

A31

1．介護保険の被保険者とは？
〜40歳以上の方が対象〜

介護保険の被保険者は、原則として、市区町村内に居住する（国内に住所を有する）40歳以上の方です（介護保険には被扶養者という概念はなく、要件に該当する方は全て被保険者となります）。

2．海外勤務中は介護保険料を支払う必要はない
〜ただし届出が必要〜

海外勤務をする際に、第2号被保険者の場合は、「介護保険適用除外該当届」を保険者に提出すれば、介護保険料は住民票を除票した月から支払う必要はありません。住民票を除票せずに国内に住所を有したまま海外勤務をする場合や、国内に住所を有しないものの「介護保険適用除外該当届」を保険者に提出しない場合は、原則として介護保険料を支払わなければなりません。また、本人が海外に居住していても、介護保険第二号被保険者に該当する家族が国内に居住している場合は、国内勤務時と同様に、介護保険料を支払い続けなければなりません。

なお、介護保険サービスの受給時において、海外居住のために介護保険料を支払わなかった期間の有無により、サービスの提供内容に差がつくことはありません。

ただし、介護保険料の支払いの義務があるにもかかわらず、保険料を支払わない場合には、介護保険サービスを受ける際に、利用者負担割合が引上げられることがあります。

また、海外勤務中に40歳を迎えた方については、40歳になった誕生月に「介護保険適用除外該当届」を提出することになります。

関連法令 ／ 参考になるウェブサイト等
介護保険法39条 健康保険法施行規則第40条：介護保険第二号被保険者に該当しなくなった場合の届出 健康保険法施行規則第41条：介護保険第二号被保険者に該当するに至った場合の届出 ■日本年金機構ウェブサイト 日本年金機構「介護保険の被保険者から外れる又は被保険者になるための手続き」 https://www.nenkin.go.jp/service/kounen/jigyosho-hiho/hihokensha2/20120803-03.html

海外勤務中は一定条件を満たし、届出を行えば、介護保険料の納付は適用除外になる。

K　海外赴任者の介護問題

1　介護問題と各社の取り組み

(1)　海外赴任者の介護問題を、「会社にとっての危機管理」として取り組む会社も多い

　海外赴任者を送り出すと、各種手当や住宅提供、現地個人所得税の会社負担等により、その人が日本で勤務している時の倍以上のコストがかかるケースがほとんどです。

　端的にいえば、日本にいる時の倍以上の時給になっている以上、パフォーマンスもそれに見合ったものを期待してしまいますが、赴任者に親の介護問題が生じ、物理的・精神的に業務に全精力を傾けることができなくなってしまえば、会社にとっても大きなマイナスです。また介護が原因で貴重な人材が海外赴任を続けられなくなったり、最悪の場合、退職という選択肢をとることになれば、会社にとっては大きな損害になります。よって、海外赴任者の介護問題を、「会社にとっての"リスク管理"」と捉え、会社としてのサポート体制を整えつつあるところもあります。

　社員の側からしても、社員の介護問題に対して会社が前向きに取り組んでいるのであれば、会社が提供してくれるサービスを積極的に利用し、介護にかかるコストを少しでも節約するのが賢明です。

　また、会社が加入している福利厚生サービスでも介護に関するサービスが提供されている場合が少なくありません。一度それらのサービス内容も確認してみてはどうでしょうか。

(2)　赴任者交代要員はいくらでもいる、介護はあくまで個人の問題と割り切っている会社

　上記(1)のような会社が存在する一方、中には「海外赴任者の交代要員はいくらでもいるため、社員の個人的事情である介護問題等について考慮する余地はない」という会社もあります。そもそも介護問題が顕在化している社員を海外赴任者に選抜することもないし、仮に赴任後、そのようなリスクを抱えている場合は要職にもつけられないので、事実を把握した以上は、（表立っては行わないが）昇

進・昇格を検討する際のマイナス要因として判断する」考えている会社も、残念ながら実際には少なからず存在します。

　このような考え方の会社に勤務しているのであれば、介護問題があることを知られるのは得策ではないどころか、自分の社内での立場にも大いに影響が出る可能性があります。

　よって、会社には公にならないよう問題を解決する必要があるため、よりいっそう事前準備が必要になります。

(3)　対策の必要性を感じつつも実際の行動にはいたっていない会社

　海外赴任者の介護問題について課題意識を抱えながらも、「具体的にどのようにサポートするべきかわからない」「何らかの手助けはしたいが、あまり会社に期待されても困る」等の理由で、実際には具体的な対策にまでいたっていないのは、中堅企業等で時々聞かれるパターンです。

　自身の仕事内容が他の人で代替できない場合で、仮にその人に親の介護問題などが生じ、海外赴任中に業務に専念できないような物理的・精神的問題が生じれば、会社にとっても大きな痛手になります。会社が上記(1)(2)のいずれの考え方なのかわからない状況で、多少危険は伴いますが、正直に話して会社と共に「日本出張の際に有給休暇を取得して介護に携われるようにする」など対応策を考えている赴任者もいます。

2　親の介護はある日突然やってくる

　その際、適切な対応が取れるか否かは事前準備や心積もりの違いで大きく変わってくるという点で、企業における地震対策や感染症対策と同様です。

　親の介護についても「事業継続計画（BCP）」的な発想は不可欠ではないでしょうか。

　【図表Ｋ－１】では、事前準備の違いで親の介護への対応の違いをまとめました。

　ややオーバーな点もありますが、事前準備の違いで、問題発生後の対応に大きな差が出ることがわかっていただけると思います。

【図表K-1】事前準備の違いで出る大きな差

	介護問題について事前に情報収集・心積もりを行っていたX氏	特に何もしていなかったY氏
兄弟から「親が急病で倒れた。手伝ってほしい」というヘルプの連絡が日本から入る。	すぐには帰国できないものの、金銭面や介護認定などの段取りを手際よくつけられる。 →「海外にいながらでも、適切なサポートをしてくれた」と親兄弟姉妹からの信頼も高まる。	「自分は海外赴任中だから何もできないし…」と逃げ腰になり、具体的なサポートができない。 →「あの非常事態に何もしてくれなかった。冷たい。頼りない」等、後々まで兄弟姉妹から責められたり、兄弟姉妹関係にひびが入ったり、遺産相続の際にも影響する。
一人暮らしの親が自宅で倒れる。	定期的に連絡をとる等、安否確認手段を確立していたため、親の異常を早い段階で察知。その結果、大事にいたらず対応できた。	安否確認手段を全く用意していなかったので、自宅で親が倒れていることも気がつかず、結果として最悪の事態を招く。
親が脳疾患で倒れ、意思疎通もままならない状況になる。	事前に親と話し合いをしていたため、親が希望する介護サービスは把握しているし、親の資産状況もわかるため、今後の介護プランも立てやすい。	何の話し合いもしていなかったので、親が希望する介護サービスもわからないし、そもそも親にどれだけの財産があるのか把握できず、親の家で、通帳や印鑑等を探し回るなど、途方にくれる。
急遽、介護施設を探す必要が出た。	事前に介護施設の種類による金額・サービス内容の違いなどを把握しているため、施設選びに当たっても、選定のポイントが明確。納得のいく施設を選ぶことができた。	急な介護で途方にくれているところを悪質な業者に目をつけられ、価格に見合うサービスが受けられない施設に入居することになる。 →結果として施設を転居することになり、多額の入居金が無駄になる。

	介護問題について事前に情報収集・心積もりを行っていたX氏	特に何もしていなかったY氏
介護・支援が必要になったので、介護認定を受けたい。	書籍等で一通り流れを勉強していたので、何かあったら手助けしてくれる約束の知人や業者を通じて手続きを行うことができた。	具体的に何をどう段取りすればよいか全くわからない。配偶者は子供のことで手一杯だし、自分自身が急に帰国する事態になり、職場にも迷惑をかけてしまう。 →介護認定の調査ポイントを理解せず、調査を受けてしまったので、実際の状況より軽い介護認定しかおりず、介護保険から支給される金額が非常に少なくなってしまった。
老人ホームに入居したものの、認知症が予想以上に速く進み、徘徊等で頻繁に呼び出しがかかったり、通院しなければならない事態になる。	事前に契約していた専門スタッフと逐次協議し対応を考え、海外赴任を続けながら、外部を通じて間接的に介護を行う。 →問題が発生しても、その都度帰国しなくてもよく、業務に支障は出なかった。	その都度大騒ぎになり、頻繁に帰国し、業務にも甚大な影響。社内での立場も危うくなる。 遠方に居住している場合の介護のあり方について考えていなかったので、妻子を帰国させなければならなくなる（子供の学校など、家族の計画が狂うことにもなる）。
海外赴任中の介護に限界を感じ、「退職」という言葉が頭をちらつく。	具体的にどのように対応すればよいか、悩みを相談できる機関を把握していたので、それら機関に相談。 その結果、退職という形をとらず、介護を続ける方法を見つけることができた。	相談する相手もなく、袋小路に陥り、結果として退職してしまう。 →経済的にも精神的にも行き詰まり、介護者・被介護者が共倒れの状況になる。 →介護のために、自らの生活設計がめちゃくちゃになる。

Q32
現地社員とのコミュニケーションで気をつけることは？
赴任先で現地採用の社員とうまく仕事を運べるかとても心配なのですが。

A32
1．できるだけ相手の言語を使おう
各赴任者に強くお勧めしたいのは、可能な限り現地の言葉を学び使う事です。学校で勉強してきた英語は、現地で聞く英語とかなり違っているかもしれませんし、また英語とは全く異なる言語の国へ赴任することになるかもしれません。しかしそれでも、「勉強するのには難しすぎる」とすぐにあきらめてはいけません。

多くの人は、間違った言葉を使って笑われることや、意思疎通が完全にできなくて恥をかくことを恐れて、他の言語を使うことを避けてしまいます。しかし、たとえ自分がうまく話せなくても、一生懸命現地の言葉を使おうとしている姿勢は評価されるはずです。現地の言葉を使ってみる努力をしないと、現地の人々に真剣に受け取られず、「橋を築く」代わりに「壁を築く」ことになってしまいます。

もし赴任先の国が英語圏でなくても、仕事に関係する話し合いは多くの場合英語でなされるはずです。しかし、たとえ自分の周囲にいる現地社員がうまく英語を話せたとしても、現地の言葉をある程度習うことは重要です。そうすることによって、滞在している国に対して敬意を示すことができるし、現地社員達も確実に好感を持ちます。また、現地の言葉は毎日の生活で役立ちますし、その国の言葉を学ぶ事によって、現地の人々の文化や考え方への理解も深まります。

2．フレンドリーさを行動で見せよう
残念ながら、多くの日本企業の海外拠点では、日本人は現地の人とあまり会話をせず、ランチや夜の外出の際にもいつも日本人同士で行動してしまいます。そうなると、日本人と現地の人の間に壁ができてしまいます。さらに、多くの日本人赴任者は仕事が忙しいために一日中机の上のコンピューターに向かって仕事をし、あまり人との会話の時間を作ろうとしない傾向があります。そうなると、現地採用従業員の目には、大変冷たい印象に映ります。そ

うならないための対策として、意識して可能な限り現地の社員と交流することをお勧めします。現地社員と仲良くなれば、職場が明るくなりますし、仕事の進行が円滑になる効果もあります。

　社交的になるには様々な方法があります。明るく挨拶をするのがまず大事です。また、コーヒーブレーク時にちょっとした世間話をするのも効果的です。会社に食堂があれば、最も簡単なのは昼食時に現地採用従業員と一緒に座ることです。すでにテーブルに座っているグループに自分も入っていいか聞いてみましょう。そうする際、May I sit with you?（一緒に座ってもいいですか？）と聞きましょう。もちろん答えは OK なはずです（もしそうではなければ、別のグループのテーブルに行きましょう）。食堂がない、あるいは外で食べるのが会社の習慣であれば、現地の同僚に Would you like to have lunch together?（一緒にお昼を食べませんか）と誘うこともできます。

3．直接的なコミュニケーションを好む国とそうでない国がある

　国によって、コミュニケーションスタイルはかなり異なります。赴任先のコミュニケーションスタイルはどんなものなのか、そしてそれが自分のスタイルとどう異なるかを意識することは大切です。自分と違ったコミュニケーションスタイルを持つ人と円滑に働くために、自分のコミュニケーションの方法を変える必要があるかもしれません。

　直接的なコミュニケーションスタイルを持つ文化もあれば、間接的なスタイルを持つ文化もあります。直接的なコミュニケーションスタイルを持つ文化では、物事をストレートに述べることを好み、相手が聞きたくないような反対意見、間違いの指摘、そして否定的な情報などでも積極的に口にします。また、事実を話しているだけにすぎないのだから、オブラートに包まずそのまま言うのが望ましいと考えられています。反対に、間接的なコミュニケーションスタイルの文化がある国では、「面子」を非常に重んじるため、相手の顔を潰さないことに非常に気を使います。そのため、何かを伝える時はできるだけ丁寧かつ慎重に相手と接します。

　直接的なコミュニケーションスタイルの文化がある国の例としては、ドイツ、ロシア、東ヨーロッパ、オランダ、フランス、デンマーク、そしてイスラエルなどが挙げられます。どちらかといえば直接的だが間接的なところも

ある文化の国の例としては、アメリカ、オーストラリア、韓国、そしてイタリアなどが挙げられます。直接的と間接的コミュニケーションスタイルのちょうど真ん中ぐらいに位置する文化の例としては、イギリス、ベルギー、インド、スウェーデンなどが含まれます。やや間接的なスタイルを持っている文化には、日本や中南米などがあります。そして、非常に間接的なコミュニケーションスタイルを持っている文化としては、中近東、東南アジア、中国、スペイン、そしてアフリカが挙げられます。

コミュニケーションスタイルの違いは様々な形で影響を及ぼします。「日本人は間接的でノーとはっきり言わない」というのは、多くの欧米人から寄せられる苦情の一つです。その一方、「英語で話すのだからストレートに話すべき」と、ストレートすぎる表現を使うと相手の気分を害する危険性があります。また、相手が非常に間接的なコミュニケーションスタイルを持つ文化の場合、強い発言をすれば相手は引き下がって表面的に妥協するため、一見効果的な交渉に思えるかもしれませんが、一方で相手が侮辱を感じたり気を悪くしたりすれば、合意しても実際には協力してもらうにいたらないということも考えられます。間接的な文化の人は譲歩しがちな性格を持っているため、こちら側が強く出れば強引に進められるように見えますが、実は長期的に見ればそれは効果的な戦略ではないのです。これは日本人が東南アジアの人やメキシコ人と働く時に頻繁に起こる問題です。

<u>＜直接的なコミュニケーションスタイルを持つ相手＞</u>
相手が自分より直接的なコミュニケーションスタイルを持つ文化であれば、以下のような対応が効果的です。

- 相手が自分に反対したり、自分のアイデアを批判したりした際には、その人が自分を個人的に嫌っているわけではない、ということを理解する。
- 相手が直接的なものの言い方をしたり、自分の文化で使われるような微妙で繊細的な表現を使わなかったりしても、失礼な扱いを受けたと感じないようにする。
- 自分の意見を言葉で表してそれを口に出すことについて、遠慮しないようにする。
- 相手の行動で気になるところがあれば、それを直接本人に言う（ネガテ

ィブ・フィードバックを与える）。
- 自分の行動を相手に言葉で説明する。

＜間接的なコミュニケーションスタイルを持つ相手＞
　相手が自分より間接的な文化であれば、こういった対応の仕方が効果的です。

- 他の人の前で反対したり批判したりすることを避ける。
- 周囲と違った意見を表わす際には、声のトーンと言葉選びに気をつける。
- 相手が言いたいこと、及び言っていないこと、の微妙なニュアンスに対して敏感になる。
- 問題を解決していくために、公の場でのディベート以外の方法を探る。１対１の会話にもっと重点を置くようにする。

外国人と一緒に働く時は日本人のコミュニケーションの仕方は通用しないかもしれないことを意識すること。

(kopp)

Q33
現地の法律の理解不足で起こりやすい問題は？

海外の法律をきちんと理解していなくて、日本の習慣で行ってしまったことで罰せられる事例が相次いでいます。気をつけたいポイントはどのようなものでしょうか？

A33
1．現地のスタッフから正しい情報を得る

国によって法律が違うというのは、いうまでもありません。しかし、残念ながら、海外に行く日本人赴任者の多くは現地の法律や労務のルールに関しての知識が不十分であり、そのためルールに違反してしまうことが多々あります。日本では全然 OK な行動でも、国によってはそれが禁止されている、あるいは日本で必要とされている正反対の行動を求められているということは珍しくありません。現地に行く前に十分情報を集めることは必要なことですが、とはいっても、ある国の法律やルールについてのすべてを事前に覚えておくのは不可能に近いでしょう。そのため、そういった知識をすでに持っている現地採用スタッフや社外の現地の弁護士の顧問からアドバイスをもらうのは大切なことです。

ここでまず心掛けていただきたいのは、「現地の法律は日本と違っているかもしれない」、「事前予防のためにも、何かあるたびに現地の法律を必ずチェックすべき」という姿勢を常に持つことです。

2．海外進出の際に特に問題につながりやすいこと

以下に、日本企業の海外進出に伴って、特に問題につながりやすいものをリストアップします。

<差別>
多くの国では、差別に関する意識が非常に高いです。その国の法律によりますが、性別、人種、宗教などに基づいて、採用、解雇、仕事の割当などの仕事関連の決定をすることは基本的に禁止されています。

冗談だと思って言っただけでもトラブルに発展することも起こり得るのです。日本では合法であったり、慣習的に問題ないとされているものであった

りしても、海外では違法になることもあります。

　たとえば、アメリカでは年齢や妊娠状況によって差別することは法律で禁止されていますし、同じ仕事をしている男性と女性に同じ給料を払うことも義務付けられています。

　日本の習慣であるもの、たとえば履歴書に写真を添付する義務などは、アメリカでは差別の温床になる可能性があるという理由で禁止されています。同じ国の中でも、地域によってもっと厳しいルールも存在します。たとえば、アメリカのカリフォルニア州では、性転換をした人に対しての差別は禁止されており、さらにミシガン州では太っている人に対して差別してはいけないというルールが制定されています。

<セクハラ>

　日本ではセクハラに対する意識は近年高まってきましたが、多くの外国ではセクハラに関して日本より厳しい見方を持っているため、法律においてもセクハラに関して日本のものより広い領域をカバーしています。それゆえ、日本では見逃されている行動でも、海外では問題にされることも多いです。特に注意してほしいポイントとしては、日本では酔っ払った時の発言や行動が許されることは多いですが、海外では必ずしもそうではないということです。ストリップクラブなど性的な要素の高い場所での接待も、問題視されます。

<パワハラ>

　パワハラは和製英語ですが、海外にも同様のコンセプトがあり、bullying や abusive management style や abuse of power と呼ばれています。なお、人の体に触れる行為は、暴行と見なされます。日本ではパワハラはいけないこととされていますが、残念ながら、多くの職場では部下に対して怒鳴ったりきつい対処をしたりしている「鬼上司」に対して、見て見ぬふりをすることは未だに多く存在します。

　しかし、海外の場合、現地採用従業員に対してそのようなことをすれば、士気の低下、離職、訴訟などの問題につながる危険性があります。文化的に上司のそのような行動は侮辱的に捉えられる傾向がありますし、国によっては法的に「不当な扱い」や「ハラスメント」として捉えられ、結果として

「強制解雇」につながる可能性があるかもしれません。

<労働組合や労使協議会>
　こういったものも国によってかなり違ってきますが、日本の組合とはかなり異なるため、日本人が想像できないほど仕事の進め方に影響します。組合の決めたルールに従わないと、大きなトラブルにつながる危険性もあります。
　たとえば、アメリカであれば、会社に組合を入れようとしている従業員がいる場合に、会社としてどのようにそれに対応するかについては、法律によって制限されています。オランダでしたら、職場における重要な意思決定の多くは労使協議会の合意がないと実施できません。現地のルールを詳細までよく把握しておきましょう。

<独占禁止>
　日本では、競争相手との間で情報交換をすることは珍しくありませんが、独占禁止に対する意識が強い国ではそれが非常に良くないこととされています。特に、最近アメリカでは日本企業に対する政府からの独占禁止関連の懲罰が目立っており、刑務所に入れられてしまった日本人赴任者もいました。日本的な感覚から見ると驚くような制限も多くありますので、現地のルールをしっかりと把握しておきましょう。

<安全>
　安全の基準は世界どこでも同じだろうと思われるかもしれませんが、実は国によって政府の要求が異なります。
　私が聞いた話によると、ある日本企業がアメリカで工場を建築した際、日本のものと全く同じ設計をしたところ、実はアメリカでは法的基準を満たさないものであることが後にわかり、結果として問題になってしまったそうです。日本での安全基準をたとえ満たしていたとしても、それが外国の基準も満たしているとは限りません。日本の基準どおりやれば大丈夫と思わずに、現地のルールをチェックしておきましょう。

3．海外で法的問題を起こすと、かなり厳しい結果が待ち受けている
　最後にいっておきたいのは、法的問題にまで発展すると、海外では日本よ

り企業に与える打撃が大きくなる可能性があるということです。

　まずいえるのは、日本より政府の審査が頻繁かつ厳しいというのがあります。たとえば、アメリカのように訴訟が多い社会では、日本より訴訟に発展する可能性が高いです。そして、訴訟になったら、証拠提出プロセスや裁判に対応するために弁護士の費用やスタッフの時間をたくさん費やさなくてはなりません。もし訴訟に負けてしまえば、何百万ドルに及ぶ賠償金や懲罰金を課せられることは珍しくありません。法的問題になったら、社会的に会社のイメージを傷つけ、結果的にビジネスに悪影響を与えてしまう可能性が大きいです。

　何事においても、日本スタイルでよいと思わずに、法律面はしっかりとチェックする習慣をつけましょう。

現地の法律を理解していなかったばかりに、大変な目に遭う日本人は少なくない。

(kopp)

Q34

日本本社との板挟みの苦しみから逃れるには？

親会社に現地の状況がなかなか理解されず苦しんでしまう赴任者が多いようです。解決する方法はありませんか？

A34

1．親会社はわかっていない、という苦悩

日本企業の海外拠点で働く赴任者から頻繁に聞く悩みは、現地と本社の間で板挟みになっているということです。現地に行くと、赴任者はまず現地の文化と社会と法律、現地の顧客のニーズや敏感性などを把握する努力を日々しています。また現地採用従業員との会話も多く、彼らが説明する背景、そして彼らが報告するビジネスの状況を聞いて、理解を深めようと努めています。

一方、日本の親会社にいる人は現地についてあまり知識がない上、その背景もほぼ知りません。親会社の人は日本での経験に基づいて物事を考えるし、グローバル規模で全ての場所を同じように扱う傾向も強いです。こういった状況で、何か意見が分かれるようなテーマが出るたび、赴任者は確かに板挟みになります。現地採用従業員の方は、自国では、親会社がやろうとしていることは合わないと主張し、赴任者はそれを聞くと、確かに一理あると思うでしょう。しかし、親会社の立場も理解できます。赴任者は親会社の人ですので、親会社側は、赴任者が現地採用従業員に親会社の見解を説明して、理解して協力してもらうことを期待しています。赴任者としては、現地採用従業員のほうが正しいと思っていても、親会社に抵抗を示すことはなかなかできません。結局、赴任者は自分が賛成していない方針を現地採用従業員に「親会社が決めたことだから仕方がない」と説明しなければならない辛い立場に置かれます。残念ながら、これは頻繁に起こっていることです。実は、日本企業の海外拠点で働いている赴任者の方から何回も、「現地採用従業員とのコミュニケーションより、親会社とのコミュニケーションが難しい」と言われたことがあります。

2．解決のためにできること

欧米の多国籍企業にもこういった問題が存在しないわけではないのです。

親会社の目では、赴任者が現地採用従業員に味方するようになったら、go native と呼ばれます。その意味は、母国の感覚を失って、現地の人と同じ考え方になるということ。肯定的な表現ではないのです。

では、赴任者のこういった「板挟み」問題に対して、どんな対策がとれるでしょうか？　実は、親会社のほうでできること、そして赴任者のほうでできることが両方存在します。

まずは、親会社からできることを挙げましょう。基本的には、態度の問題です。ビジネスは世界中全部同じではないかもしれないという考えを持って、各国に同じやり方が通じないというのを認めることです。また、赴任者は親会社の決めたことを現地に遂行させるのが役割だと考えるのではなく、赴任者は現地のことを把握して、それを本社に伝える役割だという考え方を持ちましょう。

赴任者側としては、親会社に対して傲慢な態度や知ったかぶりのような態度をとるのを避けるべきです。親会社の人に対して話す時に、赴任前の自分に話しているような感覚で話しましょう。現地に着いてからたくさん学んで来たとは思いますが、そのことを全く知らない人にどうやってわかりやすく説明すればよいかを考えてみましょう。なお、現地のことに関して説明する時には、それを裏付ける参考資料を共有したほうが望ましいでしょう。

3．親会社に現地の状況をうまく伝えることで解決

最後に、赴任者が現地で、親会社が考えるビジネスの「当たり前」と矛盾する現状を見つけ、それを現地の文化に合うよう調整をしたことでビジネスを大幅に改善することができた例を紹介します。

それはディズニーがパリの近くにユーロディズニーというテーマパークを作った時のことです。最初は全然成功せず、なんとか改善しようと、スティーベン・バークというアメリカ人が新しい責任者としてアメリカから派遣されました。バーク氏は本社で働いた経験があり、そのためアメリカの親会社の人と同じ考え方を持っていました。たとえば、ディズニーのパークは家族向けなのでお酒を売るのは合わない、というのは親会社では常識なので、バーク氏もそれを信じていました。

しかし、フランスに来て数ヵ月、彼はお酒を売らないのがフランス人に対してどれほど失礼なのかを理解しました。フランスでは、昼ごはんと一緒に

ワインを飲むのはごく普通のことです。その他、ヨーロッパでの状況をさらに観察した結果、彼はヨーロッパ人がバカンスを計画する際は、パッケージで予約するのを好むという傾向に気がつきました。しかし、ディズニーは本来、ツアー会社の予約をあまり優先していませんでした。

　バーク氏は現地の市場で把握したことに基づいて、ユーロディズニーでワインを売り、ツアー会社向けのパックを準備することを親会社のトップに強く説得しました。説得に成功した彼は、それを実際に導入すると、訪問者とホテル予約の数が急増し、ユーロディズニーはやっと黒字を出すことができたのです。

　この例と同じように、赴任者は現地で親会社の考え方を押し付けるのではなく、現地の状況を理解してその知識を活かし、それを親会社にも伝えることで、現地での成功につなげることができるでしょう。

 コミュニケーションをよく取って、現地のこともうまく伝えよう。

(kopp)

Q35
赴任者の日本人社会や現地社会との交流は？
　赴任者の現地での生活をうまく運ぶポイントは？　過去の赴任者の良い例を教えてください。

A35
１．空いた時間を仕事で埋めてしまう日本人にならない
　滞在先の国にかかわらず、海外に派遣された赴任者が働きすぎてしまう危険性は、常にどこにでも潜んでいます。なぜかというと、自分の普通の環境と活動から離れると、特別な努力をしない限り、今までの活動や趣味を継続することができなくなるため、その空白を埋めるため仕事を入れてしまうことが多いからです。現地にまだ慣れていない期間は特に、仕事が一番馴染みと安心感があるものなので、つい仕事中心の生活になってしまいます。もちろん、赴任者は仕事の責任が大きく、また親会社からの期待も高いことが多いので、それに応じるために多くの努力をしようとするのは自然ななりゆきでしょう。

　その上、北アメリカや南アメリカの場合、夕方になると、日本の本社との営業時間帯にオーバーラップがあるため、残業することが多いようです。結果的に、「なんとなく仕事ばかりをしてしまう」ということになってしまいがちです。そうならないように意識的に気をつけて、赴任したら早めに仕事以外の活動を何か見つけることが大切です。

　また、赴任者の家族も早めに何か彼らが現地で楽しいと思える活動を見つけて参加すると、より早く現地の生活に適応することができるでしょう。

　私はアメリカに進出している日系企業のコンサルタントとして、数多くの赴任者を観察してきました。やはり、海外駐在をエンジョイして実のある経験にできた人は、生活のバランスを保ち、仕事以外の活動にも参加している人たちです。そうすることによって、その地域を思う存分味わって、日本では経験できなかったことを経験することができます。また友達を作ったり、何かを学んだり、楽しい時間を過ごすこともできます。自分の関心や興味にあった活動を見つけて、それに十分な時間を費やすことは現地での生活において非常に重要です。

2．他の日本人との交流

　仕事以外の活動といえば、他の日本人赴任者と親交を持つことがまず思い浮かぶかもしれません。他の赴任者は言葉が通じるし、お互い似たような状況にいるので、共通点が多いのは確かです。お互いの立場を理解していますので、そういった人たちと会話することはストレス発散になるでしょう。一緒に現地のレストランや観光地を訪問したり、ゴルフやテニスなどのスポーツをしたり、ホームパーティーを開催したりするといいでしょう。そうすることによって日本に帰ってからでも友人として続く人も出てくるかもしれません。現に、一生の友人を赴任先で作った人は少なくありません。

　自分の会社で働いている他の赴任者と親交を深めるのはもちろん一つの手ですが、しかし、逆に気をつけないと狭苦しく感じてしまう原因にもなりますので、できれば他の会社の人と友達になることをお勧めします。日本商工会議所など日本人のための組織を通じて友人を見つけられるでしょう。

3．現地社会とも積極的に関わる

　しかし、親交の全てが日本人同士だけであれば、現地の社会に触れる機会を失ってしまいます。そのため、何らかの形で現地の人と交流する活動にも参加することをお勧めします。ここでは、現地の社会との接し方のアイデアを紹介します。赴任地によって、何が最もふさわしいのか、そして面白そうなのかは異なりますが、各地域の特徴を存分に自分の生活に活かすのは大切なことです。

　一般的に赴任者の方々に推薦しているのは、自分の赴任する前のホビーやスポーツを現地で続けること、そして、それに加えて、現地でしかできないことを一つ取り入れてみることです。

　赴任前の生活に楽しんでいたことを現地ですれば、すぐに参加して友達を作ったりすることができます。たとえば、テニスが好きであれば、テニスクラブに参加してトーナメントに登録します。サッカーが好きであれば、現地のサッカークラブに入るといいでしょう。趣味が日本的なものであっても、現地でそれをやっている人がいるかもしれません（日本の武道や伝統的芸術は世界中にたくさんのファンがいます）。

　私が知っているある赴任者は柔道を昔からやっていて、アメリカに赴任後も、住んでいる街の柔道の道場を見つけるや否やすぐにジョインしました。

また、ある赴任者の妻は生花がホビーで、アメリカに来た後に生花のクラブを見つけて楽しんでいました。
　現地でしかできないものを挙げるとするならば、もちろん現地の観光や博物館や美術館や音楽などを味わうことでしょう。その場所特有のものを学ぶことができればなおさらよいと思います。たとえば、私が知っているある日本人の方はアメリカの南部に赴任後、ゴスペルミュージックの合唱団に入り、とても素晴らしい経験を味わえたそうです。新しい趣味を習うのは、達成感や満足感を得られるきっかけになるでしょうし、そういったクラスでは他の人たちも参加しているので、友人を作るいい機会にもなります。
　現地の社会に触れる方法の第一歩は、近所の人たちと親交を深めることからもスタートできます。海外に引っ越してから、近所の人たちと親しくなるのはとても大事な事です。多分、そこでの習慣は日本のものとは違っているでしょうが、ご近所の人に自己紹介をして回るのは互いに打ち解けるきっかけとなります。
　国によって、近隣とどう付き合うかの習慣は違っていますので、赴任地の習慣を是非調べましょう。
　地域によってもご近所付き合いの習慣は違います。皆がフレンドリーに一緒にディナーを食べたり、地域のパーティーなどを開催したりするところもある一方、隣人同士お互いにあまり話をしない地域もあります。しかし、安全や緊急の時の対応を考えると、少なくとも近くに住んでいる人と面識をもち、連絡先を確認しておくことは大切です。
　定期的に散歩をする事により、近隣地域に詳しくなるのもまた一つの手でしょう（ただし、歩きまわるのに十分安全で快適な場所の場合のみ）。そのうちに近隣の人の顔も覚えられるので、より居心地良く感じることができるようになります。
　また、もし子供がいれば、近隣の公園を子供と共に訪れると、近所の人と出会うとてもよい機会となるでしょう。子供がいない場合でも、犬と公園を散歩することで同じ効果が得られます。犬を散歩させる人は定期的に同じような時間帯に公園に行きますので、すぐに顔を覚えられます。また相手の犬を褒めることで、よい会話の切り口をつかむことができます。
　庭やポーチがあれば、屋外バーベキューに近所の人たちを招くのも、彼らを知るもう一つのよい方法となります。屋外での料理は屋内での夕食よりも

カジュアルで、簡単に打ち解けるためには最適です。「日本式のバーベキュー」である焼き鳥や照焼きを振る舞うと喜ばれるでしょう。

　大切なのは、現地にいる時間を有効利用できるように、計画的に考えることです。もちろん、活動ばかりをして疲れてしまうのはよくないですが、進んで積極的に何かをしないと、現地にいるというせっかくの機会をフル活用できません。赴任者が自分の性格と関心に合ったものを選んで、「楽しい」や「興味深い」と思えることを一つでも見つけられれば、赴任先でよい経験を得られるようになるでしょう。

 積極的に外へ出て交流しましょう。

(kopp)

Q36
帯同した家族の問題・ストレスの対処法は？

家族を連れて赴任する場合、どのようなことに気をつけたらよいのでしょうか。

A36
1．家族のサポートは会社の役割

海外赴任者が成功するかどうかは、帯同した家族の影響が大きく関わってきます。もし現地で家族がハッピーでなければ、赴任者にとって負担となる一方、家族が現地でうまく適応すれば赴任者にとって大きなサポートとなります。

残念ながら、ほとんどの日本企業は赴任者の家族に対して十分なサポートを提供できていません。たとえば、配偶者向けの赴任前研修などの情報提供はほとんどないのが現状です。現地に着いてからのサポートもあまりありません。家族のことは赴任者のプライベートなことなので、家族のサポートをするのは会社の役割とは思っていないようです。

実は赴任者より、配偶者のほうが大きなストレスを抱える場合が多くあります。赴任者は毎日職場に行き、職場では仲間がいて、日本語も使えるため、完全に現地の生活に慣れていなくても、今までの仕事との一貫性がある程度保障されています。しかし配偶者の場合、買い物、子供の学校の対応や家の管理、病院での診察など、日常生活をしながら現地の社会に直接的に、かつ深く関わらなければなりません。その意味では、本当に異文化の最前線にいます。さらに、言葉の壁とも戦う必要があります。そして、ほとんどそれを一人で頑張らなければならない。それを考えると、配偶者のストレスレベルが高いのはいうまでもありません。

同じように、子供のほうも、いきなり現地の学校に入り、異文化の中で生活しなければなりません。学校の習慣や、やり方、勉強の内容、そしてもちろん言語も違いますので、その環境がストレスになるのは当然です。

家族の中の誰もが、海外赴任の際、今まで慣れていた生活を失うことに対する一種の「悲しみ」を経験します。その精神的な苦しさを決して否定してはいけません。現地の新しい生活に慣れて、過去の生活の代わりになる何か新しい嬉しさを、新たな環境に見出すのが重要になってきます。

2．配偶者の役割

　私が聞いた話によると、赴任者の配偶者の間では村社会のようなものが一部存在し、赴任者の会社における地位にマッチした縦社会があるそうです。こういうのは、そのようなことを好まない人にとって大きなストレスの原因になりますので、そのようなことが起きないよう奨励したほうがいいと思います。

　Q37で書いたように、現地での他の日本人との関わりは確かに価値がありますが、それだけではなく、地元の社会との交流も持つことが一番望ましい形です。

　もう一つ聞いた話では、かつて日本企業は赴任者の配偶者が現地で就職するなどのビジネスの活動を禁止することが多かったそうです。幸いなことにそのような規則は少なくなってきたようですが、私は逆に、もし配偶者が現地で働くことができればそれはとてもいいことだと思います。というのは、現地の社会に触れるチャンスにもなりますし、自立することで配偶者が赴任者に精神的に頼りすぎるのを防ぐことができるからです。

　私が知るある日本人ビジネスマンは様々な国に駐在してきました。彼の妻は日本語教師という仕事をすることで、どこに赴任しても、そしてたとえ日本にいても仕事ができるようにしました。私はそれを聞いてとてもよいアイデアだと思いました。

　彼女のように赴任先で仕事をするのも一つですが、その他にも配偶者の赴任を機会に、現地で勉強をして何らかの学位や資格を取るというのも可能性としては効果的です。そのような勉強をすることや、あるいは海外にいながら自分の職業に関連する雑誌を購読したり、コンファレンスに出席したりするための活動を年間数千ドル補助するアメリカの会社もあります。共働き夫婦が増えている現在、日本企業もそのようなことで赴任者とその家族をサポートするべきでしょう。

　もし仕事をしないとしても、配偶者が何らかのホビーやボランティア活動に参加することはとても大切だと思います。一日中１人でこもってしまうのは精神的には健康ではありません。何らかの活動に参加することで、友達も作れるし、達成感も得られます。また日本でも活かせる技術を身につけることも可能です。たとえば、ある日本人女性は夫がブラジルに駐在していた間、陶器に絵を描く技術を身につけて、日本に戻ったあと彼女はその教室を開い

ています。

3．子供の問題

　子供の学校のことは実はとても複雑な問題で、ここで完全にカバーできないほどのものです。場所によってどんな選択があるかはだいぶ異なります。平日は現地校に行って、週末は日本語の補習校に行く子供が多いようです。私から見れば、それは現地校で得られる経験をしながら、日本語と日本の教育とのつながりを保つちょうどよいバランスなのではないかと思います。

　もちろん、子供にとって現地校に入るのはショックかもしれません。そのショックを少しでも和らげるためにも、赴任前にできるだけ英語か現地の言語を子供に教育しておくといいでしょう（会社側はそれを積極的に補助したほうがいいと思います）。そして、赴任後は、家庭教師を雇ったりするのがよいかもしれません。

　子供のサポートには、親との時間が非常に大切な役割を担います。そのため、赴任者は残業しすぎず、家での時間を優先することが望ましいです。子供は様々なストレスや戸惑いを持っているはずですので、子供とたくさん会話して、その話に耳を傾けることは非常に重要です。子供の行動もしっかりと観察して、何か普段と違うことがないかチェックする必要があります。

　また、子供をスポーツなどの課外活動に参加させるのも一つの手です。友達を作れるしストレスを発散できますので、それを奨励するのも望ましいでしょう。

　その他、家族全員で現地の文化に触れる活動に参加する、たとえば祭りや小旅行に行ったり、近所の人と一緒に食事したりすることも、よい習慣になります。

 家族のことは赴任者にも大きな影響があることを忘れずに。

(kopp)

3 帰国時

Q37
海外勤務から戻って最初に支払われる給与・賞与の取扱いは？

帰国後、最初に支払う給与・賞与の取扱いについて教えてください。

A37
帰任後（日本帰国後）最初に支払う給与・賞与

帰国後最初に受け取る給与、賞与について、以下の前提条件を置いて考えてみます。

（前提条件）
> 従業員Aさん：10月10日に海外を出国し、同日に日本に帰国。
> ・給与支給日：10月25日　給与計算期間：10月1日～10月31日
> ・賞与支給日：12月15日　賞与計算期間：5月1日～10月31日

(1) **給与について**

～全額課税～

　日本では、1年以上の予定で日本に居住する場合は入国の日の翌日から居住者という取扱いになります（所法2①三）。

　10月25日に給与が支払われる時点では、Aさんは日本の居住者です。よって10月1日～10月9日までの間海外で勤務したことへの対価は日本から見ると、「国外源泉所得」となりますが、居住者は国内源泉所得・国外源泉所得にかかわらず、全て課税の対象となります。したがって、10月25日に支給される給与については、その全額が日本で課税されます（所法7①一）。

【図表37－1】帰任後最初に受け取る給与の取扱い

事実関係	給与計算期間（10/1～10/31）				「10/25支払給与」についての日本及び海外での課税関係
		海外出国／日本入国	給与支給日		
日付	10/1	10/10	10/25	10/31	
日本	非居住者 ～10/9	居住者 10/10～			10/1～10/31分給与 →課税
海外（*）	居住者 ～10/9	非居住者 10/10～			10/1～10/9分給与 →課税 10/10～10/31分給与 →非課税

（*）各国ごとに税制は異なるため、ここで記載している海外での取扱いはあくまで一例とご理解ください。

(2) 賞与について
～全額課税～

12月15日に賞与が支払われる時点では、Aさんは日本の居住者に該当します。よって5月1日～10月9日までの国外源泉所得についても、その全額が日本での課税対象になります。

【図表37－2】帰任後最初に受け取る賞与の取扱い

事実関係	賞与計算期間（5/1～10/31）				「12/15支払給与」についての日本及び海外での課税関係
		海外出国／日本入国		賞与支給日	
日付	5/1	10/10	10/31	12/15	
日本	非居住者 ～10/9	居住者 10/10～			5/1～10/31分 →全額課税
海外（*）	居住者 ～10/10	非居住者 10/11～			5/1～10/9分 →課税 10/10～10/31分 →非課税

（*）各国ごとに税制は異なるため、ここで記載している海外での取扱いはあくまで一例とご理解ください。

2 海外赴任

関連法令
所得税法第7条：課税所得の範囲

帰国した時点で日本の居住者に該当するため、帰国後最初に支払う給与・賞与については、その全額が日本において課税対象になる。

Q38
帰国した年の年末調整・確定申告はどうなる？

帰国した年の年末調整・確定申告の必要性の有無について教えてください。

A38
1．確定申告の必要があるか、年末調整のみでよいか

帰国した者が、帰任した年の所得について確定申告の必要があるか否かは【図表38－1】から判断します。

【図表38－1】帰国後の年末調整と確定申告

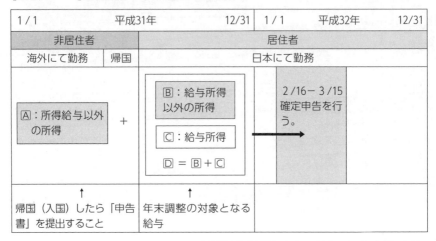

① Ⓐ＋Ⓑ が20万円以下の場合・・・確定申告不要・年末調整のみ→次頁「2．年末調整について」参照

（※）帰国後その年12/31までの給与総額が2,000万円を超える場合、または2ヵ所以上から給与を受けている場合は原則として確定申告の義務がある。ただし2ヵ所以上から給与を受けていても、年末調整されていないほうの給与の収入金額と、各種の所得金額（給与所得、退職所得を除く）との合計額が20万円以下の場合は確定申告の義務はない。

② Ⓐ＋Ⓑ が20万円超の場合・・・確定申告要・年末調整要→次頁「2．年末調整について」「3．確定申告について」参照

2．年末調整について
～全ての帰国した者に必要～

年の中途で国内勤務となって帰国した場合のように、年の中途で非居住者から居住者となった時は、その居住者となった日以後に支給期の到来する給与について年末調整を行うことになります。年末調整に当たり諸控除の取扱いは【図表38－2】のとおりです。

【図表38－2】帰国した年の年末調整の対象になる所得控除

所得控除		概要
物的控除	社会保険料控除 生命保険料控除 地震保険料控除 小規模企業共済等掛金控除	その者が居住者であった期間内に支払った金額が控除の対象になる（すなわち、帰国してから年末までに支払った金額が控除の対象になる）。 ＊なお、外国の社会保険料及び外国保険事業者の締結した契約のうち、国外で締結したものにかかる保険料は、控除の対象とはならない。
人的控除	控除対象配偶者 扶養親族等の判定	その年の最後に給与の支払をする日の現況において判定。

3．確定申告について
～給与以外の所得が一定額以上ある帰任者等のみ必要～

(1) 給与以外の所得が一定額以上ある場合

帰国した日の翌日から居住者となりますので、その日からその帰国した年の12月31日までの期間が居住者期間となります。その間に確定申告をすべき所得を有する場合には、【図表38－1】の「Ⓐ＋Ⓓ」の金額を翌年2月16日から3月15日までの間に確定申告する必要があります（所法120）。

(2) その他確定申告の必要がある場合
① 過去3年間に純損失・雑損失の繰越控除の適用を受けている場合

その年の前年以前3年以内の各年において生じた純損失の繰越または雑損失の繰越控除の規定の適用を受けている場合においては、当該損失の繰越控除を継続して適用するために確定申告書（損失申告用）（第四表）の提出が

必要となります（所法71、123）。

② 青色申告者の場合
　不動産所得、事業所得等について赤字が生じる場合には、確定申告書（損失申告用）を提出することにより、当該損失の金額について、その年の翌年以降3年間の期間、連続して確定申告書を提出することを条件に、損失の繰越控除の適用を受けることができます（所法70、71）。

③ 住宅借入金等特別控除の再適用を受ける場合
　住宅借入金等特別控除の再適用を受けるためには、帰国後、確定申告をする必要があります（中には会社側で、赴任前と同様に年末調整にて対応しているケースもあります）。

3　確定申告の際に適用される所得控除は？
　帰国した年分の確定申告の際に適用される所得控除は【図表38－3】のとおりです。

【図表38－3】帰国した年分の確定申告の際に適用される所得控除

所得控除		
物的控除	医療費控除 社会保険料控除 小規模企業共済等掛金控除 生命保険料控除 地震保険料控除	居住者期間内（すなわち帰国した翌日から年末まで）に支払った金額をもとにして計算を行う。
	雑損控除	非居住者期間（年初から帰国日まで）と居住者期間（帰国した翌日から年末まで）を通算して、その年分の控除額を計算する。
人的控除	配偶者控除 扶養親族控除 老年者控除 寡婦（夫）控除 勤労学生控除	帰国した年の12月31日の現況により判定して計算する。

関連法令　／　参考になるウェブサイト
■関連法令 所得税法第71条：雑損失の繰越控除 所得税法第120条：確定所得申告 所得税法第123条：確定損失申告 ■国税庁ウェブサイト No.2518　海外出向者が帰国したときの年末調整 https://www.nta.go.jp/taxes/shiraberu/taxanswer/gensen/2518.htm No.1935　海外出向者が帰国したときの確定申告 https://www.nta.go.jp/taxes/shiraberu/taxanswer/shotoku/1935.htm

年末調整：日本に帰国し、居住者となった後からの所得について実施する。

確定申告：その年の給与以外の所得等が一定額以上ある場合には確定申告が必要。

Q39
海外赴任期間に相当する外国所得税を帰国後に会社が負担した場合は？

　海外勤務を終えて帰国した社員の赴任地での個人所得税に納税漏れがあることが発覚したので、帰国後直ちに当該税額を会社が負担して支払いました。この際、留意すべきことがあれば教えてください。

A39

　勤務地国によってはその国を離れる際に、その年度の納税を完結することができる場合もありますが、多くの国では年度の途中に帰国した場合でも、当該年度の確定申告は、通常の居住者と同時期となります。

　たとえば、課税年度が1月1日～12月31日で、確定申告が翌年3月に実施しなければならない国から帰任したとします。仮に帰任が6月の場合、6月の時点で1～6月までの所得について勤務地国で確定申告を行うことができるとよいのですが、年度の途中に帰任した場合でも当該年度の確定申告は居住者同様、翌年に行われるため、帰任時点ではその国における税債務をなくすことができません。

　そのため、帰国後、勤務地国で確定申告が必要になりますが、一般に海外勤務者の給与は手取りで保証していることから、現地で係る税・社会保険料は実質的に会社が負担（給与に上乗せして支給）しているケースが大半です。

　よって帰任後に発生した現地個人所得税相当額を会社が支払う場合、当該税相当額は日本の所得税法上、本人の「所得」とみなされ、日本で所得税等の課税対象になります。

　また、仮に外国所得税を支払ったのが日本の居住者期間であっても、海外の所得税の支払対象となった期間が日本の非居住者期間に該当すれば、外国税額控除の適用を受けることはできません。

関連法令　／　参考になるウェブサイト等

■関連法令
所得税法第95条：外国税額控除
所得税法施行令第258条：年の中途で非居住者が居住者となった場合の税額の計算

■国税庁ウェブサイト
No.1240　外国税額控除
https://www.nta.go.jp/taxes/shiraberu/taxanswer/shotoku/1240.htm

 会社負担した赴任国の所得税は本人の給与として日本で所得税等の課税対象になる。

Q40
海外で仕事をした人材のアフターフォローは？

せっかく海外にコストをかけて行ってもらった人材なのに、日本では活かしきれていないことが多くあります。モチベーションが下がっている人も見受けられます。活躍してもらうためにはどうしたらよいのでしょうか？

A40

赴任者にとって帰国することは容易なことだと考える人は多くいます。行くのは大変だろうが、母国に戻るのは嬉しいことだろう、と考えているのがその理由の一つでしょうが、実はこれは事実ではありません。赴任したことのある人全てに共通することですが、実は海外赴任から戻るのは簡単ではありません。というのは、海外にいる間、自分はもちろん、自分の母国にいる人も変わるからです。海外赴任の間は、異文化との接触など様々な経験をするので、視野が広がって以前とは違う自分に成長します。でありながら、自分がいない間に親戚、友人や同僚も同じくいろいろな経験を経ているはずなので前と全く同じ人ではない可能性が高いと同時に、会社でも異動や組織再編成により以前と全く同じ職場というわけにはいかないかもしれません。なお、海外にいる間、母国では様々な変化があるはずです。そのため、帰国する赴任者は浦島太郎のようになって、帰る時に疎外感を味わってしまいます。これは一種のカルチャーショックともいえます。そして、ほとんどの赴任者はそれを予期していないため、彼らにとっては確かにショックなことです。

＜帰国時のフォロー＞

そのため、帰国する赴任者へのサポートは非常に大切です。欧米の多国籍企業では、帰国直前に赴任者に「帰国カウンセリング」を提供します。帰国する前にあらかじめ何を予想しておけばよいかということについて話し、それを乗り越えるためのプラン作りを中心的に行います。なお、帰国した後も、人事がフォローをして、彼らが十分適応できているかどうかをチェックするのもお勧めします。

また、帰国直後の配属に注意を払うことも大切です。帰国した時に、関係ない業務に配属するのではなく、海外で学んだことや海外で構築した人間関係を十分活用できるポストに配属することが重要です——会社にとっても、

本人にとっても。企業の側から考えても、人を海外に送るのはお金がかかるもので、その点ある種の投資だといえますので、その投資の価値を実現したいわけです。そして本人は努力（場合によっては苦労）して身につけたものを是非活かしたいという気持ちを持っているはずです。そのためここでは、機械的な人事異動で戻る赴任者をどこに置くか決めるのではなく、赴任中にどんなことを学んだのかを個別にアセスメントして、帰国の際どんなポストに配属すればよいのかを入念に考えることをお勧めします。

＜帰国後のステップアップ＞

もう一つ重要なのは、戻った時に着く赴任者の職務が何らかのステップアップになるよう意識することです。というのは、もし赴任前と同じ職務あるいは同じステータスの職務に戻してしまうと、海外での経験は何だったのかと、赴任者のモチベーションを下げることになってしまうからです。そのため赴任の間の彼らの成長を十分に配慮した配属が大切です。少なくとも、彼らを昇格させるのが好ましいでしょう。

例として、M社のやりかたはよい参考になります。赴任者が戻る予定の3～6ヵ月前から、次の配属について考え始めます。最初のステップとして彼らが行うのは、人事担当者と赴任者より年上のラインマネージャー（両方海外赴任経験者）による、赴任者が赴任期間中に身につけたスキルの査定です。それに加え、社内の空いているポジションのチェックも行います。同時に、赴任者は自己アセスメントと将来のキャリアゴールの説明を含むレポートを書きます。そしてその3人が打ち合わせをして、空いているポジションのどれが赴任者の能力と会社のニーズに一番合うのかを一緒に決めます。

帰国する時に配属するポストを十分考えておくことも重要ですが、帰国する赴任者の経験を活かすには、それ以上の工夫が必要です。一つ提案できることは、帰国後、赴任中に学んだこととそれに基づく会社への提案を赴任者に正式な形で報告書を作ってもらい、それを幹部にプレゼンしてもらうことです。そうすることによって、会社側が赴任者から重要な学びと指摘をもらえるのはもちろん、赴任者自身も自分が経験したことを振り返ることで更なる学びを得られるかもしれません。なお、その後でも配属されたポストで赴任者が自分が得た知識と観点を共有できるような機会を作るのもお勧めします。たとえば、海外に出張する人やこれから海外赴任するかもしれない「国

際要員」へのアドバイスや外国人社員へのメンタリングの依頼など、赴任者の経験を最大限に活かせるような場を作るよう努力することが大切です。

＜仲間の存在＞
　戻って来る赴任者にとって、もう一つ重要なのは仲間を作ることです。海外に住んだことのある人だけがわかることがありますので、赴任者が母国に帰ると国を出たことのない人と会話する時に難しさを感じることがあります。それが不適応と孤独につながることもあります。対策として、会社の他の海外勤務経験者との交流の場を作ることをお勧めします。定期的に一緒に集まって意見交換できる場があればとても効果的でしょう。

　なお、流動性の高い労働市場を持つアメリカでは、帰国２年以内に退職する人は少なくありません。会社に再適応できず、海外での経験が活かされていない、そして自分の経験が評価されず、昇進ができないというのが主な理由です。日本の場合でも、こういった理由での赴任者の離職は起こり得ます。これから日本の労働市場が益々流動化すると、不満を持っている海外赴任経験者の離職は増加する可能性が高いです。なお、帰って来てから不満をためている赴任者は、たとえ辞めずともモチベーションが下がっているのは確かですので、どちらにしても帰って来る赴任者に対する適切な対応はとても重要だといえます。会社は貴重な資源を赴任者に投資しているので、その資源を無駄にせず、最大限に活かせるよう大切にしましょう。

せっかくの人材を無駄にしないような仕組みを作ること。

(kopp)

3

海外出張

Q41
海外出張の日当・支度金はいくらぐらいが適当か？

海外出張者への日当・支度金（料）の決定方法を教えてください。

A41

1．日当の設定方法と水準

日当は一般に海外出張中の食事代、チップ等に充てるために支給されます。

日当の主な決定方法は【図表41－1】のとおりです。

【図表41－1】日当支給額の設定方法

設定方法	概要
1．他社平均額をもとに設定	大企業よりも中堅・中小企業のほうが日当については高いケースも少なからず存在する。
2．日当×30日が海外勤務者の海外勤務手当とほぼ同額になるように設定	長期海外出張者と海外勤務者が同じ拠点で業務を行う場合、公平感のある決め方。 もしくは出張期間が一定日数を超えると減額支給し、1ヵ月分の日当が海外勤務手当と同額になるように調整する企業もある。
3．地域により金額を分けて設定 （例：A地域、B地域、C地域と分ける）	一見合理的だが、地域割が難しい。 （※）海外出張に当たり、複数国に滞在する場合、移動日の取り扱いはどうするか？　など
4．支給しない	食事・クリーニング代等は全て実費精算して支給。

2．日当の水準

日当支給額の傾向としては、海外出張者が非常に多い大企業は、年間に支払う日当だけでも莫大なコストになることから、日当については1日当たり3,000円～5,000円程度の場合が多くなっています。

一方、出張者が少なかったり、海外出張者が特定の方に限定されているような中堅・中小企業において、年間に支払う日当額はそれほど大きいものでなく、コスト削減の圧力がかからないことから、日当水準は大企業よりも高めで、5,000円～8,000円程度であることも珍しくありません。

3．支度料について

　海外出張に際し、出張時に必要となる物品（スーツケース、変圧器など）を購入するための一時金として支度料を支払う企業もあります。支度料は海外出張が初めての社員にのみ支払う企業が多いですが、中には海外出張が初めての社員だけでなく、「前回の支度料受取から3年以上経過していること」等、年数を区切って支払ったり、出張の都度支払う企業も少数ですが存在します。

　一般に支度料については、出張者の少ない中堅・中小企業のほうが支払っているケースが多く、出張が多い大企業では支払っていない企業も多いため、支度料は支払わなくても特段、海外出張者への処遇が低いとはいえません。

> 日当は会社によって異なるが、1日当たり3,000円～5,000円程度が多い。なお、支度料は支払わない企業も多い。

Q42
海外出張の宿泊費はどう決める?

出張先も世界各地に広がってきました。海外出張者の宿泊費はどうやって決めればよいか教えてください。

A42
宿泊費の設定方法と水準

宿泊費は定額支給、実費精算、上限設定ありの実費精算等の方法があります。

【図表42-1】宿泊費の設定方法

	長所	留意点
定額支給	・会社のコストが予測しやすい	・友人宅などに宿泊しているケースあり ・手当を浮かせるために安全性に不安のある宿泊施設を利用する人もいる ・ホテル代は時期により大幅に金額が異なるため、上限設定した金額が形骸化する可能性がある
実費精算	・実態に応じた対応が可能 ・宿泊費を浮かせようという動機が働きにくくなる	・「取引先指定のホテルだから」「代理店が予約したから」「安いホテルが取れないから」等の理由で想定外の高いホテルの利用になることもある
上限設定ありの実費精算	・定額支給と実費精算の両方の長所をあわせ持つ	・上限ぎりぎりの金額まで利用する人が多い

企業の中には宿泊費に上限を設けている企業もありますが、宿泊費は同一都市でも、季節や利用日、及び需給のバランスによって大きく変わり、一概に「A都市のホテル代は●ドルが相場」といえない面もあります。

ホテルの宿泊費と安全性は比例する傾向にあるので、海外での宿泊費は高くてもやむを得ないと考えるべきでしょう。

定額支給、実費精算、上限ありの実費精算等様々。安全を買うにはホテル代は多少高くても仕方ないと割り切るべき。

Q43
海外出張者でも現地で課税される？

社員を海外出張させる際、出張時の税務について留意すべき点があれば教えてください。

A43

1．出張者の滞在日数管理
～租税条約相手国であっても、滞在日数が183日を超えれば現地で課税される～

租税条約相手国に出張する場合は、出張先国にある現地法人や恒久的施設（PE）から給与が支給・負担されていない、つまり日本の本社から給与が全額支給されており、かつ現地での滞在期間が183日以内（タイは180日以内）であれば、一般に現地では個人所得税の納税義務が発生しません。これを短期滞在者免税といいます。

「短期滞在者免税」というと、とかく「日数要件」だけが注目されますが、それ以外にも要件があり、日数要件をあわせた3つの要件（滞在日数基準・支払地基準・PE負担基準）を全て満たして、初めて「短期滞在者免税」の適用が受けられることになります。

たとえば【図表43－1】のとおり、日本の居住者が中国に出張する場合、中国滞在日数が課税年度のうち合計183日以下で、かつ、当該出張者の給与が全額日本から支払われていれば、短期滞在者免税の要件を満たすことができるといえます。

逆にいうと、中国滞在日数が183日以内であっても、中国国内企業から当該出張者に対し、給与や出張手当が一部でも支給されていれば、「短期滞在者免税」の適用は受けられません。よって、中国国内企業から支払われた給与や出張手当相当額につき、中国で個人所得税を申告・納税する義務が生じます。

【図表43－1】日中租税条約第15条：給与所得

～第2項　短期滞在者免税～

中国に出張ベースで勤務するAさん（日本の居住者）の場合
日本の居住者のAさんが、出張等で中国で勤務することに対して受け取る報酬（給

与・賞与等）については、以下3つの条件を全て満たせば、当該所得については、中国では課税されない。

① 滞在日数基準
　Aさんの中国での滞在期間が一課税年度（1/1～12/31）を通じて、合計183日以内であること。

② 支払地基準
　Aさんに支払われる報酬が、中国の居住者（たとえば中国現地法人）またはこれに代わる者から支払われていないこと。
（つまり、報酬が全て日本本社から支払われていれば、この条件はクリアできる）

③ PE負担基準
　Aさんに支払われる報酬が、日本の企業が中国内に保有するPEによって、負担されていないこと。
（つまり、報酬が全て日本本社から支払われていれば、この条件はクリアできる）

　このように、【図表43－1】で定めている条件を全て満たしていれば、中国滞在期間中に相当する所得については、原則として中国で個人所得税が免税になります。
　しかし、同一国に短期または長期の出張を複数回重ねていると、滞在日数のカウントを間違えてしまい、結果的に滞在日数が183日を超えてしまったという事態も発生します。そのため、社員の海外出張日数は、本社の経理部・人事部等で管理し、183日を超えないようにする等、工夫が必要になります。
　なお、滞在日数の数え方は、「入国日、出国日ともに滞在日数に含む」国や、「入国日は含むが出国日は含まない」国等、様々です。また、【図表43－2】のとおり、一口に183日といっても、「一課税年度で183日以内」か、それとも「継続する12ヵ月のうち183日以内か」は、租税条約ごとに取扱いが異なります。

【図表43－2】日本が締結した租税条約における短期滞在者免税の日数計算方法

	条約相手国
一課税年度で183日以内とする条約	アイルランド、イギリス（旧）、イスラエル、イタリア、インド、インドネシア、エジプト、オーストリア、カナダ、韓国、ザンビア、スイス、スペイン、スリランカ、ソ連邦（※1）、タイ（※2）、中国、チェコ・スロバキア、デンマーク、トルコ、ハンガリー、バングラデシュ、フィリピン、フィンランド、ブラジル、ブルガリア、ベトナム、ベルギー、ポーランド、マレーシア、南アフリカ、ルクセンブルク、ルーマニア
継続する12ヵ月で183日以内とする条約	アメリカ、アラブ首長国連邦、イギリス、オーストラリア、オマーン、オランダ、カザフスタン、カタール、クウェート、サウジアラビア、シンガポール、スウェーデン、スロベニア、ニュージーランド、ノルウェー、パキスタン、フランス、ブルネイ、ポルトガル、香港、メキシコ、チリ、ドイツ、ラトビア

（※1）旧ソ連・旧チェコ・スロバキアとの条約の複数国への承継
（※2）タイは180日

　また、上記の短期滞在者免税の要件を満たしていても、たとえばベトナムについては短期滞在者免税適用のための届出を行っていないと、ベトナムでの滞在期間が一課税年度で合計183日以内であっても、ベトナムで個人所得税の課税対象にされ、納税漏れを指摘されるリスクがあります。
　一方、中国においては出張者や、中国内にある恒久的施設に出張する社員については、短期滞在者免税を適用しないとする通達もあるなど、租税条約の短期滞在者免税の要件を満たしているからといって、必ずしも免税になるとは限らない場合もありますので、出張先国の個人所得税の取扱いは出張前に前もって確認したほうがよいでしょう。

2．出張先国でのPEリスク
～出張者の業務内容次第では、日本本社が現地で法人税を支払う羽目になることも～

　たとえば日本の企業A社からB国に出張者を送り込み、現地で建設工事の監督業務などを行わせ、当該業務により日本本社が利益を得ているとします。この場合、当該出張者の業務内容次第では、現地税務当局から、「A社はB国内に恒久的施設（PE）を保有している」とみなされ、A社が出張者

に行わせた業務からB国内で得られる所得について、B国で法人税が課されることになります。

　どのような業務を行っていると「恒久的施設」に該当するかは、国によって「恒久的施設」として定義されている施設や活動の種類が異なります。何が恒久的施設に該当するのかを確認するため、日本と出張先国が締結している租税条約の「恒久的施設条項」を把握しておく必要があります。

3．出張者にかかる費用負担
～出張者の費用は誰が負担しているのか～

　自社の社員を海外にある関連会社の業務支援のため出張させる場合、当該費用を全額日本側が負担すると、日本の税務当局から「国外関連者に寄付を行っている」とみなされ、当該出張経費は、損金算入できず、寄附金として取り扱われる可能性があります。特に、海外出張申請書の出張目的欄に「海外現地法人の技術支援のため」等、現地法人の業務を行うことを目的としていることが明確に記載されていると、税務調査の際に指摘されることも多いようです。

　そのため、海外の関連会社に社員を出張させる場合は、当該費用を関連会社にも負担させることが必要になってきます（ただし現地に当該出張者の費用を負担させると、「1」で説明した短期滞在者免税の第2、第3要件を満たせなくなる可能性があります）。

参考になるウェブサイト

■財務省
「我が国の租税条約ネットワーク」
https://www.mof.go.jp/tax_policy/summary/international/182.pdf
■法令データ提供システム
http://elaws.e-gov.go.jp/

出張先国での滞在日数の管理、出張時の業務内容、出張者にかかる費用負担について留意する必要あり。

Q44

海外出張に必要な安全管理とは？

社員を海外出張させる際の安全管理、及び現金の管理について、会社が実施しておくべきことを教えてください。

A44

1．出張者の居場所の把握、緊急事態への初動対応

出張者が多く、また各出張者の海外滞在期間が長いと、「誰がいま、どこにいるのか」の把握が非常に難しくなります。また、出張に慣れて滞在先の地理がわかるようになると土日に出張先の国内外で旅行し、その際に交通事故に遭ったり感染症にり患するケースもあります。

海外出張者には必ず携帯電話を持たせ、何かあれば、土日であっても連絡が取れるような状況にしておくことが求められます。また、週末などに滞在しているホテルを離れ小旅行に出かける場合はもちろん、宿泊は伴わなくとも出張先で多くの人が集まるイベント（カーニバル、マラソン大会、水泳大会等）に参加する場合は、居場所を届け出てもらう、もしくは本社の人事担当者が閲覧できる予定表に外出先を記入してもらうことも、いざという時の安否確認に有用です（単に電話を持たせておけばよいのではなく、実際に連絡がつくかも、あらかじめチェックしておく必要があります）。

海外出張者・赴任者の安全管理を実施する上では外務省の安全情報・出張地を管轄する日本大使館・領事館の情報の収集も重要です。

一般に、3ヵ月以上の海外滞在の場合は在留届の提出が必要ですが、3ヵ月未満の海外滞在の場合も外務省のウェブサイトから「たびレジ」に登録することで「お役立ち情報の提供」「緊急時の情報提供」「緊急時の連絡」を受け取ることができますので、社員の海外出張時には登録するように促すことも一案です。

2．外部のサービスの活用も有益

緊急事態に迅速に対応するためには、危機管理担当者による24時間対応が必要となります。渡航者の安全の確保し管理者の業務負荷を軽減するためには、外部リソースの活用が有効です。例えば、24時間体制で渡航者を見守り、緊急事態発生時には安否確認を代行するサービスがあります。JTBグロー

バルアシスタンスでは、渡航者（駐在、出張、留学）の滞在先と緊急事態の発生を独自のシステム（アラート☆スター）でチェックし、緊急事態発生のアラートを受信した方へシステムによる安否確認から無応答者への電話確認まで実施しています。

　アラート☆スターは、渡航者の旅行手配データやその他の滞在先（訪問先）の情報を、企業管理者が地図上で俯瞰できることが特徴です。

　配信されるアラートは渡航者の滞在先情報にマッチングされ自動配信されます。アラートは、テロ情報だけでなく、日常の軽微なリスク（デモ予告、交通系、災害等）まで網羅し普段から有効な情報となります。特に緊急時は、初動対応のアドバイスやリスク発生場所の地図が、携帯で簡単に確認できるため、リスク回避に非常に有効な情報源となっています。

　また、同サービスでは渡航者を送り出す本社側に対して、渡航者旅程・情報と危険情報を一元管理できるようにすることで、本社の危機管理業務のサポートも行います。その他、安全対策を学ぶEラーニングも用意され危機意識の啓蒙とリスクのさらなる軽減につながります。

　危機管理に関するサポートサービスは他にもいろいろとありますが、このような外部機関のサービスもうまく活用しながら海外出張者・赴任者の安全管理を行うことも検討に値するでしょう。

3．海外出張中の現金の管理

　出張期間が長くなるからといって多額の現金を持ち歩くのは危険です。

　また、クレジットカードのスキミングや、財布を盗られた際に中に入っていたクレジットカードを不正利用される危険性もあります。

　そのため、これら現金やクレジットカードに代わるものとして、特定のカードにチャージしたお金を海外のATMから引き出すことができるサービスも提供されています。この方式の場合、出張中、手持ち現金が少なくなれば、日本本社から当該カード宛にお金をチャージすることで、出張者は現地のATMからチャージされたお金を引き出すことができます。

　また、仮に当該カードを紛失したり盗まれても、その時点でそのカードの利用をストップしてしまえば使いこまれることもありません。また、スペアのカードを用意しておけば、スペアカードから、以前のカードにチャージしたお金を引き出すことも可能です。このように、外部サービスをうまく利用

することで、長期出張時に必要となる現金の管理による気疲れが大幅に削減されます。

参考になるウェブサイト等

■外務省
「たびレジ」外務省海外旅行登録
https://www.ezairyu.mofa.go.jp/tabireg/
外務省　海外安全ホームページ
https://www.anzen.mofa.go.jp/
海外で困ったら　大使館・総領事館でできること・できないこと
https://www.anzen.mofa.go.jp/anzen_info/flash02.html
在外公館ホームページ
https://www.mofa.go.jp/mofaj/link/zaigai/index.html
■アラート☆スターのウェブサイト
http://www.jga.co.jp/service/management/index.html

外務省や在外公館ウェブサイトを通じて情報収集すると共に、必要に応じて外部サービスの利用も検討が必要。

［※太字で印した届出書類等は、この本の特設サイトに詳細リンク先を掲載しています（以下同じ）。］

Q45
海外出張者の健康管理とは？
海外出張時の健康管理等について事前に行うべきことを教えてください。

A45
1．予防接種の必要性
　最近は、海外出張者の方が健康問題を引き起こすケースが増えています。慣れない海外で短期間にたくさんの仕事を片づける必要があるため、無理をしがちです。

　また、海外勤務者に対しては予防接種を推奨または義務付けしている企業でも、海外出張者については、予防接種を行っていない企業も少なくありません。日本では絶滅しているといわれている狂犬病も海外ではいまだに存在し、たとえば中国では狂犬病で死亡する人が年間1,000人以上存在するといわれています。また、食べ物から感染するＡ型肝炎は、予防接種がありますので、出張者についても予防接種の導入を検討する余地はあるといえます。出張先国ごとにどのような予防接種が必要かについては、厚生労働省検疫所のウェブサイト等を確認されるとよいでしょう。

2．6ヵ月以上の海外滞在には健康診断が必要
　労働安全衛生法では社員を連続した6ヵ月以上の予定で海外赴任させる場合は、赴任前に健康診断を行うことを明記しています。一般に海外赴任者については、赴任前健康診断を実施すべきとして認識されている一方、出張者については、最初から6ヵ月以上出張することが予定されているわけではなく、結果として6ヵ月を超えてしまうということもあり、健康診断が必ずしも行われていない場合もあります。

3．労災保険の特別加入の必要性を吟味
　海外出張中も日本の労災保険が適用されますが、労災保険でいう「海外出張」は、海外滞在期間の長短ではなく、現地での業務内容によって判断されます。現地の事業主の支配下で業務を行う場合は、労災保険の海外派遣者特別加入制度の申し込みをしておかないと、労災保険の適用が受けられなくなりますので注意が必要です。

Q46
長期出張者の規程を作るには？

当社は長期出張者に向けた出張規程がないので作ろうと思っています。社員を長期で海外出張させる際の規程作りのポイントについて教えてください。

A46

最近は、海外拠点の立上げ支援や、技術支援等のために長期で海外出張するケースも増えています。一般に、海外赴任者規程は1年以上の予定で海外に勤務する社員を対象としているため、数ヵ月程度海外に滞在する方（長期海外出張者）は、海外赴任者規程ではなく海外出張規程の対象になります。

しかし、通常海外出張規程は1週間から10日程度の海外滞在を前提に作られているため、1ヵ月以上の長期で出張する方への対応を前提としていない場合がほとんどです。海外出張規程で長期出張者にも対応する方法としては大きく分けて3つあります。

1．長期海外出張者用の規程を別途作成

通常の海外出張規程に加え、別途、長期海外出張規程を作成する方法です。この規程を見れば、長期出張時の処遇の全てが理解できるので、長期出張者にとっても便利です。

一方、長期海外出張規程といっても、海外出張規程がベースとなり、海外赴任者規程の要素が入っているわけですから、短期の海外出張者用の規程と重複する部分も多数出てきます。そのため、通常の海外出張規程の改定の都度、長期出張規程も変更する必要がありますが、細部の修正等が漏れてしまったり、年月を追うごとにそれぞれ独自の方向性を持つ規程になり、長期海外出張者と通常の海外出張者で処遇に不公平感や矛盾が生じることもあります。

2．通常の海外出張者規程に長期出張者対応も規程する

通常の海外出張規程で長期出張者対応も規定する方法です。具体的には海外出張者を、1回の滞在期間に応じて「短期海外出張者」と「長期海外出張者」に分け、長期出張者にのみ適用する条文、適用しない条文を定めておく方法です。また、長期出張者については、「海外赴任者規程の●条、●条を

適用する」等、海外赴任者規程を一部適用する旨を記載するのも一案です。

そもそも長期出張も短期出張も重複する取扱いは多いため、一つの規程でまとめておいたほうが規程改定時にわかりやすい上、長期出張と短期出張の取扱いが、それぞればらばらの方向にならないこともメリットです。

一方、一つの規程の中に長期出張者と短期出張者の取扱いが両方書かれているため、やや読みにくいといった面も否定できません。

3．長期出張者に海外赴任者規程を適用する方法

海外赴任者規程の適用対象者を「半年以上（3ヵ月以上）の海外滞在者」として、出張者についても海外赴任者規程を適用している企業もあります。

一般に、海外赴任者は「1年以上の予定で日本を離れる」場合が大半であることから、海外赴任者規程においては、「日本では非居住者になり、海外では居住者になる人」が前提として作成されている場合がほとんどです。そのため、「日本では所得税がかからず、海外でのみ所得税がかかる」ことが前提になります。

【図表46－1】長期出張者の待遇を定める規程の作り方

決定方法	メリット	留意点
通常の海外出張規程に加え、別途、長期出張規程を作成。	長期出張者用の規程のため、この規程を見れば長期出張の全てが理解でき、読み手にとってわかりやすい。	・通常の海外出張規程と重なる部分も多いため、海外出張規程の改定に合わせて長期出張者規程も変更する必要があるが、細部の修正等が反映できなかったり、改定を行うことで、それぞれ独自の方向性の規程になり、処遇に不公平感が生じる可能性あり。 ・長期出張者と海外赴任者のバランスを検討する必要あり。
通常の海外出張規程で長期出張者対応も決定しておく（出張者を短期出張者と長期出張者に分け、長期出張者についてのみ適用する条文、適用しない条文を決定）。	長期出張も短期出張も取扱いが同じ場合も多いため、一つの規程にまとまっていたほうが改定時にわかりやすく、不公平感も生じにくい。	・一つの規程の中に長期出張者と短期出張者の取扱いが両方書かれているため、長期出張者、短期出張者それぞれについて適用される条文がどれになるかを明記しないと使いづらい。 ・長期出張者と海外赴任者のバランスを検討する必要あり。

| 長期出張者については、海外赴任者規程の条項を一部適用する旨規定しておく。 | 海外赴任者規程と平仄を合わせたい際に便利。 | ・長期海外出張者の処遇は、海外出張規程で完結しないため、海外赴任者規程も確認しなければならない。 |

長期海外出張者の取扱いは、短期の出張を前提とした出張規程では対応できない場合があるので、長期出張者に配慮した規程が必要になる。

Q47
よい結果につながる出張者のコミュニケーション

出張者として現地に行った際に、スムーズに仕事を運ぶためのポイントを教えてください。

A47
1．現地採用従業員とのコミュニケーションを取る

　日本企業の海外拠点で働いている現地採用従業員から頻繁に聞く話があります。それは、出張者が日本から来た際、現地採用従業員とほとんど会話せず、一日中日本人の赴任者と一緒に会議室にこもり、さらに夜は赴任者と一緒にディナーに出かける、というものです。しかしながら、このような行動は現地採用従業員に疎外感を与え、自分が大切にされていないと思わせてしまいます。現地採用従業員も事業において大切な役割を担う存在であるため、わざわざ遠くから来た人がしっかりと認めてあげることが必要です。また、現地の人と話すことで、出張者は多くの学びを得ることができます。現地職員との関わりを持たなければ、親会社のことについてとても興味を持っている現地採用従業員に、本社のことを伝えるせっかくのチャンスを失ってしまうことになります。

　自社の海外拠点に行くならば、まず現地到着後、少なくとも朝礼などの会議で皆に自己紹介をし、挨拶をして回るといいでしょう。「今職場にいるあの日本人は誰？」と現地採用従業員が思ってしまったらいけないので、ちゃんと事前に紹介しておくのは大切です。英語があまり得意ではない出張者でも、頑張って簡単な自己紹介が言えるように最低限の努力はしておくべきです。

　そして、滞在中非常に重要なのは、職場を歩きながら、現地採用従業員に明るく挨拶をすることです。小さいことですが、これはよい印象を現地職員に与えるのに効果的です。英語圏以外のところでも、現地の言葉で簡単な挨拶ができれば、なおさらよいでしょう。そして、挨拶だけではなく、ちょっとした世間話がもしできれば、理想的です。「この出張者はフレンドリーですね」と思われるよう、このようなことを積極的にするのをお勧めします。

　そして、現地訪問中は、毎日日本人と一緒にランチやディナーを食べるのではなく、なるべく現地採用従業員と一緒に食事するよう努力しましょう。

もし英語のハンディがあるのなら、日本人赴任者に通訳してもらいましょう。可能であれば、現地採用従業員向けに出張者が何らかのプレゼンや勉強会を開くのをお勧めします。そうすることによって、本社の人とのコンタクトがあまりなく本社を訪問する機会がない現地採用従業員に対して、直接的に本社の人から学ぶ貴重なチャンスを与えることができます。本人の仕事内容や今取り掛かっているプロジェクトなど、準備の必要がない範囲で話せる内容で結構です。そのようなことは、日本から菓子折りを持ってくるよりずいぶんとよいお土産になるでしょう。

２．出張者にも研修を

　自社であれ取引先に行くのであれ、出張者のコミュニケーションに必要とされることは、実は赴任者のそれとあまり変わりません。そのため、私が推奨したいのは、出張者にも日本を発つ前に事前トレーニングを提供することです（簡潔版でもいいですが、全く準備なしで出張者を海外に送るのはかなりの危険性があります。実は私の顧客から、出張者が現地のルールやマナーを十分把握していなかったために、問題を起こしてしまったという話を聞いたことがあります）。

　まず出張者は、現地でしてはいけないことや言ってはいけないことを十分知る必要があります。女性の体に触れたり、現地採用従業員に対して怒鳴ったり、特定民族を見下す表現を使ったり、「バカ」のようなきつい言葉を使ったりすると、現地の人にとって侮辱的ですし、また雰囲気も悪くさせてしまうほか、法的問題につながる危険性もあります。

　上記で挙げたようなことは一般的にいってアウトですが、それ以外にも国によってご法度なこともありますので、それを十分承知した上で海外に行くのがベストでしょう。日本であればあまり問題にならないことでも海外では否定的に思われる場合もあります。たとえば、在米日系企業の大きな倉庫でセミナーを行った時に参加者から聞いた話があります。その倉庫では女性社員が多く働いており、倉庫の中ではかなり肉体労働的な仕事がなされていました。男女平等が大切にされているアメリカではそれは全然驚くべきことではないのですが、日本からの出張者が来るたびに「女性がそんな仕事をしてもいいんですか？」のようなコメントがあるそうで、それを聞いた現地採用従業員は、差別的だと思い居心地悪く感じたそうです。

3．丁寧に応対することを心がける

　また、その他に出張者の方に意識していただきたいのは、丁寧な話し方を心掛けることです。残念ながら、多くの場合、出張者の英語力が限られているので、思わず言い方がきつかったり命令っぽく聞こえてしまったりします。日本では自分より地位の低い人に対して多少きつく話すのは許されていますが、外国ではその感覚があまりないので、もし同じようなことを出張先でしてしまうと、侮辱的に捉えられる危険性が高いです。そのため、それを十分気をつけておくのがカギとなります。会社側の対策としては、海外出張する可能性の高い人のために、丁寧な話し方の英語レッスンを提供することをお勧めします。

　つまり、海外出張は、日本で仕事をするのとは全く異なる、ということを出張者に理解してもらうことが大切になってきます。一日という短期間でも、現地にいると、自分は日本人でも仕事の場では現地の法律が適用され、自分の行動は現地の文化の目を通して判断されます。現地では、出張者は親会社の代表者です。ある意味、外交官のようなものです。そのため、出張者がそれを意識して、その役割を上手に果たすように努力する姿勢を持つのは非常に大切なことです。

出張だから…と思わずに現地の人と積極的にコミュニケーションしよう。

(kopp)

4

外国人を雇い入れる時

1 採用と在留資格

外国人を雇う時は、「どこにいる外国人を対象とするのか（国内か、国外か）」「どのような形態（駐在員、本社採用、アルバイト、派遣社員、業務委託等）で働いてもらうのか」に分けて考える必要があります。

Q48
外国人と日本人の雇用管理上の違いは？

外国人に働いてもらう場合と日本人に働いてもらう場合で、雇用管理上、どのような違いがあるのでしょうか。

A48

外国人を雇用する場合、日本人と大きく異なるのは、以下の3点です。

「行政に届出が必要になる書類が日本人と比べて格段に多いこと（それらを忘れると入国管理法違反で処罰の対象になることもあり得ること）」

「従業員に説明したり、理解してもらわないといけないことが多いこと」

「日本人と同じように接するとうまくいかないことも多々あること」を理解しておく必要があります。具体例としては【図表48－1】のとおりです。

【図表48－1】外国人従業員と日本人従業員の相違点

	外国人	日本人
採用する時	・適法に労働できる資格（就労が可能な在留資格）を持っているか確認が必要（違法就労させると会社側も入国管理法違反で罰せられる）	・日本国籍があればそのような確認は不要

雇用中	・就労が可能な在留資格の期限が過ぎている、または就労資格に応じた活動を行っていないにもかかわらず雇用していると入国管理法違反で罰せられる →定期的な在留カードの確認が必要	・日本国籍があればそのような確認は不要
学生アルバイトの雇用	・就労できる時間が限定されている ・風俗営業のアルバイトは不可	・就労できる時間に制限はない ・風俗営業のアルバイトも可
雇用中の留意点	・自分のキャリアにとってあまりプラスがない（給与、業務内容、先行き展望）と判断するとすぐに見切りをつけて転職する傾向がある ・外国人社員が非常に少数の場合かつ、日本の生活に慣れていない場合、会社側が必要なケアをしないと孤立したりメンタル面にトラブルが生じることがある	
社会保険や税務の取り扱い	・外国人も日本人も基本的には同じ ※ただし社会保障協定や租税条約によって、一部異なる場合もある	
給与・労働条件	・外国人も日本人も能力や経験が同じであれば給与・労働条件も等しくしなければならない	

日本人の雇用とは違う部分をよく理解すること。

Q49
日本で働く外国人としては、どんな人がよいか？
日本で働いてもらうのに向いている外国人とはどのような人ですか？

A49
　日本企業が日本で外国人を採用する際によく見られるのは、日本人を採用する時の習慣に従い、新卒採用を行うことです。それはよくない行動であるといいたくはないですが、少なくとも全く理想的であるとはいえないかもしれません。なぜかというと、新卒者が適している職務とそうではない職務があるため、そのことを考慮するともっと幅広く外国人社員を募集するのがよりよい採用の仕方だといえるでしょう。

<新卒者と離職>
　新卒者の問題点としては、特に欧米の場合、大学を卒業した時点で何をしたいのかを十分わかっていない場合が多いということです。ですから、「とりあえず日本に住んでみたい」という人もいたり、長く日本に住むつもりがない人、あるいは日本に住んでみてその後肌に合わず帰る人もいたりします。そのため、新卒者を採用すると、その一部、おそらくはその多くが、1年、2年、3年後に辞めてしまうことは自然なことです（最近、短期間で転職する同様の傾向が日本の若者にも見られます）。さらに、新卒者は特定の役職には適材かもしれませんが、企業側は専門技術を持つ外国人を求めている役職もあるかもしれません。非常に若い外国人が、通常ならより経験を持った人間がつくような専門的な役職を日本企業で与えられ、完全にお手上げ状態に陥り、悪戦苦闘する例を見てきました。その人にとってはストレスの多い経験で、企業にとっては基準以下の結果をもたらします。

<外国人の採用の特徴分け>
　それらの理由から、私は日本企業が外国人採用を2つの特徴で分けることを勧めます。1つめは、日本人の新卒者と同様にゼネラリスト型の訓練をする意図で雇われる人たちです。彼らは、企業の長期的従業員となるのにふさわしいキャリア願望と関心を持っている人たちである必要があります。しかし、すべての外国人採用をこの枠に入れてしまうことはお勧めできません。

2つめは、海外営業や広報、グローバル人事、法務等、英語または外国語のネイティブスピーカーが必要な役職です。この2つめには、2つのタイプの役職が含まれます。1つは「新入社員レベルの役職」で、豊富な経験や専門性を必要としない、新卒者や卒業後数年の人に適したものです。このような役職において、日本企業がより多く注目したい人々は、日本にすでに住んでおり、英語を1～2年教えてきた人たちです。彼らはすでに日本に慣れており、日本文化について何かを学んで、場合によっては日本語も多少学んでいるかもしれません。この2つめの役職のもう1つのタイプは、特定のスキルや経験を必要とするものです。このような役職の場合には、役職が必要とするものに最適の人材を見つけるために、広告や人材スカウト業者を通して採用することをお勧めします。採用は職務内容に基づいてなされることになりますが、それはこのような専門的役職の採用の場合には絶対に必要となってきます。

<参考事例>
　日本企業はまた、アメリカのコンサル企業マッキンゼーやボストンコンサルティンググループの例を見習うことを検討してもよいかもしれません。彼らの採用する新卒者は、アメリカのエリート大卒者には典型的であるとおり、数年の職務経験を積んだ後に、MBA取得のために大学院に行くことを希望すると推定されます。そのため、彼らが長期間は職に留まらないことを知っているこれらの企業は、アナリストと呼ばれる2年間限定の特別な役職を用意しています。2年したら、会社を辞めてMBAを取りに行くことが想定されているのです。アナリストの中でも業績が最も良かった人たちは、修士学位を取得した後にコンサルタントとして会社への復帰を打診されます。こういった2年間のアナリスト職務に入りたい学生がとても多くて、自分の将来のキャリアにはよい経験だとされています。「マッキンゼーで働いた」や「BCGで働いた」といえることは誇りになりますし、履歴書に書くとより優能に見えます。コンサルティング会社の立場では、非常に優れた学生を採用できて活かせますし、皆の働きぶりを見てその後一番よい人を正社員として雇えます。後で他の会社で働くようになる人はOBとして会社とのコネがあって、ビジネスの顧客になることもあります。同じように、日本企業が「2年間日本のビジネスの最前線を経験しましょう」といった特別なプログ

ラムを組んだら、興味を持つ優秀な学生が多いと思います。

　さらにここで、外国人を採用する際に探し求めるべきものについて触れておきたいと思います。多くの日本企業は、一流大学の卒業生を採用する時、ファッショニスタがグッチやルイ・ヴィトンのハンドバッグを収集するのと同じように、イェール大学やオックスフォード大学の卒業生をかき集めています。これは多くの点で、通った大学が何よりも重要視される日本での新卒採用での一般的なアプローチに酷似しています。そうではなく、日本企業が採用する外国人のスキル、経験、態度や関心にもっと注目して、採用者と仕事、そして企業が提供するキャリアの道がぴったりと合うように慎重に見定めるようになってほしいと思います。

 エリート大学の新卒ばかりではなく、ニーズに合った多様な人材を採用しよう。

(kopp)

Q50
外国人を採用できる企業の条件は？
　外国人を採用したいと考えていますが、採用する企業側に求められている法的条件などはあるのでしょうか。大企業のほうが外国人の採用に関してのハードルは低いのでしょうか。

A50
1．受入機関を状況に応じて4つに区分
～カテゴリーごとに必要となる書類が異なる

　就労可能な在留資格の申請に際しては、受け入れ機関（企業等）を4分類（カテゴリー1～4）しており、その区分ごとに提出すべき書類が異なります。

　【図表50－1】のとおり、カテゴリー1から4の順に受け入れ機関の信頼度が高いとみなされ、提出する書類も少なく、審査の手順も相対的に簡単になります。

【図表50－1】受け入れ機関の区分（カテゴリー1～カテゴリー4）

カテゴリー1	(1)日本の証券取引所に上場している企業 (2)保険業を営む相互会社 (3)日本又は外国の国・地方公共団体 (4)独立行政法人 (5)特殊法人・認可法人 (6)日本の国・地方公共団体の公益法人 (7)法人税法別表第1に掲げる公共法人
カテゴリー2	前年分の給与所得の源泉徴収票等の法定調書合計表中、給与所得の源泉徴収票合計表の源泉徴収税額が1,500万円以上ある団体・個人
カテゴリー3	前年分の職員の給与所得の源泉徴収票等の法定調書合計表が提出された団体・個人（カテゴリー2を除く）
カテゴリー4	上記3つのいずれにも該当しない団体・個人

（出所）法務省ウェブサイト

2．カテゴリーごとに必要となる書類の違い
～「技術・人文知識・国際業務」の場合

　では受け入れる企業（機関）のカテゴリーが異なることで、必要となる書

類がどれほど違うのでしょうか。

　就労できる在留資格のうち、最も多い「技術・人文知識・国際業務」の在留資格を例に挙げて比べてみました（海外にいる外国人を日本に呼びよせる場合）。

(1)　全てのカテゴリーの企業（機関）において共通して必要な書類

　全てのカテゴリーの企業において必要な書類は【図表50−2】です。

　カテゴリー1、2に属する企業（機関）については【図表50−2】の資料のみ提出が義務付けられています。

【図表50−2】「技術・人文知識・国際業務」の在留資格取得に当たり全ての企業（機関）が提出する書類

1　在留資格認定証明書交付申請書　1通 ※地方入国管理官署において、用紙を用意している。また、法務省のホームページから取得することもできる。 2　写真（縦4cm×横3cm）　1葉 ※申請前3か月以内に正面から撮影された無帽、無背景で鮮明なもの。 ※写真の裏面に申請人の氏名を記載し、申請書の写真欄に貼付。 3　返信用封筒（定型封筒に宛先を明記の上、392円分の切手（簡易書留用）を貼付したもの）　1通 4　下記カテゴリーのいずれかに該当することを証明する文書　適宜 　カテゴリー1：四季報の写し又は日本の証券取引所に上場していることを証明する文書（写し） 　　　　主務官庁から設立の許可を受けたことを証明する文書（写し） 　カテゴリー2・3：前年分の職員の給与所得の源泉徴収票等の法定調書合計表（受付印のあるものの写し） 5　専門学校を卒業し、専門士又は高度専門士の称号を付与された者については、専門士又は高度専門士の称号を付与されたことを証明する文書　1通

(出所) 法務省ウェブサイト「日本での活動内容に応じた資料」技術・人文知識・国際業務

(2)　一部のカテゴリーの企業（機関）に必要になる書類

　カテゴリー3、4に属する企業（機関）については【図表50−3】の資料も必要です（なお、カテゴリー1、2の企業（機関）においても審査の過程において、これらの資料を要求されることがあります）。

【図表50－3】カテゴリー3、4の企業のみ提出が求められる書類

6　申請人の活動の内容等を明らかにする次のいずれかの資料
(1)　労働契約を締結する場合
労働基準法第15条第1項及び同法施行規則第5条に基づき、労働者に交付される労働条件を明示する文書　1通
(2)　日本法人である会社の役員に就任する場合
役員報酬を定める定款の写し又は役員報酬を決議した株主総会の議事録（報酬委員会が設置されている会社にあっては同委員会の議事録）の写し　1通
(3)　外国法人内の日本支店に転勤する場合及び会社以外の団体の役員に就任する場合
地位（担当業務）、期間及び支払われる報酬額を明らかにする所属団体の文書　1通
7　申請人の学歴及び職歴その他経歴等を証明する文書
(1)　申請に係る技術又は知識を要する職務に従事した機関及び内容並びに期間を明示した履歴書　1通
(2)　学歴又は職歴等を証明する次のいずれかの文書
ア　大学等の卒業証明書又はこれと同等以上の教育を受けたことを証明する文書。なお、DOEACC制度の資格保有者の場合は、DOEACC資格の認定証（レベル「A」、「B」又は「C」に限る。）　1通
イ　在職証明書等で、関連する業務に従事した期間を証明する文書（大学、高等専門学校、高等学校又は専修学校の専門課程において当該技術又は知識に係る科目を専攻した期間の記載された当該学校からの証明書を含む。）　1通
ウ　IT技術者については、法務大臣が特例告示をもって定める「情報処理技術」に関する試験又は資格の合格証書又は資格証書　1通
※【共通】5の資料を提出している場合は不要
エ　外国の文化に基盤を有する思考又は感受性を必要とする業務に従事する場合（大学を卒業した者が翻訳・通訳又は語学の指導に従事する場合を除く。）は、関連する業務について3年以上の実務経験を証明する文書　1通
8　登記事項証明書　1通
9　事業内容を明らかにする次のいずれかの資料
(1)　勤務先等の沿革、役員、組織、事業内容（主要取引先と取引実績を含む。）等が詳細に記載された案内書　1通
(2)　その他の勤務先等の作成した上記(1)に準ずる文書　1通
10　【カテゴリー3】
直近の年度の決算文書の写し　1通
　　【カテゴリー4】
直近の年度の決算文書の写し。新規事業の場合は事業計画書　1通
11　前年分の職員の給与所得の源泉徴収票等の法定調書合計表を提出できない理由を明らかにする次のいずれかの資料
(1)　源泉徴収の免除を受ける機関の場合
外国法人の源泉徴収に対する免除証明書その他の源泉徴収を要しないことを明らかにする資料　1通

(2) 上記(1)を除く機関の場合
ア　給与支払事務所等の開設届出書の写し　1通
イ　次のいずれかの資料
㋐　直近3か月分の給与所得・退職所得等の所得税徴収高計算書
（領収日付印のあるものの写し）　1通
㋑　納期の特例を受けている場合は、その承認を受けていることを明らかにする資料
　　1通

（出所）法務省ウェブサイト「日本での活動内容に応じた資格」技術・人文知識・国際業務

参考になるウェブサイト

■**法務省ウェブサイト**
「**技術・人文知識・国際業務**」
http://www.moj.go.jp/nyuukokukanri/kouhou/nyuukokukanri07_00089.html

【※太字で印した届出書類等は、この本の特設サイトに詳細リンク先を掲載しています。（以下同じ）】

必要書類が多いのでしっかり確認を。受入企業（機関）により必要となる書類が異なる。

Q51
外国人の採用形態にはどんなものがあるか？

このたび、当社として初めて外国人に働いてもらうことになりました。外国人に働いてもらうために考えられる形態を教えてください。

A51

1．採用の形態の種類

一口に、「外国人に働いてもらう」といっても、その形態は以下のとおり様々です。

【図表51－1】外国人の働き方の種類

	働き方の種類
A	自社の正社員として働いてもらう
B	海外子会社（親会社）からの駐在員・出向者として受け入れる
C	1年未満の短期間のみ、特定のプロジェクトのために受け入れる
D	派遣社員として働いてもらう
E	アルバイトとして働いてもらう
F	業務委託として働いてもらう
G	技能実習生や特定技能の在留資格で働いてもらう（※）

（※）税務研究会より技能実習の制度の解説本『外国人技能実習生の受入とトラブル対応』を発行予定。そちらで詳しく記載します。

そこで本書では、「自社の正社員」として外国人を採用した場合を中心に、それぞれの採用形態で異なる取扱いについて説明していきます。

2．どこに住んでいる外国人か？

「国内にいる外国人」と「海外にいる外国人」で、採用に当たり在留資格に関してどのような点に留意する必要があるかをまとめたのが**【図表51－2】**です。

【図表51-2】採用のケースと在留資格

			在留資格に関する留意点
国内在住の外国人	1	他社に勤務している外国人を雇用	・現在保有している在留資格の切替や更新が必要か
	2	留学生を正社員として雇用	・大学で学んだことと仕事内容が一致するか
	3	学生アルバイトとして雇用	・就労時間を一定以内にさせられるか（他でアルバイトしていないか）
	4	就労制限のない外国人を雇用	・「配偶者」としての資格の在留資格の場合、離婚していないか
	5	派遣社員として雇用	―
	6	業務委託契約を締結	―
海外在住の外国人	1	当社で新規雇用	・在留資格を取得できる条件を満たしているか
	2	子会社社員を駐在員として採用	・派遣元の会社での勤務年数が足りているか
	3	業務委託契約を締結	―
	4	技能実習生・特定技能1号として雇用	・外国人の技能実習に関する法律に定められた者であるか ・特定技能の受け入れ業種ごとの水準に見合った者であるか

海外に住む外国人か、日本に住む外国人かで在留資格に関する手続が異なる。

Q52
外国人を受け入れる際に必要となる在留資格とは？
外国人を受け入れる際に考えられる在留資格の種類を教えてください。

A52
1．在留資格とは
～特定の就労が認められる資格、制限なく就労が認められる資格など様々

2019年1月現在、在留資格は全部で28種類あります。

このうち企業で受け入れるケースとしては「技能実習」「技術・人文知識・国際業務」が圧倒的に多くなっています。

【図表52－1】在留資格

(2017年12月時点)

	在留資格	該当例	在留期間	人数
就労が認められる在留資格（18種類）	外交	外国政府の大使、公使等及びその家族	外交活動を行う機関	7,983人
	公用	外交政府等の公務に従事する者及びその家族	5年、3年、1年、3月、30日、15日	7,281人
	教授	大学教授等	5年、3年、1年、3月	7,456人
	芸術	作曲家、画家、作家等	5年、3年、1年、3月	434人
	宗教	外国の宗教団体から派遣される宣教師等	5年、3年、1年、3月	4,404人
	報道	外国の報道機関の記者、カメラマン等	5年、3年、1年、3月	236人
	高度専門職	ポイント制による高度人材	1号：5年、2号：無期限	7,668人
	経営・管理	企業等の経営者、管理者等	5年、3年、1年、4月、3月	24,033人
	法律・会計業務	弁護士、公認会計士等	5年、3年、1年、3月	147人
	医療	医師、歯科医師、看護師等	5年、3年、1年、3月	1,653人
	研究	政府関係機関や企業等の研究者等	5年、3年、1年、3月	1,598人
	教育	高等学校、中学校等の語学教師等	5年、3年、1年、3月	11,254人
	技術・人文知識・国際業務	機械工学等の技術者等、通訳、デザイナー、語学講師等	5年、3年、1年、3月	189,306人

分類	在留資格	該当例	在留期間	人数
就労が認められない（資格外活動が認められれば一定の制限内で就労可能）（5種類）	企業内転勤	外国の事務所からの転勤者	5年、3年、1年、3月	16,559人
	介護	介護福祉士	5年、3年、1年、3月	18人
	興行	俳優、歌手、プロスポーツ選手	3年、1年、6月、3月、15日	4,209人
	技能	外国料理の調理師、スポーツ指導者等	5年、3年、1年、3月	39,193人
	技能実習	技能実習生	法務大臣が個々に指定する期間	274,233人
	文化活動	日本文化の研究者等	3年、1年、6月、3月	2,914人
	短期滞在	観光客、会議参加者等	90日、30日、15日、15日以内	597,850人（うち商用12,916人）
	留学	大学、専門学校、日本語学校の学生	4年3月、4〜1年、6月、3月	311,516人
	研修	研修生	1年、6月、3月	1,518人
	家族滞在	就労資格等で在留する外国人の配偶者・子	5年、4年3ヵ月〜1年、6月、3月	166,577人
就労の可否は指定される活動によるもの	特定活動	外交官等の家事使用人、ワーキングホリデー等	5年〜3月、法務大臣が個々に指定する期間	66,685人
身分に基づく資格（活動制限なし）（4種類）	永住者	永住許可を受けた者	無期限	749,191人
	日本人の配偶者等	日本人の配偶者・実子・特別養子	5年、3年、1年、6月	140,839人
	永住者の配偶者等	永住者・特別永住者の配偶者、わが国で出生し引き続き在留している実子	5年、3年、1年、6月	34,632人
	定住者	日系3世、外国人配偶者の連れ子等	5年、3年、1年、6月、指定期間	179,834人

*上記以外に特別永住者が329,822人存在します。

（注）2019年4月1日以降、入管法が改正され、人手不足に対応するために、特定技能（1号、2号）という在留資格ができます。

（出所）e-STAT「国籍・地域別　在留資格（在留目的）別　総在留外国人　第1表の2　国籍・地域別　在留資格（在留目的）別　総在留外国人（2017年12月）

2．在留カードとは

　在留カードは中長期間（3ヵ月超）在留の外国人に対して交付されます。
　よって、「短期滞在」の在留資格を保有する外国人や、3ヵ月以下の在留期間の外国人には在留カードは交付されず、代わりにパスポートに在留資格

の証印が張られることになります（不法滞在者には当然ながら在留カードもなく、パスポートへの証印もありません）。

（※）特別永住者は在留カードではなく「特別永住者証明書」が発行されます。

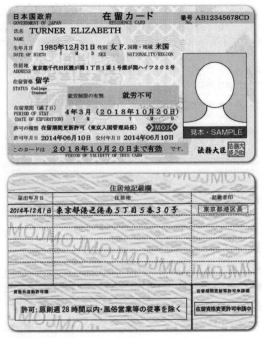

（出所）法務省入国管理局ウェブサイト　http://www.immi-moj.go.jp/tetuduki/zairyukanri/whatzairyu.html

3．ビザと在留資格の違い

　ビザは外国人が入国するために必要となる海外の日本大使館、領事館からの推薦状のようなものです（この人を日本に入れても問題ない、ということを示す書類です）。一方、在留資格は外国人が日本に滞在して何らかの活動をするために必要な許可証です。

　よって、在留資格とビザは同じではありません。俗に「労働ビザ」等といいますが、正確には「就労できる"在留資格"」のことを指していることが

多いです。

【図表52-2】「ビザ」と「在留資格」の相違点

	ビザ	在留資格
管轄	外務省（在外公館）	法務省（入国管理局）
目的	在外公館で発行されるもので、その外国人が持っている旅券（パスポート）が有効であるという「確認」と、ビザに記載された条件により入国することに支障がないという「推薦」の意味を持つ	外国人が日本に入国・在留して従事することができる活動又は入国・在留できる身分又は地位について類型化し、法律上明らかにしたもの、現在28種類存在する
取得していることを示す書類	パスポートに貼付されているシール	・中長期在留者 →在留カード ・中長期在留者以外 →パスポートに貼付される証印（許可年月日・在留期限・在留資格・在留期間及び上陸空港名が記載）

(出所) 法務省入国管理局ウェブサイト

4．外国人を採用する前に確認すべきこと
～実施させたい業務に一致する在留資格があるか

まず、外国人に実施してほしい業務内容に該当する在留資格があるのかどうかを確認します。

一般に企業で勤務する外国人の在留資格で多いのが、身分に基づく在留資格や技能実習をのぞいては「技術・人文知識・国際業務」です。

つまり自社でさせたい業務内容がこれらの在留資格に該当するのかの確認を行う必要があります。

自社でさせたい業務内容がどの在留資格に該当するかを調べ、該当する在留資格が見つかれば、今度は、この在留資格にあてはまる学歴・経歴はどんなものかを調べ、その条件に合う外国人を募集することになります。

Q53

在留資格「高度専門職」とは？

高度専門職という在留資格が数年前に設けられたと聞きました。
この在留資格の概要について教えてください。

A53

1．「高度外国人材」の活動累計と優遇措置
〜最短1年で「永住」の在留資格申請可

　平成21年5月29日高度人材受入推進会議報告書によりますと、高度外国人材とは「国内の資本・労働とは補完関係にあり、代替することが出来ない良質な人材」であり、「我が国の産業にイノベーションをもたらすとともに、日本人との切磋琢磨を通じて専門的・技術的な労働市場の発展を促し、我が国労働市場の効率性を高めることが期待される人材」とされています。

　なお、高度専門職1号（イ）は既存の在留資格では「教授」、（ロ）は「技術・人文知識・国際業務」、（ハ）は「経営・管理」に相当する条件を満たしており、かつ必要なポイントを有していれば「高度専門職」に該当することになります。

【図表53－1】高度外国人材の類型と優遇措置

	活動類型	入国管理法上の優遇措置
1号	高度学術研究活動「高度専門職1号（イ）」本邦の公私の機関との契約に基づいて行う研究、研究の指導又は教育をする活動	1. 複合的な在留活動の許容 通常、許可された1つの在留資格で認められている活動しかできないが、大学での研究活動と併せて関連する事業を経営する活動を行うなど複数の在留資格にまたがるような活動が可能
	高度専門・技術活動「高度専門職1号（ロ）」本邦の公私の機関との契約に基づいて行う自然科学又は人文科学の分野に属する知識又は技術を要する業務に従事する活動	2. 在留期間「5年」の付与 高度外国人材に対しては、法律上の最長の在留期間である「5年」が一律に付与。※期間は更新可能 3. 在留歴に係る永住許可要件の緩和 永住許可には原則として引き続き10年以上日本に在留していることが必要だが、高度外国人材としての活動を引き続き3年間行っている場合や、高度外国人材の中でも特に高度と認められる場合（80点以上の方）は、高度外国人材としての活動を引き続き1年間行っている場合に永住許可の対象となる。

	高度経営・管理活動「高度専門職1号(ハ)」 本邦の公私の機関において事業の経営を行い又は管理に従事する活動	4. <u>配偶者の就労</u> 高度外国人材の配偶者の場合は、学歴・職歴などの要件を満たさない場合でも、「技術・人文知識・国際業務」の在留資格に該当する活動が可能 5. <u>一定の条件の下での親の帯同</u> 就労目的の在留資格で親の受入れは認められないが、①高度外国人材又はその配偶者の7歳未満の子（養子を含みます。）を養育する場合 ②高度外国人材の妊娠中の配偶者又は妊娠中の高度外国人材本人の介助等を行う場合については、一定の要件下で、高度外国人材又はその配偶者の親（養親を含みます。）の入国・在留が可能。 6. <u>一定の条件の下での家事使用人の帯同</u> 「経営・管理」、「法律・会計業務」等で在留する一部の外国人に対してのみ認められるところ、高度外国人材については、一定要件下で、外国人の家事使用人を帯同することが認められる。 7. <u>入国・在留手続の優先処理</u> 入国事前審査に係る申請については申請受理から10日以内を目途、在留審査に係る申請については申請受理から5日以内を目途
2号	高度学術研究活動「高度専門職2号(イ)」 本邦の公私の機関との契約に基づいて行う研究、研究の指導又は教育をする活動	a.「高度専門職1号」の活動と併せてほぼ全ての就労資格の活動を行うことができる b. 在留期間が無期限となる c. 上記3から6までの優遇措置が受けられる ※「高度専門職2号」は「高度専門職1号」で3年以上活動を行っていた方が対象
	高度専門・技術活動「高度専門職2号(ロ)」 本邦の公私の機関との契約に基づいて行う自然科学又は人文科学の分野に属する知識又は技術を要する業務に従事する活動	
	高度経営・管理活動「高度専門職2号(ハ)」 本邦の公私の機関において事業の経営を行い又は管理に従事する活動	

高度専門職2号（ニ）	2号（イ）から（ハ）までのいずれかの活動と併せて行う教授、芸術、宗教、報道などの活動

（出所）法務省入国管理局ウェブサイト

2．高度外国人材に該当するためのポイント制度

　ポイント制における評価項目と配点は、法務省令で規定されており、【図表53-2】のとおりです。具体的には就労の在留資格に関する要件（在留資格該当性・上陸許可基準適合性）を満たす者の中から高度外国人材を認定する仕組みとし、それら人材に対して在留資格「高度専門職」が付与されます。

　なお、「永住」の在留資格の申請が認められるのは
　①高度人材としての在留歴が3年以上で70ポイント以上
　②高度人材としての在留歴が1年以上で80ポイント以上
の人材です。上記①または②いずれかの条件を満たせば「**永住許可申請書**」の提出が可能になります。

　永住の在留資格を保有していれば、日本人と同様に本人の専門性や業務内容に関係なく基本的に好きな仕事につくことができるため、当該外国人にとって日本国内での活動の幅が広がります。

高度外国人材は永住の在留資格取得までの期間が短いなど優遇されている。

【図表53-2】高度外国人材のポイント計算表

《ポイント計算表》

項目	高度学術研究分野	高度専門・技術分野	高度経営・管理分野
学歴	博士号（専門職に係る学位を除く。）取得者 30	博士号（専門職に係る学位を除く。）取得者 30	博士号又は修士号取得者（注7） 20
	修士号（専門職に係る博士号を含む。）取得者 20	修士号（専門職に係る博士号を含む。）取得者 20	
	大学を卒業し又はこれと同等以上の教育を受けた者（博士号又は修士号取得者を除く。） 10	大学を卒業し又はこれと同等以上の教育を受けた者（博士号又は修士号取得者を除く。） 10	大学を卒業し又はこれと同等以上の教育を受けた者 10
	複数の分野において、博士号、修士号又は専門職学位を有している者 5	複数の分野において、博士号、修士号又は専門職学位を有している者 5	複数の分野において、博士号、修士号又は専門職学位を有している者 5
職歴（実務経験）（注1）	7年～ 15	10年～ 20	10年～ 25
	5年～ 10	7年～ 15	7年～ 20
	3年～ 5	5年～ 10	5年～ 15
		3年～ 5	3年～ 10
年収（注2）	年齢区分に応じ、ポイントが付与される年収の下限を異なるものとする。詳細は②参照	年齢区分に応じ、ポイントが付与される年収の下限を異なるものとする。詳細は②参照 40～10	3000万円～ 50 / 2500万円～ 40 / 2000万円～ 30 / 1500万円～ 20 / 1000万円～ 10
年齢	～29歳 15	～29歳 15	
	～34歳 10	～34歳 10	
	～39歳 5	～39歳 5	
ボーナス①〔研究実績〕	詳細は③参照 25～20	詳細は③参照 15	
ボーナス②〔地位〕			代表取締役、代表執行役 10 / 取締役、執行役 5
ボーナス③		職務に関連する日本の国家資格の保有（1つ5点） 10	
ボーナス④	イノベーションを促進するための支援措置（法務大臣が告示で定めるもの）を受けている機関における就労（注3） 10	イノベーションを促進するための支援措置（法務大臣が告示で定めるもの）を受けている機関における就労（注3） 10	イノベーションを促進するための支援措置（法務大臣が告示で定めるもの）を受けている機関における就労 10
ボーナス⑤	試験研究費等比率が3％超の中小企業における就労 5	試験研究費等比率が3％超の中小企業における就労 5	試験研究費等比率が3％超の中小企業における就労 5
ボーナス⑥	職務に関連する外国の資格等 5	職務に関連する外国の資格等 5	職務に関連する外国の資格等 5
ボーナス⑦	本邦の高等教育機関において学位を取得 10	本邦の高等教育機関において学位を取得 10	本邦の高等教育機関において学位を取得 10
ボーナス⑧	日本語能力試験N1取得者（注4）又は外国の大学において日本語を専攻して卒業した者 15	日本語能力試験N1取得者（注4）又は外国の大学において日本語を専攻して卒業した者 15	日本語能力試験N1取得者（注4）又は外国の大学において日本語を専攻して卒業した者 15
ボーナス⑨	日本語能力試験N2取得者（注5）（ボーナス⑦又は⑧のポイントを獲得した者を除く。） 10	日本語能力試験N2取得者（注5）（ボーナス⑦又は⑧のポイントを獲得した者を除く。） 10	日本語能力試験N2取得者（注5）（ボーナス⑦又は⑧のポイントを獲得した者を除く。） 10
ボーナス⑩	成長分野における先端的事業に従事する者（法務大臣が認める事業に限る。） 10	成長分野における先端的事業に従事する者（法務大臣が認める事業に限る。） 10	成長分野における先端的事業に従事する者（法務大臣が認める事業に限る。） 10
ボーナス⑪	法務大臣が告示で定める大学を卒業した者 10	法務大臣が告示で定める大学を卒業した者 10	法務大臣が告示で定める大学を卒業した者 10
ボーナス⑫	法務大臣が告示で定める研修を修了した者（注6） 5	法務大臣が告示で定める研修を修了した者（注6） 5	法務大臣が告示で定める研修を修了した者（注6） 5
ボーナス⑬			経営する事業に1億円以上の投資を行っている者 5
合格点	70	70	70

①最低年収基準
高度専門・技術分野及び高度経営・管理分野においては、年収300万円以上であることが必要

②年収配点表

	～29歳	～34歳	～39歳	40歳～
1000万円	40	40	40	40
900万円	35	35	35	35
800万円	30	30	30	30
700万円	25	25	25	—
600万円	20	20	20	—
500万円	15	15	—	—
400万円	—	—	—	—

③研究実績

	高度学術研究分野	高度専門・技術分野
特許の発明 1件～	20	15
入国前に公的機関からグラントを受けた研究に従事した実績 3件～	20	15
研究論文の実績については、我が国の国の機関において利用されている学術論文データベースに登録されている学術雑誌に掲載されている論文（申請人が責任著者であるものに限る。）3本～	20	15
※上記の項目以外で、上記項目におけるものと同等の研究実績があると申請人がアピールする場合（著名な賞の受賞歴等）、関係行政機関の長の意見を聴いた上で法務大臣が個別にポイントの付与の適否を判断	20	15

※高度学術研究分野については、2つ以上に該当する場合には25点

（注1）従事しようとする業務に係る実務経験に限る。
（注2）※1 主たる受入機関から受ける報酬の年額
※2 海外の機関からの転勤の場合には、当該機関から受ける報酬の年額を算入
※3 賞与（ボーナス）も年収に含まれる。
（注3）就労する機関が中小企業である場合には、別途10点の加点
（注4）同等以上の能力を試験（例えば、BJTビジネス日本語能力テストにおける480点以上の得点）により認められている者も含む。
（注5）同等以上の能力を試験（例えば、BJTビジネス日本語能力テストにおける400点以上の得点）により認められている者も含む。
（注6）本邦の高等教育機関における研修については、ボーナス⑦のポイントを獲得した者を除く。
（注7）経営管理に関する専門職学位（MBA、MOT）を有している場合には、別途5点の加点

（出所）法務省入国管理局ウェブサイト
http://www.immi-moj.go.jp/newimmiact_3/pdf/h29_06_point-hyou.pdf

L 「技術・人文知識・国際業務」「企業内転勤」「高度専門職」の相違点

　基本的な業務内容は「技術・人文知識・国際業務」の在留資格で定義されている業務内容と理解して問題ありませんが、それぞれの違いは【図表L－1】のとおりです。

【図表L－1】「技術・人文知識・国際業務」「企業内転勤」「高度専門職」の相違点

在留資格	技術・人文知識・国際業務	企業内転勤	高度専門職（※1）
学歴要件	大卒、専門学校卒以上	学歴要件は明確ではない	大卒以上
永住の在留資格申請ができるまでの年数	当該在留資格で5年を含めた合計10年程度		最短で1年（条件は別途あり）
人数枠	特になし（一企業当たり何名以内、といった基準は特にない）		
給与	日本人と同等以上（明確な金額基準はない）		年収300万円以上
その他	（※2）	派遣元の会社で最低1年以上の勤務が必要	高度人材のポイント計算表に基づき70点以上で高度専門職に該当する

（※1）高度専門職に該当するには一定のポイントが必要。詳細はQ53参照
（※2）「技術・人文知識・国際業務」の給与や業務内容については、平成20年3月（平成27年3月改訂）の法務省入国管理局から発表された「「技術・人文知識・国際業務」の在留資格の明確化等について」を参照のこと

「技術・人文知識・国際業務」の在留資格で認められている活動内容
　本邦の公私の機関との契約に基づいて行う理学、工学その他の自然科学の分野若しくは法律学、経済学、社会学その他の人文科学の分野に属する技術若しくは知識を要する業務又は外国の文化に基盤を有する思考若しくは感受

性を必要とする業務に従事する活動（一の表の教授の項、芸術の項及び報道の項の下欄に掲げる活動並びにこの表の経営・管理の項から教育の項まで、企業内転勤の項及び興行の項の下欄に掲げる活動を除く。）。

該当例としては、機械工学等の技術者、通訳、デザイナー、私企業の語学教師など。

(出所) 法務省ウェブサイト

「企業内転勤」の在留資格で認められている活動内容

本邦に本店、支店その他の事業所のある公私の機関の外国にある事業所の職員が、本邦にある事業所に期間を定めて転勤して、当該事業所において行う理学、工学その他の自然科学の分野に属する技術又は知識を要する業務に従事する活動（在留資格に「技術」に相当）若しくは法律学、経済学、社会学その他の人文科学の分野に属する知識を必要とする業務に従事する活動（在留資格「人文知識・国際業務」相当））。

該当例としては、外国の事業所からの転勤者。

(出所) 法務省ウェブサイト

「高度専門職」の在留資格に該当する活動内容

高度の専門的な能力を有する人材として法務省令で定める基準に適合する者が行う次のイからハまでのいずれかに該当する活動であつて、我が国の学術研究又は経済の発展に寄与することが見込まれるもの

イ　法務大臣が指定する本邦の公私の機関との契約に基づいて研究、研究の指導若しくは教育をする活動又は当該活動と併せて当該活動と関連する事業を自ら経営し若しくは当該機関以外の本邦の公私の機関との契約に基づいて研究、研究の指導若しくは教育をする活動
　→在留資格「教授」に該当する活動

ロ　法務大臣が指定する本邦の公私の機関との契約に基づいて自然科学若しくは人文科学の分野に属する知識若しくは技術を要する業務に従事する活

動又は当該活動と併せて当該活動と関連する事業を自ら経営する活動
→在留資格「技術・人文知識・国際業務」に該当する活動

ハ　法務大臣が指定する本邦の公私の機関において貿易その他の事業の経営を行い若しくは当該事業の管理に従事する活動又は当該活動と併せて当該活動と関連する事業を自ら経営する活動
→在留資格「経営・管理」に該当する活動

(出所) 入国管理及び難民認定法より抜すい

Q54

海外在住外国人を雇用する際の在留資格手続きと海外からの親の呼び寄せはできるのか？

海外にいる外国人を雇用する際、在留資格に関してどのような手続きが必要でしょうか。

A54

1．手続きの流れ
～在留資格認定証明書を取得する

海外にいる外国人を中途採用する際の手続きは【図表54－1】のとおり、招へいする会社側が入国管理局に「**在留資格認定証明書交付申請**」を提出し、在留資格認定証明書を入手するところから始まります。外国人の募集から採用までに確認すべき事項については「Q59：外国人社員の募集から採用までの流れとポイントは？」をご参照ください。

【図表54－1】流れ例

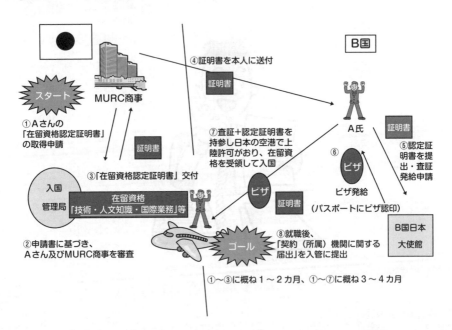

2．家族を日本に連れてきたいという依頼があった場合

　一般に配偶者や子女の帯同は可能ですが、親は帯同できる家族の範疇には含められていないため、難しいのが現実です。そのような状況において、考えられる選択肢は【図表54－2】のとおりです。短期滞在では帯同できる期間が限られてくるため、「子女の養育」などの条件を満たす場合以外には、親の帯同がやむを得ないことがわかる客観的な資料を準備した上で「特定活動」の在留資格を申請することになります（ただし、必ず認められるとは限りません）。

【図表54－2】親を帯同する際に考えられる（呼び寄せる親の）在留資格

考えられる在留資格	留意点
短期滞在	1回の滞在期間は90日、延長は最大1回までのため、最長で180日間滞在できる（ただしそれ以上の滞在は困難）
特定活動	・高度専門職の在留資格の場合、親の帯同は一定要件（7歳未満の子（養子を含みます）を養育する場合や高度外国人材の妊娠中の配偶者または妊娠中の高度外国人材本人の介助等を行う場合）を満たせば可能 ・母国に親の面倒を見る人がいない、住む場所がない等、帯同せざるを得ない場合は申請に基づき親の帯同が認められることがある

（出所）入国管理局等へのヒアリングを基に作成

親の帯同には事情がわかる書類が必要。申請が通らないこともある。

Q55
国内にいる外国人を中途採用する際の在留資格に関する手続きは？

国内にいる外国人を中途採用する際、在留資格に関して必要な手続きを教えてください。

A55

その方が現在、どのような在留資格を保有しているかで手続きが異なります。なお、在留資格について本人任せにしていると必要な時期に在留資格が取得できないこともあるので、在留資格の更新、変更の必要性の確認も含めて会社側がサポートする必要があります。

※外国人の募集から採用までに確認すべき事項については「Q59：外国人社員の募集から採用までの流れとポイントは？」をご参照ください。

1．身分・地位に基づく在留資格を保有している場合
〜特段の手続きは必要なし

入社に当たり、在留資格関連で特段の手続きは必要ありません。

ただし「日本人の配偶者等」「永住者の配偶者等」に該当する場合は、離婚すれば在留資格に応じた身分が維持できないので、勤務を継続してもらいたい場合は、就労が可能な他の在留資格への変更が必要になります。

2．「1」には該当しないが、在留資格の変更が必要ない場合
〜残りの在留期間次第

すでに保有している在留資格のままで特に他の在留資格に変更する必要がない場合は、現在保有している在留資格期限の満了日が近づいているか否かで取扱いが異なります。

(1) 在留資格期限の満了日が近い場合　〜在留資格更新許可申請を行う

入社後すぐに在留資格の更新をするよりも、入社までに**在留資格更新許可申請**をしたほうがよいでしょう。

(2) 在留資格期限の満了日が遠い場合　〜就労資格証明書交付申請を行う

満了日まで十分な日数がある場合は、在留資格更新をする必要性がありま

せん。ただし、現在の在留資格のままで自社での業務が可能であるか否かを確認したほうが安心ですので、「就労資格証明書」を入社予定の外国人から提出してもらうのがよいでしょう。

これらをまとめると【図表55－1】のとおりです。

【図表55－1】国内にいる外国人を採用する場合の在留資格に関する手続き

		採用決定～入社まで		入社後
		在留資格の状況	入社予定の外国人にさせること／会社側が実施すること	
採用する外国人の在留資格	身分に基づく在留資格を保有している場合 (例：永住者、日本人の配偶者、従者の配偶者、定住者、特別永住者)	在留資格が「永住者」「定住者」「特別定住者」の場合	在留資格関連で特段の手続きの必要なし	特になし
		「日本人の配偶者」「永住者の配偶者」の場合 (Q57参照)	在留資格関連で特段の手続きの必要なし ※ただし離婚していないかは確認が必要。 離婚している場合は在留資格の変更が必要になる。	特になし
	上記以外の在留資格で在留資格の変更が必要ない場合	在留資格期限の満了日が近い場合	在留資格更新申請をしてもらう ※申請に当たり「転職先（自社）の情報」を添付する	就職後14日以内に本人が「契約機関に関する届出」を入管に提出
		在留資格期限の満了日が遠い場合	・入国管理局に外国人本人が「転職先（自社）の情報」を添付した、「就労資格証明書申請書」を提出、入社までに「就労資格証明書」を自社宛に提出してもらう ※就労資格証明書を提出してもらうのは義務ではないが、提出してもらったほうがよい	同上
	在留資格の変更が必要な場合	以前の勤務先での仕事内容と異なる場合	・必ず変更手続きを行う	同上

3．在留資格の変更が必要な場合

　以前の勤務先での業務内容と異なる場合や、留学生を新卒採用する場合は必ず事前に「**在留資格変更許可申請**」を行い、在留資格の変更手続きを実施する必要があります。この点についてはQ56をご参照ください。

※留学生を新卒採用しようと考えている場合、アルバイト業の資格外活動時間（週28時間以内、長期休暇中は40時間以内）がきちんと守られているか確認すると共に、内定後のアルバイトに際しても制限時間を守ることを指導する必要があります。制限時間を超えたアルバイトを実施していると、仮に内定していても留学から就労できる在留資格への切り替えができなくなる場合があります。

入社に当たり、これまで保有している在留資格を変更または更新する必要がないか必ず確認すること。

Q56
国内大学にいる留学生の新卒採用の留意点と入社までに在留資格変更が間に合わない場合は？

日本で熱心に勉強した留学生を新卒採用することにしました。この場合の留意点について教えてください。

A56
1．内定から入社までに必要になる在留資格関連手続き

内定から入社までに必要になる在留資格関連の手続きは以下のとおりです。

【図表56－1】内定から入社（4／1）までに必要になる在留資格関連の手続き

1．内定通知
2．雇用契約書を交わす（在留資格変更申請に入ってから雇用契約に関する話をすると、条件が気に入らないと断られた場合、これまでの申請に要したコストが無駄になるため、雇用条件については早めに合意を取っておく必要がある）
　※ただし雇用契約書には「就労できる在留資格が取得できた場合に、本雇用契約は効力を発揮する」旨を記載しておく
3．【入社前年12月1日～】在留資格変更許可申請を実施（卒業見込書を添付）
　※一般に提出順に処理するため、できるだけ早めに申請書を提出することが、4月1日入社を実現するためには望ましい
4．【申請書提出から1ヵ月程度】在留許可変更許可・不許可の連絡
　※申請書提出から概ね1～2カ月程度で、ハガキまたは封書が届く
　※外国人の採用実績がある会社のほうが審査が早い場合もある
　※雇い入れる企業がカテゴリー1、2に該当する場合はそれ以外の企業よりも審査は早い傾向にある（「カテゴリー」に関してはQ50参照）
5．【大学等卒業後】在留資格変更を実施
6．4月1日に入社

（出所）入国管理局等へのヒアリングを基に作成

2．入社までに在留資格の取得が間に合わない場合

仮に取得できる見込みがあっても、就労できる在留資格を取得していない時点では、就労してもらうことはできません。

(1) 日本にいる留学生を新卒採用する場合

何らかの理由で就労の在留資格の取得が入社日に間に合わない場合は、審査結果がおりるまで日本に滞在することはできますが、就労することはアル

バイトも含めて不可能です。
(2) 海外にいる外国人を採用する場合
　いったん「短期滞在」等で入国することはできますが、実際の就労は就労の在留資格がおりるまで待つ必要があります。

3．卒業後も就職活動を続ける場合

　「留学」から「特定活動」に切り替え、さらに一定の条件で卒業後も日本での就職活動を継続する場合は、在留資格を「留学」から「特定活動」に変更する必要があります。

　特定活動の在留資格での滞在期間は最長6ヵ月となっていますが更に1回の在留期間の更新が認められるため、卒業後も就職活動のために1年間滞在することができます（なお、日本留学終了後、そのまま日本で就職活動を行うのではなく母国にいったん戻って再来日してから就職活動を行うことはできません。特定活動の在留資格の取得は「留学」からの変更の場合にのみ認められるので、母国にいったん戻りたい場合は帰国前に在留資格を「留学」から「特定活動」に切り替えておく必要があります）。

> **POINT!** 就労できる在留資格がないと働いてもらえない。手続きのタイミングを考えることと、労働条件については在留資格変更手続きを行うに当たり、きちんと了解をとっておくこと。

M 留学生の多い大学

　留学生の多い大学は【図表M−1】のとおりで、早稲田大学、東京福祉大学、東京大学に各3,000人以上在籍しているなど、東京に集中しているものの、地方の国立大学等にも1,000人以上在籍することも少なくありません。

　外国人採用に当たって、これらの大学に働きかけを行い、アルバイトや求人募集を出させてもらうことも検討に値します。

【図表M−1】外国人留学生受入数の多い大学

学校名		留学生数	
早稲田大学	私立	5,072人	(4,767人)
東京福祉大学	私立	3,733人	(3,000人)
東京大学	国立	3,618人	(3,260人)
日本経済大学	私立	2,983人	(2,708人)
立命館アジア太平洋大学	私立	2,804人	(2,818人)
筑波大学	国立	2,426人	(2,326人)
大阪大学	国立	2,273人	(2,184人)
九州大学	国立	2,201人	(2,089人)
立命館大学	私立	2,141人	(1,860人)
京都大学	国立	2,134人	(2,009人)
東北大学	国立	2,025人	(1,941人)
北海道大学	国立	1,851人	(1,735人)
名古屋大学	国立	1,805人	(1,672人)
慶應義塾大学	私立	1,677人	(1,518人)
明治大学	私立	1,456人	(1,294人)
広島大学	国立	1,442人	(1,190人)
城西国際大学	私立	1,438人	(1,265人)
東京工業大学	国立	1,432人	(1,239人)
同志社大学	私立	1,358人	(1,421人)
上智大学	私立	1,307人	(1,183人)
日本ウェルネススポーツ大学	私立	1,275人	(1,200人)

日本大学	私立	1,220人	(1,192人)
神戸大学	国立	1,201人	(1,196人)
拓殖大学	私立	1,055人	(1,069人)
大阪産業大学	私立	1,005人	(1,113人)
東洋大学	私立	984人	(658人)
関西大学	私立	940人	(828人)
法政大学	私立	931人	(794人)
横浜国立大学	国立	927人	(828人)
東海大学	私立	900人	(794人)

( ) 内は平成28年5月1日現在の数

(出所) 日本学生支援機構ウェブサイト「平成29年度外国人留学生在籍状況調査結果」

参考になるウェブサイト

■日本学生支援機構ウェブサイト
https://www.jasso.go.jp/ryugaku/index.html

Q57

日本人の配偶者等であった者が離婚した場合の取扱いは？

このたび日本に居住している外国人を採用することになりました。この外国人は日本人と結婚しているため、在留資格は「日本人の配偶者等」です。仮に配偶者と離婚して「日本人の配偶者等」に該当しなくなった場合、会社としてはどのように対応すべきでしょうか。

A57

1．日本人の配偶者等でなくなった場合
〜直ちに在留資格の変更が必要

「日本人の配偶者等」という在留資格は「身分・地位に基づく在留資格」ですから、就労に関しての制限はありません（基本的にどのような仕事にもつくことができます）。

そのため、会社側で在留資格の管理を行わない事も多いのですが、「地位・身分に基づく在留資格」ですので、その地位・身分がなくなるとその在留資格での滞在意義がなくなります。一方、在留期限が残っていれば物理的に滞在することはできますが、「日本人の配偶者等」という身分を失っていることを知りながらそのまま雇用するのは正しくありません。今後の進め方としては、「退職してもらう」か、そのまま雇用を継続させたいならば、その業務内容に応じた「技術・人文知識・国際業務」などの在留資格への切り替えが必要になるため、別途**在留資格変更許可申請**を行う等の手続きを行わなければなりません。

また、家族滞在（配偶者として行う日常的な活動を行うことができる者に限る）、日本人の配偶者など（配偶者としての身分を有する者に限る）、永住者の配偶者（配偶者としての身分を有する者に限る）が配偶者との離婚または死別の場合は「**配偶者に関する届出**」を提出する必要があります。なお、本人は日本人と離婚してから14日以内に入国管理局に届出が必要です。

2．手続きを怠っているとどうなるか
〜在留資格の取り消し対象に

配偶者としての活動を6ヵ月以上行っていない場合、「日本人の配偶者等」の在留資格を保有して日本に住んでいる外国人が、在留期間の途中で、

その日本人と離婚するなど、配偶者としての活動を6ヵ月以上行っていない場合は、在留資格が取り消されることになります。ただし、「正当な理由」がある時は、在留資格が直ちに取り消されることはないようです。

【図表57－1】正当な理由があるとみなされる場合

① 配偶者からの暴力（いわゆるDV（ドメスティック・バイオレンス））を理由として、一時的に避難または保護を必要としている場合
② 子供の養育等やむを得ない事情のために配偶者と別居して生活しているが生計を一にしている場合
③ 本国の親族の傷病等の理由により、再入国許可（みなし再入国許可を含む）による長期間の出国をしている場合
④ 離婚調停または離婚訴訟中の場合

（出所）法務省ウェブサイト

関連法令
出入国管理及び難民認定法第19条の16第3号

退職してもらうか、そのまま雇用を継続させたいならば、別途在留資格変更許可申請を行う等の手続きが必要になる。

Q58
単純労働的な仕事をしてもらうことができる在留資格は？

昨今、単純労働の人材の確保に苦労しています。外国人に実質的な「単純労働またはそれに近い業務」を行ってもらうことができる在留資格はあるのでしょうか。そのような在留資格があればぜひ教えてください。

A58
1．外国人に単純労働的な作業をしてもらえる在留資格
〜大きく分けて 4 パターン存在

外国人に単純労働してもらうための在留資格は大きく分けて次の 4 つになります。

(1) 身分に基づく在留資格（永住者、日本人の配偶者など、永住者の配偶者等、定住者）

身分に基づき発給される在留資格の場合、公序良俗に反していない限り、就労内容に制限はありません。よって、単純労働をしてもらうことも日本人と同様に可能です。

ただし、単純労働者として雇用している期間中に、離婚する等で、身分に基づく在留資格を失った場合はこの限りではありませんので、定期的な在留資格の確認は必須です。

(2) 就労が認められていない在留資格保有者等が「資格外活動許可申請」を行う

在留資格のうち、「文化活動」「留学」「研修」「家族滞在」の場合は本来、就労そのものが認められていませんが、「資格外活動許可申請」を行う場合に限って、週28時間まで資格外活動が可能です（留学生のみ長期休暇期間中については週40時間までの資格外活動が認められています）。

なお、この「資格外活動」において就労を行う場合、公序良俗に反していない限りその就労内容には特に制限はありませんので、単純労働者として働いてもらうことも可能です。

※「技術・人文知識・国際業務」の在留資格保有者が、資格外活動許可申請を行うことも物理的には可能ですが、実際に許可がおりるかは申請内容次

第です（たとえば英語の先生が他の学校で教える、という程度であれば資格外活動許可は認められる可能性がありますが、日中、「技術・人文知識・国際業務」の在留資格で企業で勤務している人が、会社で副業が認められたからといって、夜に工事現場で肉体労働をするために資格外活動許可申請を行っても、資格外活動として認められることは難しいと考えられます。この点が留学生の資格外活動とは大きく異なります）。

(3) 「特定活動」の在留資格で就労が認められている場合

「特定活動」という在留資格は、その活動内容により「就労が認められているケース」と「認められていないケース」に分けられます。たとえば「ワーキングホリデー」も「特定活動」に含まれており、名前のとおり日本での就労は認められています。また「難民申請」している場合も「特定活動」に該当し、難民申請期間中も就労ができる場合もあります。つまり「特定活動」の在留資格で就労が認められている場合、その就労内容には特段の制限が設けられていない限りは単純労働も可能です。

(4) 「技能実習」の在留資格

技能実習生として実習を行う場合、正確には単純労働ではありません。詳細は税務研究会にて2019年に刊行予定の解説本『外国人技能実習生の受入とトラブル対応』をご参照ください。

(5) 「特定技能」の在留資格

人手不足を補うため、一定の専門性・技能を有した即戦力になる人材についても、一定の条件をみたせばこれまで認められていなかった単純労働に近い活動をしてもらうことが可能です。

 在留資格の種類によっては単純労働が可能な場合がある。

Q59
外国人社員の募集から採用までの流れとポイントは？

外国人を採用することになりました。募集手段等から書類選考、面談までの一連の流れを教えてください。

A59

1．募集手段

募集手段は様々ですが、日本人を採用する場合の採用手段に加えて、外国人雇用サービスセンターや、留学生の多い大学への求人、信頼のおける外国人コミュニティの活用、外国人の紹介を得意としている人材紹介会社など、外国人の採用に特化した採用手段を使うのも一つの方法です。

2．書類選考

書類選考に当たり、外国人に関しては日本人の書類選考基準に加えて、以下のポイントをチェックします。

【図表59－1】書類選考に当たって特に外国人に関して留意すべきポイント

在留カードの確認	・自社で働いてもらうための在留資格が取得できる人なのかを確認 ・念のため入国管理局・在留カード等番号失効情報照会で在留カードを確認 https://lapse-immi.moj.go.jp/ZEC/appl/e0/ZEC2/pages/FZECST011.aspx
本人の学歴・経歴を確認	（国内にいる外国人を採用する場合） ・在留資格要件を充たすために本人の学歴・経歴が在留資格の要件に適合するかを確認 ・自社が採用したい条件をそろえているか確認 ※在留資格取得に際し提出が必要な書類は受入企業（機関）ごとに異なる。詳細はQ50参照
日本語力	・話すことはできても書くことはできない場合もあるので、仕事で使う主たる言語が日本語の場合、日本語構成力などはチェックしておく
その他	・海外に居住する親を帯同したい等の希望がある場合、親の帯同は条件的に厳しいので確約できない旨伝えたほうがよい ・日本語検定のレベルのチェック ・日本人と同様のポイントをチェック

3．面接

面接時には、外国人に関しては日本人の面接でのチェックポイントに加えて以下の点についても考慮が必要です。

【図表59-2】面接に当たって特に外国人に関して留意すべきポイント

日本語力	・仕事で使う主たる言語が日本語の場合、日本語力のチェックは必要
母国語での話しぶり	・外国語である日本語での話しぶりは、だれもが画一的になりがちだが、母国語で話をすると育った環境や品性などが明らかになることもある。もし可能であれば対象者の母国語ネイティブの人にも面接してもらうとよい
その他	・「就労」の在留資格を保有している外国人が「永住」の在留資格の取得を将来的に希望しているにもかかわらず長期で海外赴任させてしまうと、永住の資格申請時期が大幅に遅れる可能性がある。会社側が将来的に外国人社員を海外勤務させたい意図がある場合は、この点についてどう考えるか検討しておく必要がある ・日本人と同様のポイントをチェック ・日本人以上にキャリア開発や将来展望などに関心が高いので、その点も面接時にしっかり説明しておくこと

4．筆記試験

仕事で使う主たる言語が日本語であれば、E-mail等、日本語を書く機会も多いと考えられます。話すのは得意でも、読めない、書けない、という状況では仕事上支障がありますので、筆記試験も実施し、日本語の読み書き能力も確認することは重要です。

5．内定に際して伝えておくこと

内定に際して伝えておくべき事項は以下のとおりです。

【図表59-3】内定に際して伝えておくこと

・就労の在留資格の許可が得られることが採用の条件であること
　（内定通知書に停止条件を付しておくこと）
・アルバイトの制限時間はきちんと守ること（基準を超えた時間、アルバイトを行うと、場合によっては在留資格の変更許可がおりない可能性があることをしっかり認識してもらうこと）
・雇用条件は日本人以上に書面等で明確に伝えておくこと

Q60

在留資格が確認できていざ外国人を採用する段階での手続きや雇用契約等は？

外国人を採用する際、（日本人の場合には必要のない）外国人固有の入社時の手続き書類を教えてください。

A60

1．必要になる手続き書類

「国内にいる外国人」と「海外にいる外国人」で異なるため、【図表60－1】にまとめました。

【図表60－1】入社に当たって必要な（外国人固有の）手続書類

	入社に際して必要となる書類 届け出先／A：入国管理局 B：ハローワーク C：（必要に応じて）年金事務所	入社後に必要となる書類
海外にいる外国人を雇用する場合	・在留資格認定証明書（届出先：A） 【社会保障協定適用対象国から企業内転勤で赴任してくる場合】 ・社会保障協定適用証明書（派遣元国の当局で入手する）（届出先：C）	【会社側】 ・雇用保険被保険者資格取得届（届出先：B）
国内にいる外国人を雇用する場合	【在留資格変更が必要な場合】 ・在留資格変更許可届出書（届出先：A） 【在留資格変更が必要でない場合】 ・（在留期限が近い場合）在留資格更新許可を取得（届出先：A） ・（在留期限が遠い場合）就労資格証明書（届出先：A） ・（学生をアルバイトとして雇用する場合）資格外活動許可を取得しているか確認	【会社側】 ① 留学生のアルバイト以外の場合 ・雇用保険被保険者資格取得届（届出先：B） ② 留学生のアルバイト雇用の場合 ・外国人雇用状況届出書（届出先：B） 【本人側】 ・契約（所属）機関に関する届出（届出先：A）

2．雇用契約、就業規則

採用する外国人が決まったら、その人と「雇用契約書」を取り交わすことになります。

3．雇用契約書は在留資格手続のできるだけ早い段階で契約する

雇用契約書を交わす段階になって「この条件では契約できない」「もっと給料が高いと思っていた」等と言い出す外国人も中には存在します。そして、会社側が本人の条件をのまない限り雇用契約が締結できないことになります。このような場合、せっかく在留資格手続がうまくいっても、最終的には雇用できないということになりかねません。

そのため、雇用契約書には「本雇用契約は在留資格ができた場合に効力を発揮する」旨を明記した上で、雇用条件について相方とも納得した上で在留資格手続のできる限り早い段階で締結しておく必要があります。

4．就業規則も事前に説明が必要

また、雇用契約書においては、「就業規則に従うこととする」と記載してあっても、実際に就業規則の内容を本人が把握していなければ意味がありません。よって就業規則についてはできるだけわかりやすい日本語、もしくは本人の母国語に翻訳して、雇用契約に当たって就業規則の内容も説明しておくことが、後から無用なトラブルを発生させないためにも重要になります。

外国人に理解してもらえるよう、雇用条件等について日本人以上に丁寧な説明が必要。

Q61
住民票とマイナンバー登録・社会保険の手続きは？

外国人の住民登録と社会保険はどのようになりますか？ 聞かれた場合に教えられるように知っておきたいのですが。

A61
1．住民登録
〜住民登録をすれば自動的にマイナンバー登録も行われる

住民登録を行うと、住所登録した住所宛に、およそ3週間でマイナンバーの通知が届きます。なお、在留資格が「短期滞在」の場合は、在留カードは交付されませんし、住民登録はできません。また、住民登録の手続きの際に、必要に応じて児童手当や印鑑証明の届出も行うことになります（厚生年金や健康保険に加入しない場合は、住民登録の際に国民年金、健康保険の手続きも行うことになります。なお社会保障協定の適用を受けている場合はこの限りではありません（詳細はQ71））。

2．社会保険の手続きは？

外国人社員は、日本人と同様に社会保険への加入が必要です。ただし海外の会社などから日本に赴任している場合等で、出向元の国と日本の間に社会保障協定が発効している場合は、この限りではありません（詳細はQ71をご参照ください）。

また、本人から「社会保険料を払いたくないから雇用契約ではなく業務委託契約にしてほしい」といわれた場合でも、依頼している業務の実態次第では、「労働契約がある」とみなされますので注意が必要です。

 住民登録されればマイナンバーも付与される。

Q62
外国人社員が海外出張した際の再入国許可の留意点は？

外国人社員を海外に出張させますが、出張を終え、日本に帰国する際に備えて何らかの書類を揃えておく必要はあるのでしょうか。

A62
1．1年以内の海外出張の場合

1年以内の出入国であれば、この再入国許可を取得しなくても、特に手続きの必要はなく、日本に帰国することができます。日本出国時にパスポートとあわせて在留カードを提示していれば再入国が可能です。在留カードを忘れて出国してしまうとみなし再入国許可の処理ができません。出入国時に再入国許可の手続が必要になります。

2．1年を超える海外出張（海外赴任）の場合

1年を超える予定で海外出張（海外赴任）する場合は、出国前に入国管理局で「再入国許可」の申請を行う必要があります。

再入国許可の有効期限は最大5年（特別永住者は6年）となっています。

【図表62-1】 みなし再入国許可と再入国許可の違い

	みなし再入国許可	再入国許可
期間	最長1年	最長5年 （特別永住者は6年）
提出書類	出国する際に、必ず在留カードを提示すると共に、再入国出国用EDカードのみなし再入国許可による出国の意図表明欄にレ（チェック）をつける	再入国許可申請書
申請先	空港	入国管理局
手数料	なし	シングル：3,000円 マルチ：6,000円
対象者	・「3月」以下の在留資格を決定された方および「短期滞在」の在留資格をもって在留する方以外	

Q63
外国人社員を配置転換する際に在留資格はどうなる?

当社では幹部候補生である従業員には様々な仕事に関わってほしいと考えています。そのため、外国人社員にも、日本人社員と同様、様々な部署や仕事に携わってもらうつもりですが、気をつけることがあれば教えてください。

A63
1．同一の在留資格の中での業務の変更

たとえば理系の大学を出た外国人が「技術・人文知識・国際業務」の在留資格を保有して、技術系の仕事をしていたところ、配置転換により、国際関連部門に異動になったとします。

この場合、本人の業務内容は変わりますが、技術系の仕事も、国際関連部門の仕事もいずれも「技術・人文知識・国際業務」の在留資格で業務が可能です。そのため、配置転換に伴い、入国管理局に届出は必要ありませんが、次回の更新時にはその旨の説明が必要になります。

2．ローテーション等により、本来の活動内容とは異なる業務を実施させる場合

たとえば「技術・人文知識・国際業務」の在留資格をもつ外国人社員に、当該活動で認められていない活動（業務研修の一環として工場の流れ作業やレストランのホールスタッフ等を行う等）に従事させる場合は、在留資格で認められていない活動に従事しているとみなされる可能性もありますので、事前に入国管理局に相談するなどを検討したほうがよいでしょう。

POINT! 現在保有している在留資格では認められていない業務を実施する場合、在留資格の変更が必要になる。

Q64
税務上の居住者・非居住者の判定方法は？

　日本の所得税を考える上で、その外国人が居住者か非居住者かで取扱いが大きく異なると聞きました。居住者、非居住者の判定方法を教えてください。

　また、在留資格の種類や期間は居住者・非居住者の判断基準に関係するのでしょうか。

A64
1．居住者・非居住者の区分

　日本で働く外国人社員の税務を考える上で重要なことは、その外国人社員が所得税法上、日本の居住者なのか、非居住者なのかを確認することです。

　また居住者に該当する場合は、その外国人社員が「永住居住者」に該当するのか「非永住居住者」に該当するのかを確認することも必要です。

　これについてまとめたのが**【図表64－1】**です。

【図表64－1】外国人における居住者・非居住者の区分

		定義	課税される範囲		住民税
			国内源泉所得	国外源泉所得	
居住者	永住居住者	居住者のうち、下記の非永住居住者以外	課税	課税	その年の1月1日に、居住者として日本に住んでいる場合は課税
	非永住居住者	居住者のうち、日本国籍を有しておらず、かつ過去10年以内において、国内に住所または居住を有していた期間の合計が、5年以下	課税	日本国内で支払われたもの、または日本国内に送金されたもののみ課税	
非居住者		居住者以外（1年未満の滞在を予定している場合）	課税	非課税	非課税

(1) 居住者に該当する場合

　日本人については、居住者か非居住者のいずれかに分類され、それ以上に細かい分類はありません。しかし、外国人については、居住者に該当する場合は、日本での滞在年数に応じて「永住居住者」と「非永住居住者」に分けられます。では永住居住者と非永住居住者では、税務上の取扱いがどのように異なるのでしょうか。

　永住居住者は【図表64－1】のとおり、国内源泉所得、国外源泉所得共に課税されます。その意味で、居住者である日本人と税務上の取扱いになんら違いはありません。一方、非永住居住者は【図表64－2】のとおり、国内源泉所得及び、国外源泉所得のうち、日本国内で支払われたものまたは日本に送金されたものが課税されます（つまり、永住居住者よりも課税される範囲は狭くなります）。

　なお、ここでいう「国外源泉所得のうち、日本国内で支払われたもの又は日本に送金されたもの」については【図表64－2】のとおり所得税基本通達に記載がされていますので、具体例を挙げてみました。

【図表64－2】「国外源泉所得のうち、日本国内で支払われたもの又は日本に送金されたもの」

所得税基本通達7-6（送金の範囲）
　7－6　法第7条第1項第2号に規定する送金には、国内への通貨の持込み又は小切手、為替手形、信用状その他の支払手段による通常の送金のほか、次に掲げるような行為が含まれる。（平19課法9－16、課個2－27、課審4－40、平29課個2－13、課資3－3、課審5－5改正）
(1)　貴金属、公社債券、株券その他の物を国内に携行し又は送付する行為で、通常の送金に代えて行われたと認められるもの
(2)　<u>国内において借入れをし又は立替払を受け、国外にある自己の預金等によりその債務を弁済することとするなどの行為で、通常の送金に代えて行われたと認められるもの</u>
→この(2)については具体的には、以下のようなケースが含まれる
　　海外での家賃収入、譲渡所得等が入金される海外の口座を引き落とし口座として作ったクレジットカード等で日本国内で買い物した場合
　　（日本国内で買い物した金額相当が「国外源泉所得のうち、日本国内で支払われたもの又は日本に送金されたもの」に該当するため、日本で課税対象になる。

（出所）国税庁ウェブサイト

ただし、永住居住者であっても、非永住居住者であっても、居住者であることには変わりありませんから、通常の日本人社員と同様、年末調整は必要ですし、給与収入が2,000万円を超える場合や、給与以外の所得がある場合は確定申告が必要になります。

　よって、居住者である外国人の税務上の取扱いは、日本人社員と同様ですが、本章では、外国人社員の税務を考える上で、把握しておいたほうがよい点を中心にまとめています。

(2) 非居住者の場合

　日本での滞在予定期間が1年未満の場合は、日本の非居住者に該当します。

　上述のとおり、居住者の場合は「永住居住者」と「非永住居住者」に分かれますが、非居住者については外国人と日本人で取扱いに差はありません。

2．在留資格と居住者・非居住者の区分の仕方
〜在留資格と居住者・非居住者の区分は直接的には関係ない〜

　所得税法では、居住者・非居住者の区分は「1年以上の予定で日本に滞在するか」という点で判断されます。よって、たとえば在留期間が半年間の在留資格を持っていても、在留期間が到来する際に更新申請を行うなどして、1年以上の予定で日本に滞在することが見込まれるのであれば、日本に入国後、直ちに日本の居住者に該当します。

　このように、在留資格の内容と、居住者・非居住者の判定は直接関係はしませんが、居住者か非居住者かの判断がつきかねる時は、在留資格をはじめとした本人の諸条件から総合的に判断し、居住者に該当するか、非居住者に該当するかの判断がされることになります。

3．5年超居住の判断

　たとえば、2018年10月16日に、ある人物の過去10年間の滞在期間が5年以内か5年を超えるか計算してみましょう。まず計算する場合、今日（10月16日）から10年前までを計算期間としてとらえます。つまり、計算の起算日は2008年10月16日となります。よって、2008年10月16日から2018年10月15日までの期間に5年以上日本に滞在していたか否かを計算します。この人物は月の間に滞在していた日としていなかった日もありますし、1年間ずっと日本

に滞在していた年もあれば、そうでなかった年もあります。その場合、「5年」のカウント方法は【図表64－3】のとおりになります。

【図表64－3】永住者・非永住者の判断基準となる「5年」の計算方法

① 一月のうち、日本に滞在していなかった日がある月
例：1月5日〜25日に日本滞在、2月5日〜20日まで日本滞在の場合
1月分は21日、2月分は16日、合計35日なので「1ヵ月と5日」滞在したという計算になる。

② 一年のうち、日本に滞在していなかった月がある年
例：一年のうち、2009年は11ヵ月、2010年は8ヵ月滞在した場合
2009年と2010年で合計19ヵ月なので、「1年と7ヵ月」滞在したという計算になる。

(出所) 所得税基本通達2-4-2、2-4-3を基に作成

関連法令
所得税基本通達2-4-2：過去10年以内の計算
所得税基本通達2-4-3：国内に住所又は居所を有していた期間の計算
所得税基本通達7-6：送金の範囲

在留資格と居住者・非居住者の判断は基本的には関係ない。

Q65
外国人社員の国外にいる扶養家族の取扱いは？

外国人社員の国外にいる扶養家族は、扶養控除の対象になるのでしょうか。税務上、社会保険について、それぞれ教えてください

A65

1．税務上、外国人社員の国外に居住する扶養家族が扶養控除の対象になるための要件

外国人社員の国外にいる扶養家族が、日本の所得税法上、扶養家族の対象になるか否かの基準は【図表65－1】のとおりです。このように配偶者控除、扶養控除等の適用可否にあたっては、対象となる家族が海外に居住している場合であっても、【図表65－1】の条件を満たせば、扶養控除の対象にすることが可能であり、子女の年齢によっては、特定扶養親族の対象にすることができます。

【図表65－1】国外にいる家族が、所得税法上の扶養家族に該当するための条件

- 本人の配偶者または親族（6親等内の血族、3親等内の姻族）（【図表65－2】参照）
  →「親族関係書類」が必要（【図表65－3】参照）
- 正しい方法で送金が行われていること
  →「送金関係書類」が必要（【図表65－3】参照）
- 本人と生計を一にすること
- 年間の所得金額が38万円以下であること
  （ここでいう年間所得金額は「国内源泉所得」を指すため、国外での所得は含まないが、国外での所得が非常に高額な場合は、外国人社員から当該家族に送金が行われていても「生計を一にしている」とみなされない可能性がある）
- 他の者の扶養家族になっていないこと
- 送金額が家族の生活費として適正であること（金額、頻度は問わないが、複数の家族に送金する際、送金手数料節約のために、代表となる家族に数人分をまとめて送金した場合は、代表者しか控除の対象にならないので各個人ごとに振り込む必要がある。仮に子供であっても母親などの口座ではなく、本人の口座に振り込む必要がある）

（出所）所得税法第2条、所得税基本通達2-46、2-47

2．対象となる家族の範囲　〜6親等内の血族、3親等内の姻族

対象となる家族の範囲を図解すると【図表65－2】のとおりです。

【図表65－2】 6親等の血族・3親等の姻族の範囲

※ 民法第725条に規定する親族（6親等以内の血族、配偶者、3親等以内の姻族）は以下のとおりです。

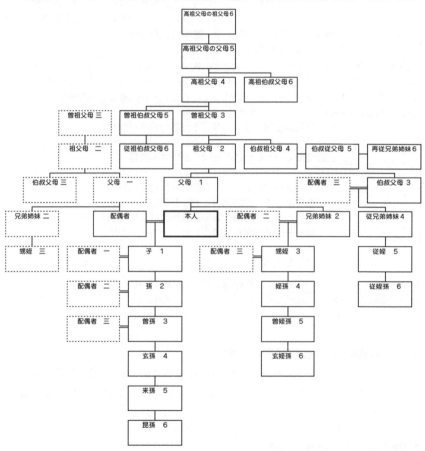

（凡例）　算用数字：血族の親等、漢数字：姻族の親等

3．源泉徴収や年末調整の際に必要となる書類　〜親族関連書類、送金関係書類

源泉徴収や年末調整の際に必要となる書類は【図表65－3】のとおりです。

【図表65－3】必要書類

	具体的な書類	提出時期
親族関係書類 ※外国語の場合、日本語の翻訳文も必要	次の①又は②のいずれかの書類で、その国外居住親族がその納税者の親族であることを証するもの ①戸籍の附票の写しその他の国又は地方公共団体が発行した書類及びその国外居住親族の旅券の写し ②外国政府又は外国の地方公共団体が発行した書類 （その国外居住親族の氏名、生年月日及び住所又は居所の記載があるものに限る）	・扶養控除等申告書の提出時 ・配偶者特別控除申告書の提出時 ・確定申告時
送金関係書類 ※外国語の場合、日本語の翻訳文も必要	その年における次の①又は②の書類で、その国外居住親族の生活費又は教育費に充てるための支払いを、必要の都度、各人に行ったことを明らかにするもの ①金融機関の書類又はその写しで、その金融機関が行う為替取引によりその納税者からその国外居住親族に支払いをしたことを明らかにする書類 ②クレジットカード発行会社の書類又はその写しで、そのクレジットカード発行会社が交付したカードを提示してその国外居住親族が商品等を購入したこと等及びその商品等の購入等の代金に相当する額をその納税者から受領したことを明らかにする書類 （所法1203、所令262、所規47の2）	・年末調整の実施時 ・配偶者特別控除の提出時

（出所）国税庁ウェブサイト「No.1180 扶養控除 Q&A」を基に作成
https://www.nta.go.jp/taxes/shiraberu/taxanswer/1180.htm

3．社会保険上の被扶養者の範囲

被扶養者の範囲は【図表65－4】のとおりですので、外国人社員の海外に住む配偶者、子、孫及び兄弟姉妹、父母、祖父母などの直系尊属も被扶養者の範囲となります。

【図表65－4】被扶養者の範囲

1．被保険者と同居している必要がない者
・配偶者（内縁含む）
・子、孫及び兄弟姉妹
・父母、祖父母などの直系尊属

2．被保険者と同居していることが必要な者
・上記「1」以外の3親等内の親族（伯叔父母、甥姪とその配偶者など）
・内縁関係の配偶者の父母及び子（当該配偶者の死後、引き続き同居する場合を含む）

（出所）日本年金機構ウェブサイト

　一方、上記3親等内の親族であっても、【図表65-5】の収入要件を満たすことが、外国人社員の扶養家族に入るためには必要です。

【図表65-5】健康保険の被扶養者になるための収入要件

以下の①②いずれも満たしていること
① 年間収入130万円未満（60歳以上又は障害者の場合は、年間収入※180万円未満）
② 同居の場合　収入が扶養者（被保険者）の収入の半分未満（＊）
　　別居の場合　収入が扶養者（被保険者）からの仕送り額未満

※年間収入とは、過去における収入のことではなく、被扶養者に該当する時点及び認定された日以降の年間の見込み収入額のことを指す（給与所得等の収入がある場合、月額108,333円以下。雇用保険等の受給者の場合、日額3,611円以下であること）。
　また、被扶養者の収入には、雇用保険の失業等給付、公的年金、健康保険の傷病手当金や出産手当金も含まれる。
（＊）収入が扶養者（被保険者）の収入の半分以上の場合であっても、扶養者（被保険者）の年間収入を上回らない時で、日本年金機構がその世帯の生計の状況を総合的に勘案して、扶養者（被保険者）がその世帯の生計維持の中心的役割を果たしていると認める時は被扶養者となることがある。

（出所）日本年金機構ウェブサイト

4．海外居住する家族が扶養認定を受ける場合の手続き書類

　海外に居住し、日本国内に住所を有さない家族について、「健康保険被扶養者（異動）届」（届書）を提出する場合は【図表65-6】の書類の添付が必要になります。

【図表65-6】海外居住する家族が扶養認定を受ける場合の手続き書類

| 現況申立書の作成 | ・扶養認定を受ける家族の状況について、被保険者との続柄、収入状況及び仕送り状況などを記載した現況申立書を被保険者に作成し添付する |

身分関係の確認（注）	① 被保険者との続柄が確認できる公的証明書又はそれに準ずる書類を添付＜直系尊属、配偶者、子、孫及び兄弟姉妹以外の3親等内の親族を扶養される場合＞ ② 上記①の書類に加え、被保険者と同居していることが確認できる公的証明書又はそれに準ずる書類を添付
生計維持関係の確認（注）	【被保険者と扶養される方が別居の場合】 ① 扶養される方の収入状況扶養される方の年間収入が130万円未満（扶養される方が60歳以上又は障害厚生年金の受給要件に該当する程度の障害者である場合は180万円未満）であることが確認できる次のいずれかの書類を添付 →収入がある場合：公的機関又は勤務先から発行された収入証明書 →収入がない場合：収入がないことを証明する公的証明書又はそれに準ずる書類 ② 被保険者から扶養される方への仕送り額等　扶養される方に対する被保険者からの送金事実と仕送り額が確認できる書類 →金融機関発行の振込依頼書又は振込先の通帳の写し 　※被扶養者として認定されるためには、扶養される方の年間収入が被保険者からの年間の仕送り額未満であることが必要
	【被保険者と扶養される方が海外で同居の場合】 上記「①扶養される方の収入状況」に該当する書類を添付 ※扶養される方の年間収入が被保険者の年間収入の2分の1未満であることが必要。また、被保険者と同一世帯であることが確認できる次の書類を添付 →被保険者と同居していることが確認できる公的証明書又はそれに準ずる書類

（注）外国語で作成されている時は、翻訳者の署名がされた日本語の翻訳文を添付
（出所）日本年金機構ウェブサイト「健康保険（協会けんぽ）の扶養にするときの手続き」
※2019年2月時点で、企業の従業員が加入する健康保険について保険の利用が可能な扶養親族は、国内に居住する方に限定する方向です。

関連法令／参考になるウェブサイト等
所得税法第2条
所得税基本通達2－46：配偶者
所得税基本通達2－47：生計を一にするの意義
■日本年金機構ウェブサイト 「健康保険（協会けんぽ）の扶養にするときの手続き」 https://www.nenkin.go.jp/service/kounen/jigyosho-hiho/hihokensha1/20141204-02.html

Q66
国外に居住する家族が使った医療費に健康保険を使えるか？

外国人社員の家族も日本の社会保険に加入していますが、家族が海外で使用した医療費についても、その一部が健康保険から賄われると聞きました。本当でしょうか。

A66
1．健康保険の被扶養者になっている国外の家族に適用される健康保険サービス

(1) 海外療養費請求

海外の医療機関で診療を受けた場合、所定の様式（「診療内容明細書」等）を海外の医療機関で記載してもらうことで、かかった医療費の一部を健康保険から払い戻す制度です。

ただし、かかった医療費の一定割合が払い戻されるわけではなく、日本国内で治療を受けた際にかかるであろう医療費から自己負担すべき額を控除した額が支給されます。

(2) 高額療養費の取扱い

海外での医療費も高額療養費の支給対象になります。ただし、Q30「海外で医療を受けた場合日本の健康保険は使えるか？」に記載のとおり、海外で医療行為を受けた場合も、日本で治療を受けたと仮定した額に基づき給付がされます。つまり、海外での医療費がどれだけ高くかかっても、高額医療費として支給される額は、日本で同じ治療を受けた場合と同様です。

POINT! 被扶養者なら適用されるが、海外でかかった医療費の7割等が戻ってくるというわけではない。

Q67

外国人社員の所得控除（生命保険料等の控除　医療費控除）は？

外国人社員は、外国の生命保険会社に保険料を支払っていたり、海外での医療費の支払いがありますが、この保険料は所得控除の対象になるのでしょうか。

A67

1．外国の生命保険会社への支払い

外国生命保険会社等または外国損害保険会社等と国外において締結した契約に基づく保険料は、所得控除の対象になりません。ですので、外国の生命保険会社に支払った分があっても、生命保険料控除の対象にはなりません。

2．医療費控除の基本的な考え方

【図表67－1】にあるとおり、医療費控除対象となる医療費は、日本国内で支払った医療費に限定されていません。よって、国外で支払った医療費も医療費控除の対象にすることが可能です。

【図表67－1】医療費控除の対象者と対象となる金額

◆医療費控除の対象者 ・自己または自己と生計を一にする配偶者やその他の親族のために支払った医療費であること。 ◆医療費控除の対象となる金額 ・その年の1月1日から12月31日までの間に支払った医療費であること。 医療費控除の対象となる金額は、次の式で計算した金額（最高で200万円）。 医療費控除対象額＝（実際に支払った医療費合計額（※1）－保険等での補塡額）－10万円（※2） （※1）保険金などで補てんされる金額 　（例）生命保険契約などで支給される入院費給付金や健康保険などで支給される高額療養費・家族療養費・出産育児一時金など 　　　（保険金等での補てん金額は、その給付の目的となった医療の金額を限度として差し引くので、引ききれない金額が生じた場合であっても他の医療費からは差し引きません） （※2）その年の総所得金額等が200万円未満の人は、総所得金額等5％の金額

（出所）国税庁ウェブサイトを基に作成

また、医療費控除は居住者に対して適用される制度ですので、日本に赴任する前（非居住者期間）に払った医療費は医療費控除の対象外になります。

3．海外に滞在する本人の税法上の扶養家族が海外で支払った医療費

その方の家族が海外に居住していても、日本の税法上の扶養家族と認定されていれば、その家族が海外で使った医療費も医療費控除の対象になります。なお、年の途中で赴任した場合は、本人が日本に来てからの期間に発生した医療費に限定されます。

生命保険料と医療費で扱いが違うことに注意。医療費は居住後なら国外分でも対象になる。

Q68

採用した外国人の定着率を上げるためには？

在留資格の申請などを手掛けて採用した有能な外国人社員に長く活躍してもらうために、会社として気をつけるべきことを教えてください。

A68

1．受け入れ側の体制を整える

せっかく有能な外国人を採用し、手間をかけて在留資格申請等を行うなどして雇用しても、受け入れる企業側の体制が整っていないとすぐに離職されてしまいます。

では「体制を整える」とは具体的にどのようなことでしょうか。他社の失敗事例や成功事例などをもとに【図表68－1】にまとめてみました。

【図表68－1】外国人受け入れに際して必要な態勢とは

---

1. 孤立させない
   扱い方がよくわからないと、結果として孤立させてしまい、離職することになる。
   特に直前まで海外に住んでいた等、日本での生活に慣れていないと、よりその傾向が強い。
2. 会社が雇用条件やルールについて、理解できるように説明する
   日本人にとっては当たり前で、特に説明するまでもないルールでも外国人にとっては理解できないことも多い。就業規則などは単に母国語に翻訳するだけでなく、「なぜそのようなルールが必要なのか」まで踏み込んで説明が必要（受け入れる企業側も管理部門だけでなく、配属先のメンバーや上司に、外国人受け入れに当たっての心構え等を説明する機会を設ける）。
3. 「この会社で勤務していると自分にとって得になる」と思わせる仕組み等を用意する
4. 翻訳、通訳係だけの役割にしない

POINT もう一歩踏み込んだ丁寧な説明はもちろん、雇用中にも困っていることがないかを定期的にヒアリングし、必要に応じて対策を講じることがカギ。

N　外国人居住者の自動車の運転

1．外国人の運転免許証

　日本は都心では公共交通網が発達していますが、少し離れたところに行くと、移動手段として自動車が必要になったり、交通マナーもよい国であることから自家用車を運転したいという方も多くいます。

　外国人が日本で運転する場合には、日本の免許証か、道路交通に関する条約（ジュネーブ条約）に基づく国際運転免許証が必要になります。

　国際運転免許証等は日本に上陸した日から1年間かその免許証の有効期間のいずれか短い期間のみ、日本で運転することが可能になります。

　ただし、住民基本台帳に記録されている者が出国の確認または再入国の許可等を受けて日本から出国し、3ヵ月未満のうちに帰国した場合においては、当該帰国（上陸）の日は国際運転免許証等による運転可能期間の起算日とはなりません。

　居住する外国人の自動車保険を専門に扱っている株式会社トリニティーの取締役・加藤真弓さんによると「自国で免許を取得された方が他国と同じように日本でも運転できると思っていて、国際免許証を取らずに自家用車を運転していたところ交通事故を起こしてしまい、国際免許証がないと無免許運転なってしまいますので、自分の損害の保険が下りなかった」という事例があったそうです。日本独自のルールを、会社の方はきちんと説明しておく必要があるでしょう。

　なお、外国人が日本の運転免許を取得する際は、外国等の行政庁等の免許を受けている方は、日本の免許の試験の一部が免除されます。取得国でも違いがありますので、各都道府県警察の運転免許センター等に確認してください。

2．自動車の購入は

　自動車については、会社の車を貸与されるよりは、個人で購入する方が大半だそうです。特に欧米人は車にこだわりがある方が多かったり、家族構成によって必要な車種も変わったりすることによります。納車まで何ヵ月もかかる新車よりも、すぐに乗り出せる中古車が人気です。なお、運転免許はなくても日本に居住していて車庫証明がとれれば、自家用車の購入はできます。

3．自動車保険について

　日本では、車の保険が2種類ある、ということをご存じない方も多いです。自賠責保険は公道を走る際に必ず必要な強制保険です。自賠責保険は被害者救済のためのものと位置付けられており、他人の身体への損害については保障されますが、車や物に損害を与えてしまう物損事故や、自分の身体や車の損害に対する保険金の支払いは行われません。ですので、日本で車を走らせるには追加の保障を約束する任意保険に入ることが一般的です。

　しかし、この違いをよくわかっていないため、「保険には入った」という認識でいて、いざという時に困ってしまう方がいます。ですので、会社によっては、車を運転する際に、「任意保険の証券」のコピーを会社に提出し、それによって、会社の駐車場の許可証を発行しているところもあります（日本人でも同じ扱いです）。

　自動車保険の契約は、日本語で行わなければならないというルールがあります。日本語では難しい場合は、語学に堪能な保険の募集人と会社の秘書の方などのサポートが必要になります。なお、事故対応のホットラインは、英語受付を各社で用意しているところが増えています。

4．帰国時の車はどうする？

　日本の車は程度がいいので帰国時に持っていかれる方もいますが（年数がある程度経っている車ですと無税な国もあるそうです）、たいていの方は売却されます。自動車の売却代金の他に、税金や任意保険が返却される場合があります。出国が決まっている場合は、自動車の売却はできるだけ早めに行うようにしてください。ディーラーで売却をすれば税金等の清算もまとめて行ってくれるので、手間がはぶけます。

　「世界有数の自動車メーカーの国日本なので、来日したらこの車、このバイクに乗ってみたいと楽しみにしている外国人赴任者は多い」と加藤さん。ただし、少しの傷なら気にしない外国と違って、事故に遭った相手の車を現状に回復するのが基本の日本。その文化の違いをきちんと説明しておくと、トラブルも防げるでしょう。

（取材協力　株式会社トリニティー
JAPAN INSURANCE NET
http://www.japaninsurance.net/）

2 海外からの出向者の受け入れ

Q69
給与全額が海外から支払われている外国人社員の日本の社会保険はどうなる？

　当社に海外子会社から赴任している外国人Aさんの給与・賞与は全額、海外子会社から支給されており、当社からは金銭の支給はありません。
　この場合、社会保険の取扱いはどうなりますか。

A69
1．年金について
～原則として厚生年金は加入不可、国民年金に加入

　日本から給与が支給されていないので、厚生年金に加入することはできません。

　しかし、日本で住民登録している場合は国籍を問わず、年金に加入する義務があるため、国民年金に加入することになります。実務的には市区町村で住民登録する際に、国民年金の加入手続きも行うことになります（その際には在留カードと入国スタンプのあるパスポートが必要になります）。

　なお、国民年金保険料は給与の有無やその多寡にかかわらず一律で、2018年度は毎月16,340円となっています。

（※）赴任元国と日本の間で社会保障協定が発効している場合は、協定の対象となっている保険制度（年金等）については、二重加入が認められていませんので、仮に日本の厚生年金に加入していなくても、国民年金への加入も原則として認められていません（ただし市区町村に対し「社会保障協定適用証明書」の提示が必要になります（社会保障協定の詳細はQ71をご参照ください）。

2．健康保険（及び介護保険）について
〜原則として健康保険は加入不可、国民健康保険に加入

日本から給与が支給されていないため、健康保険に加入することはできません。

しかし、日本で住民登録をしている場合は国籍を問わず、健康保険制度に加入する必要がありますので、国民健康保険に加入することになります。また、当該外国人社員が40歳以上64歳以下であれば、国民健康保険加入と同時に介護保険にも加入することになります。

なお、国民健康保険料は本人の「前年に"日本国内で"受け取った報酬」の額に基づき決定されます。そのため、海外からの給与がどれだけ多額であっても、日本から給与が支給されていない限りは赴任初年度の健康保険料は最低額の5,550円（介護保険料込み、介護保険料なしの場合は4,250円）になります。さらに単身者であれば均等割の金額が7割減になりますので、月額保険料は1,500円程度になります。国民健康保険には被保険者の概念はありません。国外に居住している家族（日本に住民登録していない家族）を国民年金に加入させることはできません。

注意：社会保障協定発効国からの赴任者について

上記「1」「2」に記載のとおり、社会保障協定により日本の厚生年金、健康保険の加入が免除になった場合は、国民年金、国民健康保険の加入も制度上はできないことになっています。

しかしながら、市区町村の窓口において、社会保障協定適用対象国の外国人が国民年金、国民健康保険の加入申込みをした場合、市区町村側はその都度、申込者が社会保障協定の適用を受けているかについて、確認することはありません。そのため、現実的には協定相手国から赴任してきた場合も、本人がその旨を申告しない限りは、住民登録時に、通常の外国人と同様、国民年金、国民健康保険の手続きが行われてしまう場合があります。

3．雇用保険について
〜日本の企業との雇用関係の有無により異なる

日本の会社と雇用関係（雇用契約）があるか否かで異なってきます。

仮に雇用契約が締結されていれば、日本払給与はゼロでも雇用保険に加入

することになります（ただし日本払給与がゼロであるため、保険料は発生しないことから、失業給付の受給もありません）。

一方、雇用契約が締結されていなければ雇用保険に加入することはできません。

4．労災保険について
〜加入が必要

(1) 日本の会社との間で雇用契約が存在する場合

日本において労災保険の加入義務があります。なお、この場合、日本払い給与はゼロですが、労災保険の保険料は、赴任元国で払っている給与を円換算した額を基に算出することになります。

(2) 日本の会社との間で雇用契約が存在しない場合

指揮命令がすべて海外の会社から行われている場合で、日本の会社との雇用関係がない場合は、労災の加入義務があるとはいえません。しかし、日本の事業場側と雇用契約書を交わしていなくても、実態として日本の事業場の指揮命令に基づいて活動していたり、国内の従業員と同じような勤務形態で働いている場合は事実上、雇用関係がありますので、この場合は労災保険の加入義務があります。なお、保険料の計算の考え方は上記(1)と同じです。

給与が海外から支払われているなら、厚生年金や健康保険には原則加入できないが、雇用保険や労災保険は取扱いが異なる。

コラム

◯ 日本払給与がない場合の最低賃金法についての考え方

　海外子会社から研修の一環で日本本社に赴任してくる人（Cさん）は、その赴任目的からも、日本本社からの給与は支払わず、海外子会社が全額給与を支給する場合もあり得ると思います。たとえば、外国人社員Cさんの給与について、日本本社と現地子会社の間で、出向契約を取り交わしていて、その契約において、Cさんの給与は海外子会社が全額支給することが明記されており、かつその額が日本の最低賃金を超えていれば、仮に日本本社から給与が支給されていなくても最低賃金法に抵触することはありません。

　万が一、Cさんの給与が未払いになった場合は、労働基準監督署から行政指導が入ることになります。出向契約上、海外子会社が給与を払うことになっているため、行政指導は一義的には海外子会社になされますが、実務上は海外の会社に行政指導を行うことは難しいため、その場合は日本の本社に行政指導が入る流れになると考えられます。

Q70
給与の一部が海外から支払われている外国人社員の日本の社会保険は？

当社に海外子会社から赴任している外国人の給与・賞与のうちその4割が日本から、残り6割が海外から支払われています。この場合、社会保険の取扱いはどうなりますか。

A70
1．厚生年金・健康保険（介護保険）・失業保険について
〜日本払給与に対して支払

いずれも加入対象になりますが、支払うべき保険料は日本から支給された給与（賃金台帳に記載される金額）を基に計算されます。海外で支払われた給与等は保険料計算の対象には含まれません。

2．労災保険について
〜赴任元払給与＋日本払給与に対して支払

加入が必要です。また、保険料の算定対象は厚生年金や健康保険と異なり、日本払給与と赴任元国払給与の合算した給与額です。

給与の一部でも日本から支払われたら社会保険に加入する。

Q71
社会保障協定発効国からの赴任の場合の手続き方法は？

このたび当社に、社会保障協定発効国から赴任してくる外国人がいます。この外国人社員については、日本の社会保険制度への加入が免除されることになるのでしょうか？

A71

1．社会保障協定相手国からの赴任者の取扱い
〜日本の年金保険料等が免除になる可能性

Q69で説明したとおり、社会保障協定が発効している国（※）からの赴任者については、派遣元国の社会保険制度に加入している等一定の条件を満たせば、日本の年金等への加入が免除になります。

（※）社会保障協定発効国（ドイツ、イギリス、韓国、アメリカ、ベルギー、フランス、カナダ、オーストラリア、オランダ、チェコ、スペイン、アイルランド、スイス、ブラジル、ハンガリー、インド、ルクセンブルク、フィリピン）

【図表71−1】は日本が締結した社会保障協定の概要ですが、たとえばドイツからの赴任者の場合、ドイツの年金制度に加入していれば日本の厚生年金の加入は免除されます。一方、健康保険や雇用保険、労災保険は日独社会保障協定の適用対象項目になっていないため、仮に日本赴任中にドイツでこれらの保険に加入していたとしても、日本側でも加入が必要になります。

2．社会保障協定適用までの流れ
〜派遣元国で事前に手続きが必要

社会保障協定の適用を受けて、派遣元国の年金等加入を条件に、日本の年金等を免除してもらうためには、派遣元国において事前に「社会保障協定適用証明書交付申請書」を申請、証明書を入手して、日本の勤務先において確認してもらう必要があります。

なお、確認がされない限り、たとえ日本との間で社会保障協定が発効している国から赴任してきたとしても、日本の厚生年金等への加入は免除されません（【図表71−2】参照）。保険料徴収開始後に、適用証明書を準備した場合、最大2年分の保険料の還付は受けることができます。

4 外国人を雇い入れる時

【図表71-1】日本が締結した社会保障協定の概要

		ドイツ	イギリス	韓国	アメリカ	ベルギー	フランス	カナダ	オーストラリア	オランダ	チェコ
発効年月		00年2月	01年2月	05年4月	05年10月	07年1月	07年6月	08年3月	09年1月	09年3月	09年6月
二重防止の対象となる社会保障制度	相手国	年金	年金	年金	年金、医療（メディケア）	年金、医療、労災、雇用	年金、医療、労災	年金（ケベック州年金制度を除く）	年金	年金、医療、雇用	年金、医療、雇用
	日本	年金	年金	年金	年金、医療	年金、医療	年金、医療	年金	年金	年金、医療	年金、医療
	相手国加入免除期間（延長期間）	60ヵ月（最長36ヵ月）	原則5年（最長3年）	原則5年（最長3年）	原則5年（最長3年）	原則5年（最長2年）	原則5年（最長1年）	原則5年（最長3年）	原則5年（定められていない）	原則5年（定められていない）	原則5年（最長3年）
	2回目以降の派遣条件	―	―	―	―	―	あり（1年インターバルルールあり）	―	―	あり（1年インターバルルールあり）	―
	二重課税を認める特別措置	2012年3月より、厚生年金の特別加入制度の対象国が、全ての社会保障協定の相手国に拡大									
年金通算措置		あり	なし	なし	あり	あり	あり	あり	あり	あり	あり

		スペイン	アイルランド	ブラジル	スイス	ハンガリー	インド	ルクセンブルク	フィリピン
発効年月		10年12月	10年12月	12年3月	12年3月	14年1月	16年10月	17年8月	18年8月
二重防止の対象となる社会保障制度	相手国	年金	年金	年金	年金、医療雇用	年金、医療雇用	年金	年金、医療労災、雇用	年金
	日本	年金	年金	年金	年金、医療	年金、医療	年金	年金、医療	年金
	相手国加入免除期間（延長期間）	5年以内（3年※）※原則として3年を超える延長は認められない。延長は1～2年までの延長と、2～3年までの延長に分けられる。後者はより厳しく審査される。	原則5年（最長3年）	原則5年（最長3年）	原則5年（最長1年）	原則5年（最長1年）	原則5年（最長3年）	原則5年（定められていない）	原則5年（最長3年）
	2回目以降の派遣条件	―	―	あり（1年インターバルルールあり）	―	―	―	―	―
	二重課税を認める特別措置	2012年3月より、厚生年金の特別加入制度の対象国が、全ての社会保障協定の相手国に拡大							
年金通算措置		あり	あり	あり	あり	あり	あり	あり	あり

（出所）日本年金機構ウェブサイトを基に作成

社会保障協定発効国については、Q10にも詳しく掲載しています。

【図表71-2】社会保障協定適用までの流れ

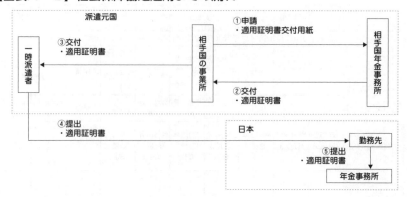

3　健康保険も免除になる場合

　社会保障協定では年金だけでなく、医療保険も免除になる場合があります。
　たとえばアメリカから赴任してくる社員が日米社会保障協定の適用を受ける際、アメリカ社会保障庁（SSA）に日本の「社会保障協定適用証明書交付申請書」に相当する用紙を提出します。そうすると、SSAは当該社員がアメリカで医療保険に加入しているかのチェックを行い、アメリカで医療保険に入っていることが確認されれば、「日本側の年金・医療保険を免除にする証明書」を、アメリカで医療保険に加入していないことが確認されれば「日本側の年金のみを免除する証明書」を提出することになります。
　そのため、前者の証明書が発行された場合は、年金はもちろん、健康保険も日本で免除の対象になってしまうことから、日本の健康保険に加入することができません。また、国民健康保険についても、社会保障協定の免除の対象になっているため、原則として、加入することができないことになっています（社会保障協定が発効している国との間では、原則として協定の対象となっている保険制度について両方の国で同時に加入することはできません）。
　（※）ただし実務上では多少取扱いが異なる場合があります。具体的にはQ69「給与金額が海外から支払われている外国人社員の日本の社会保険はどうなる？」をご参照ください。

Q72
雇用保険の加入はどうなる？

Ａ国から赴任している社員が「日本には一時的に勤務しているだけでいずれはＡ国に戻るので、日本で失業することはないから日本で雇用保険に加入したくない（雇用保険料を払いたくない）」と主張していますが、そのようなことは可能なのでしょうか（雇用関係あり）。

A72
１．日本の会社と雇用関係があれば、原則加入は必要

原則として１週間の所定労働時間が20時間以上で１ヵ月以上引き続き雇用見込みがある方については、日本の会社から給与が支給されている以上、雇用保険への加入が必要になります。自国で雇用保険に加入しているか否かは、日本の雇用保険への加入必要性の判断には影響しません。

なお、Ａ国と日本の間に社会保障協定が発効している場合は社会保障協定の取り決めに従うことになります。詳細はQ71をご参照ください。

要件を満たせば、労働保険には必ず加入する。

Q73
出向者の住居費・家財を会社負担している場合の課税は？

海外からの出向者の住居費や家財を会社負担しています。この場合、これらの費用は給与として課税対象になるのでしょうか。

A73

1．社宅を提供する場合
〜日本人に社宅を提供する場合と同様の取扱い

外国人社員及び役員に社宅を提供する場合の取扱いは、日本人社員に社宅を提供する場合と同様です。つまり【図表73−1】のような取扱いとなります。

【図表73−1】外国人社員に社宅を提供した場合

【前提条件】
通常の賃料の額（計算上の理論値）：X
実際の賃料：Y
本人の家賃負担額：Z
　　とした場合

【社員に社宅提供する場合】
・Z≧X×50%・・・・非課税
・Z＜X×50%・・・・XからZを控除した額（X−Z）を給与として課税する

※社員に関する「通常の賃料の額」の計算式（132㎡（木造家屋以外なら99㎡）以下のものに対する計算式）

その年度の家屋の固定資産税の課税標準額 × 0.2% ＋ 12円 × $\dfrac{当該家屋の総床面積（㎡）}{3.3（㎡）}$ ＋ その年度の敷地の固定資産税の課税標準額 × 0.22%

【役員に社宅提供する場合】
・「Y×50%」と「X」のうち、どちらか多い額（P）を給与として課税する（ただしPとZが同じ、もしくはPよりZが大きい場合は非課税となる）。

※役員に関する「通常の賃料の額」の計算式

$$\left\{ \begin{array}{c} \text{その年度の} \\ \text{家屋の固定} \\ \text{資産税の課} \\ \text{税標準額} \end{array} \times 12\% \begin{array}{c} \text{木造家屋} \\ \text{以外の家} \\ \text{屋につい} \\ \text{ては10\%} \end{array} + \begin{array}{c} \text{その年度の} \\ \text{敷地の固定} \\ \text{資産税の課} \\ \text{税標準額} \end{array} \times 6\% \right\} \times \frac{1}{12}$$

(出所) 所得税基本通達36-40、36-41をもとに作成

2．光熱費を負担する場合
〜給与として課税

会社負担した光熱費を非課税とする通達はありませんので経済的利益として課税されます（なお、よく似た通達に「所得税基本通達36-26　課税しない経済的利益……寄宿舎の電気料等」がありますが、これはトイレや浴室が共同使用になっている物件を指すため、本件のようなケースには該当しません）。

> 関連法令
> 所得税基本通達36-40：役員に貸与した住宅等に係る通常の賃貸料の額の計算
> 所得税基本通達36-41：小規模住宅等に係る通常の賃貸料の額の計算

社宅費用は非課税になる余地があるが光熱費を負担した場合は給与として課税。

Q74
出向者の子女教育費を会社が負担している場合の課税は？

海外から赴任している外国人社員の子女のインターナショナルスクールの学費を会社が負担しています。この場合、経済的利益として当該学費相当額は本人の給与として課税対象になるのでしょうか。

A74
会社が負担した子女教育費
〜給与として課税

社員の子女の学費を会社が負担した場合、当該社員が日本人であろうと外国人駐在員であろうと、非課税等の措置はありません。そのため、会社が負担した子女教育費は全額、本人の給与として取り扱われ、所得税等の課税対象になります。

なお、インターナショナルスクールの中には、企業側が学校に対して一定の寄附を行った場合、その子女の学費を「奨学金」という形で免除することがあります。この場合、子女の学費は非課税になる余地もありますので詳細は各学校にご確認ください。

会社が教育費を負担した場合、本人の給与として課税される。

Q75
外国人社員の一時帰国費用や家族の呼び寄せ費用は？

外国人社員に対して一時帰国費用を支給する場合、当該費用は給与として課税の対象になるのでしょうか、それとも非課税にしてもよいでしょうか。家族の呼び寄せ費用はどうなりますか？

A75
1．外国人社員に支給する一時帰国費用の考え方
〜年1回程度なら非課税

社員の個人的な理由での旅行費用を会社が負担した場合は、当該費用が給与として課税されますが、外国からの赴任者については（図表75−1）の要件を満たす場合、外国人社員に支払う一時帰国費用は非課税となります。

【図表75−1】外国人社員の一時帰国費用が非課税となるための条件

1．前提条件
　就業規則等において、帰国に関する規定があること
2．非課税に該当する頻度
　概ね年に1回経過するごとに1回程度
3．非課税となる対象者
　本人とその帯同家族（メイド等は親族に該当しないため非課税にならない）
4．非課税となる費用・対象ルート
　日本と目的地（原則として、その者またはその者の配偶者の国籍または市民権の属する国をいう）との往復に要する運賃（航空機等の乗継地においてやむを得ない事情で宿泊した場合の宿泊料を含む）。

※ただしその旅行に係る運賃、時間、距離等の事情に照らし最も経済的かつ合理的と認められる通常の旅行の経路及び方法によるものに相当する部分に限る。

(出所) 所得税法第36条①、昭和50年1月16日直法6-1を基に作成

2．家族呼び寄せ費用に関する考え方
〜原則は給与として課税

「1」のケースとは逆に海外にいる家族を日本に呼び寄せる場合にかかる

旅費は、給与として課税になります。

 一時帰国は年1回程度なら非課税だが、呼び寄せは原則課税。

Q76
外国人社員の報酬にかかる日本の所得税・住民税等を会社負担した場合は？

A国から赴任している外国人社員の給与はネット保証方式のため、日本でかかる所得税・住民税は会社負担することになっています。この時、会社が負担した本人の所得税・住民税は本人の経済的利益になるのでしょうか。

A76
1．会社が負担した外国人社員の所得税等の取扱い
〜給与として課税

海外の親会社（または子会社）から日本の子会社（または親会社）に出向する場合、日本での給与は手取り補償されているケースが少なくありません。

このような場合、外国人社員は手取りで給与が補償されているため、その給与にかかる所得税・住民税等は会社が負担しています。

では会社が負担した所得税等はどのように扱われるのでしょうか。

外国人社員に代わって、社員が支払うべき所得税等を会社が負担した場合、当該負担金は外国人社員の経済的利益に該当し、給与として課税されることになりますが、課税される時期は源泉徴収される所得税の場合と、申告納税される所得税で【図表76－1】のとおり、異なります。

【図表76－1】会社が負担する社員の所得税の経済的利益供与の確定の時期

源泉徴収される所得税の場合	源泉徴収される所得税は、源泉徴収対象となる給与支給日に、経済的利益の供与が確定するため、その時点で課税の対象になる。
申告納税される所得税の場合	申告納税される所得税は、その納付期限の到来日と実際の納付日とのいずれか早い日に、経済的利益の供与が確定するため、その時点で課税の対象になる。

給与として課税されるが、源泉徴収と申告納税で確定される時期が異なってくる。

Q77
出向者が母国で払っている社会保険料の税務上の取扱いはどうなる？

フランスから日本に来た赴任者が母国でかけている社会保険料は日本で所得控除の対象になるでしょうか。

A77

フランスは社会保険料が所得控除になりますが、その他の国は取扱いが異なります。

1．フランスとの租税条約における取扱い
～フランス社会保険料が所得控除の対象に

Q71からもわかるとおり、日本とフランスの間には社会保障協定が発効しており、日本（フランス）の年金・医療保険等の加入を条件に、フランス（日本）の年金・医療保険などの加入が免除されることになっています。つまり、フランスから日本に赴任する場合、日本赴任期間中もフランスの年金等に加入していれば、日本の年金等の加入が免除されることになります。一方、日仏租税条約改正議定書においては、相手国で加入している社会保険料は、自国の所得税計算に当たり控除することができることが定められています。

よって、フランスから5年以内の予定で日本に赴任される方は、日本赴任中もフランスの社会保険料を払い続けますが、日仏租税条約改正議定書に基づき、このフランスで支払った社会保険料を日本の給与から一定期間控除することができます。

2．フランス社会保険料を日本の所得税の控除対象にする方法
～確定申告が必要

海外で払った社会保険料ですから、会社側での所得税額計算において所得控除の対象にすることができません。

そのためフランスからの赴任者本人が日本で確定申告を行います。具体的には確定申告書に**「租税条約の届出書（保険料を支払った場合等の課税の特例の届出書）」**を添付して提出し、還付を受けることになります。

このようにフランスの社会保険料控除を受けるためには毎年確定申告が必

要になります。

3．フランスの社会保険料が日本の所得税法上、免除になる期間
～原則5年間

　日本とフランスの社会保障協定に基づき、フランス社会保険加入を条件に、日本の社会保険料支払いが免除になっている期間（原則として5年間）に限り、フランスの社会保険料が日本の所得税において所得控除の対象になります。

　つまり日本での勤務が長引き、日本の社会保険料の免除期間が終わり、日本の社会保険への加入が始まった後は、日本の社会保険料が所得控除の対象になりますので、たとえフランスの社会保険料を支払い続けていても、日本の社会保険料が所得控除の対象になった時点から、フランスの社会保険料は控除の対象にはならなくなりますのでご注意ください。

3．フランス以外の国の社会保険料の取扱い
～所得控除の対象にならない

　外国の社会保険料が日本の所得税法上、控除の対象になるのはフランスの社会保険料のみです。上述のとおり、これは日本とフランスの間の租税条約で取り決められており、同様の取り決めのある租税条約は日本はフランス以外とは締結していません。

関連法令　／　参考になるウェブサイト等

・日仏租税条約　議定書
・条約相手国の社会保険制度の下で支払った保険料に関する租税条約実施特例法の改正について（情報）
https://www.nta.go.jp/law/joho-zeikaishaku/shotoku/shinkoku/070719/index.htm

---

租税条約に基づきフランスだけは特別ですが、その他の国の社会保険料は日本において所得控除の対象にはならない。

Q78
海外からの外貨建給与の換算方法はどうなる?

A国子会社から日本本社に赴任している外国人社員Xさんは、日本本社からだけではなく、A国子会社からも給与が支給されていますが、この給与の日本での課税について教えてください。また、A国子会社からの給与は外貨建ですが、この外貨建給与の日本円への換算方法について教えてください。

A78
1．換算レートの考え方
～取引日の仲値（TTM）にて計算を行う

外国人の場合、海外の親会社から給与が支給されていたり、日本に滞在中も、海外（母国）で社会保険料を支払っているケースは少なくありません。

この場合、所得税の計算上、外貨建の給与や保険料等を日本円に換算する必要がありますが、円換算の方法は【図表78－1】のとおりです。

【図表78－1】外貨建取引の円換算方法

外貨建取引の円換算方法＝取引日（注1）のTTM（注2）を使用

（注1）
取引日に為替相場がない場合　　　：同日前の最も近い日の換算レート
取引日に為替相場が複数ある場合：その当該日の最終の相場（当該日が取引日である場合には、取引発生時の相場）による。ただし、取引日の相場については、取引日の最終の相場によっている時もこれを認める。

（注2）TTM：その者の主たる取引金融機関のレートを使用
　　　　　　（ただし合理的なものを継続して使用することも可能）
　　※また、不動産所得、事業所得、山林所得、雑所得については継続適用を条件として、売上その他の収入または資産については取引日の電信買相場、仕入その他の経費（原価及び損失を含む）または負債については取引日の電信売相場によることができるものとする。

（出所）所得税基本通達57-3-2を基に作成

Q79
外国人社員が赴任元国に出張した場合の短期滞在者免税の取扱いは？

外国人社員Xさんが赴任元国であるA国に出張した場合、日本とA国の間の租税条約における短期滞在者免税の適用を受けることはできるのでしょうか。

A79
1．短期滞在者免税とは
〜一定の要件を満たしたら免税になる

Xさんが日本の居住者である場合は、日本とA国の租税条約（Q43参照）の適用を受け、短期滞在者免税の条件（【図表79－1】）を満たすことができれば、A国滞在期間中の所得について、A国で免税になります。

しかし一般に海外からの出向者の場合、日本赴任中も赴任元国（ここでいうA国）から報酬を一部または全部受け取っていることが少なくありません。このように、日本に赴任中もA国の子会社（または親会社）がXさんの報酬を一部負担している場合、【図表79－1】の短期滞在者免税の要件の2つ目「A国居住者がXさんの報酬を負担していない」という条件を満たしていないことから、仮にXさんがA国に出張した場合、A国から支払われている報酬は短期滞在者免税の適用を受けることはできず、A国で課税されることになります。なおA国で発生した所得税を会社が負担した場合、当該負担額は、本人に支給した給与とみなされ、日本で所得税の課税対象になります。

【図表79－1】租税条約における一般的な短期滞在者免税の要件

〜日本とA国間の租税条約において日本の居住者XさんがA国に出張する場合〜
1．A国滞在日数が183日以内である事（暦年か継続する12ヵ月かは条約により異なる）
2．A国居住者がXさんの報酬を負担していない
3．A国内にある日本本社の恒久的施設がXさんの報酬を負担していない

POINT! 出張先国の企業等から給与等が支払われている場合には仮に滞在日数が短くても短期滞在者免税の適用対象にならない。

Q80
特定のプロジェクトで来日の在留資格・社会保険・税務は？

特定のプロジェクトのため、海外子会社の従業員を数ヵ月から1年未満の期間で受け入れることになりました。なお、給与は海外法人から支払われるため、日本からの支給はありません。この場合、どのような在留資格が必要でしょうか。また日本の社会保険や税務の取扱いについて教えてください。

A80
1．業務内容が「会議」や「商談」のみで、「就労」の範疇には入っていない場合

(1) 在留資格　～「短期滞在」の在留資格を検討

1回の滞在日数が90日以内（かつ目安として年間180日以内）であれば、「短期滞在」の在留資格となります。一方、業務内容や「会議」や「商談」のみでも1回の滞在期間が90日を超えたり、年間180日を超える場合は、「短期滞在」には該当せず、「就労」が認められている在留資格の取得が必要になります。

(2) 社会保険・労働保険　～加入しない可能性が高い

日本から給与が支給されていないので社会保険に加入できません。

また、「短期滞在」は日本で就労できる在留資格ではないので、雇用保険には加入しません。よって、雇用保険被保険者資格取得届も提出しません。(※)

なお、労災保険については、実際の指揮命令が日本側からも行われていれば、加入する必要が生じます。日本から給与は支給されていませんが、赴任元国で支払われている給与を基準に労災保険料の計算を行います。

(※) 雇用保険被保険者資格提出届を出さないケースとしては、外国人の留学生をアルバイトで雇用する場合などがあります。留学生をアルバイト雇用する場合は代わりに「外国人雇用状況届出書」を提出する必要があります。一方、今回のケースのような「短期滞在」に該当する場合は、「就労はできない」ので、万が一「外国人雇用状況届出書」をハローワークに提出し、そのデータが入国管理局で確認されると、「短期滞在という就労できない在留資格にもかかわらず、外国人"雇用"状況届出書が提出されているということは、就労しているという

ことだから、不法就労に該当する」とみなされる可能性がありますので、注意が必要です。

(3) 所得税　〜本人の居住地国と日本に租税条約が発効しているかにより異なる

　日本滞在期間が1年未満ですので日本では「非居住者」に該当します。

　非居住者は「国内源泉所得」のみ課税となります（詳細はQ64を参照のこと）。

a) 外国人社員の居住地国と日本の間で包括的租税条約が発効している場合

　両国間の租税条約の「短期滞在者免税」条項に基づき、日本滞在期間が暦年または継続する12ヵ月間（※）で183日以内であれば、日本で所得税が免税になります。

（※）租税条約によって計算の仕方は異なります。

　　　なお、日本国内にPE（恒久的施設）がない限り、日本の税務当局への租税条約の適用届出書の提出は不要です。

b) 外国人社員の居住地国と日本の間に租税条約が存在しない、または租税条約において短期滞在者免税の条項がない場合（または短期滞在者免税の条件を満たしていない場合）

　原則として日本滞在期間分に相当する所得について日本で確定申告が必要になります。

　具体的には通常の確定申告期間に「平成●年分所得税及び復興特別所得税の準確定申告書」の提出を行い、日本勤務日数分の所得に対して20.42％の税率で納税が必要になります。

　なお、すでに確定申告の時期には日本を離れている場合等は、<u>納税管理人の届出</u>を行い、納税管理人を通じて納税することになります。

2．業務内容が商談や会議の範疇ではなく「就労」に該当する場合

(1) 在留資格　〜「就労」が認められた在留資格の取得が必要

　給与の支払いがなくても、「就労」が認められる在留資格が必要です。具体的には「技術・人文知識・国際業務」などが考えられます。

(2) 社会保険（厚生年金・健康保険）

　日本から給与が支給されていないので厚生年金・健康保険に加入することはできません。一方、就労の在留資格を保有しているため、在留カードを保有していますので、居住する市区町村に転入届を提出し、住民登録をする必要があります。住民登録を行えば、国民年金、国民健康保険に加入することになります（なお、国民年金保険料は毎月16,340円です。国民健康保険料は前年度の日本で支払われた収入に対して決定されるため、日本払給与がない場合は、仮に海外で収入があったとしても、日本での所得は０円となることからそれほど大きな額にはなりません）。（※）

　一方、とりあえずいったん居住先を決めたものの、すぐに転居の予定がある外国人については、住民登録は行わなくても、入国管理局に届ける必要があることから、仮住まいの居住地での市区町村において、「住居地届」を行うことになります。住居地届を行うと在留カードに当該住所が記載されますが、住民登録をしていないので、住民サービスは受けられません。

（※）なお、社会保障協定発効国からの人材で社会保障協定適用証明書を保有している場合は、証明書を市区町村の窓口に提出することで協定の対象となっている年金や健康保険を免除してもらうことができます。

(3) 労働保険

　また、就労の在留資格を保有している場合で、日本の会社との雇用契約があり、週の労働時間が20時間以上で、１ヵ月以上継続して雇用する見込みであれば、雇用保険は加入しますが、給与の支給がないので保険料はゼロになります（なお、雇用保険被保険者資格取得届は必要です）。一方、労災保険については、日本と雇用契約があれば加入が必要ですし、仮に雇用契約がなかったとしても、日本からの指揮命令があれば、労災保険に加入が必要になります。その場合、日本から給与は支給されていませんが、赴任元国で支払われている給与を基準に労災保険料の計算を行います。

(4) 所得税　〜本人の居住地国と日本に租税条約が発効しているかで異なる「１」(3)と同じです。

Q81
１年未満のプロジェクト中に日本側から給与が支給される場合は？

特定のプロジェクトのため、海外子会社の従業員を１年未満の期間で受け入れることになりました。日本滞在期間の給与の一部を日本側から支払います。この場合、どのような在留資格が必要でしょうか。また日本の社会保険や税務の取扱いについて教えてください。

A81
１．在留資格
～「就労」が認められた在留資格の取得が必要

日本から給与が一部でも支給されているということは、「日本の企業に雇用されている（＝就労している）」と判断されます。よってこの場合は、仮に日本での業務内容が会議や商談であると主張しても「短期滞在」には該当せず、「就労」が認められた在留資格が必要になります。

２．社会保険／労働保険
～原則として加入することになると考えられる
(1) 社会保険（厚生年金・健康保険）

勤務日数が２ヵ月以内で雇用する場合は適用除外ですが、それ以外は社会保険への加入が必要です。そのため、被保険者取得届を提出する必要があり、日本払いの給与を報酬として社会保険料を支払うことになります。

(2) 労働保険（雇用保険・労災保険）

雇用保険については、週の労働時間が20時間以上、31日以上引き続き雇用されることが見込まれる場合は加入が必要です。雇用保険料は日本から払った給与をもとに算定されます。なお、労災保険については日本からの給与と赴任元国からの給与を合算した額に対して保険料を払います。

３．所得税
～日本払給与について20.42％の税率で源泉徴収

１年未満の予定で日本に滞在しているため、日本の非居住者となります。この方に支払う給与は「非居住者の国内源泉所得」に該当するため、

20.42％の税率で源泉徴収が必要です。

日本から給与の支払いがあれば就労しているとみなされる。在留資格が必要で源泉徴収される。

P　銀行口座の開設

　日本本社から給与を払うのは、日本で開設された銀行口座に限るとしている会社もあると思います。銀行により取扱いが異なりますが、一般に短期滞在（90日以内）の場合は日本で銀行口座の開設はできません。給与の支払いがあり、就労をする場合には、在留資格は短期滞在でなく、「就労」の在留資格があると思われます。

　90日以上滞在できる就労の在留資格を持っていても、日本での滞在期間が6ヵ月未満の場合は銀行口座開設は外為法によって制限されていて、難しい場合が多いようです。

　詳細は各金融機関にお問い合わせください。

Q82
海外からの赴任者・出向者を選ぶ際の注意点は？

海外から駐在等で働いてもらうにはどのような方が向いているのでしょうか？

A82

海外拠点の現地採用従業員を日本に派遣する時に発生する多くの問題は、海外に派遣する日本人を選任する時に（本書の別の箇所でも取り上げているように）発生する問題と似ています。派遣される人は、ポジションのニーズに合致した人材でしょうか？　個人的にも日本に派遣される時期は適切でしょうか？　故郷とはかなり違う環境で働くことになりますが、受け入れられるでしょうか？

この件について最初に考えたほうがいいのは、海外の人材を日本に派遣する理由です。本社に姿を見せる機会を増やしてコネが増えると、母国に戻った後、その経験を会社内でのキャリア形成に利用できるからでしょうか？　特定のスキルを学び、母国にそのスキルを持ち帰って他の従業員に指導伝達できるからでしょうか？　親会社と海外子会社との連絡役に従事できるからでしょうか？　日本人従業員よりも適した人材であり、親会社でのポジションを獲得するためでしょうか？　非常に重要な点は、日本に人材を派遣する目標は何なのか明確な考えを持つことです。目標が不明瞭であれば、正しくない人員を選任してしまうか、目的がわからず不十分なまま派遣してしまうリスクがあります。

<本社とのコネクションを作る目的>

日本に呼ぶ外国人の4タイプをそれぞれ確認していきましょう。まずは、先程申し上げましたが、本社に姿を見せる機会を増やしてコネを増やす目的の人です。この人に経験を与えれば、将来のキャリア形成に役立つものになりますので比較的若い人を選ぶのが得策です。また、会社での勤務経歴が十分長くで、会社に忠誠心を示している人、そして、社内において出世できる能力を備えた人物と証明できるような実績が十分ある人が最も適した人員です。

この目的のために日本に人を連れてくることを考えると、考慮しなければ

ならない点があります。日本の本社に姿を見せてコネを構築するには、どの程度の期間が必要なのかです。実はそれほど長い期間は不要でしょう。

　私の顧客の一つである日本の製薬会社では、アンバサダープログラムと称するプログラムを用意しています。そのプログラムでは、3ヵ月の特別任務として、アメリカ拠点の従業員を日本に派遣します。たとえば、アメリカの人事部の従業員は、特別なプロジェクトに従事するために日本の本社人事部に組み込まれます。アメリカの法務部の従業員は、特別なケースを手助けするために、日本の法務部に配置されます。この会社は、3ヵ月の任務が適切な期間だと判断しました。3ヵ月の期間で十分対応できる事項としては、アメリカの従業員が本社の文化に触れること、本社の仕事で貢献できる能力を示すこと、日本人の同僚とよい人間関係を構築することが挙げられます。一方で3ヵ月の短い期間であれば、アメリカの生活基盤を破壊して日本に生活の根をおろす必要がなくてよいし、アメリカでの仕事をそれほど長く中断しなくてよい点があります。従業員は、このような種類の短期任務があれば、現在の仕事関連で日本に来ることができますし、行って帰ってくる単純な移行対応で済みます。

＜特定のスキルを学ぶ目的＞

　特定のスキルを学ぶために日本に派遣されている人員、たとえば特定の製造プロセスを学びに来て、母国に持ち帰る目的の人員の場合、私が強く勧める点があります。会社は、帰国後最低2年間は会社の雇用を約束するか、日本で研修中の費用を一部負担するなど、ある一定の状況を設定することです（これは多くの会社がMBA取得のために人員を派遣する時に実施しているものと似ています）。研修で日本に人を派遣する時に過度な投資をすると、残念ながら、帰国後まもなくして、取得した高いスキルに見合った給料を払おうとする他の会社に惹かれて、退職する人が出てきます。これを防ぐための仕組みが必要です。また、帰国後に他者を自然と指導すると思い込むよりも、その期待を明確にするのが最もよいでしょう。

＜調整役としての目的＞

　日本の会社は、親会社と現地の運営について調整を担う役割として、日本人を海外に派遣する傾向があります。しかし、この調整役には、海外の従業

員を日本に派遣することをお勧めします。彼らは海外拠点の状況に関する深い知識を持っているので、派遣されると利点があります。このように、私がかかわっている2つの日系自動車会社のアメリカ子会社では、アメリカの購買部門の人は、調整役として親会社の購買部門で働くために親会社に配置されます。いつも、アメリカから派遣された人が数人日本で働いています。日本に赴任する期間は2年です。こうしたプログラムは、とてもよい結果を出していて長年にわたり継続しています。アメリカ、日本、その他の地域で自動車を製造するために、日本とアメリカの供給先両方から部品調達を行い、調整を行う複雑な作業が求められるため、それを上手にコーディネートできる人が必要とされるのです。

＜本社の管理職につく目的＞
　もう1つの日本に連れて来る外国人の種類としては、本社で特定の管理職ポストにつく人です。その場合、会社の海外拠点での経験のある人を日本に連れてくることは多いですが、社外から有能な人をスカウトすることも時々あります。日本で管理者の転職は稀ですので、日本人であっても管理職として転職すると、新しく入った組織に慣れることはとても難しいです。ですので、自社の企業文化に適応できる人をよく選んで、コーチングなどのサポートを積極的に提供しましょう。

会社のニーズに合っているかを見極めることが大切。

(kopp)

3 留学生のアルバイト

Q83
アルバイトとして働いてもらう場合の手続き方法は？

このたび、都内の大学に通っている留学生をアルバイトとして採用することになります。

この場合、どのような手続きが必要でしょうか。

A83

1．概要
～基本的には可能、ただし資格外活動許可申請を行っているかの確認が必要

風俗営業以外の業種であれば、基本的には外国人留学生をアルバイトとして雇用することが可能です。日本人のアルバイト採用と同様の方法で求人を行うか、各大学の留学生課や外国人雇用サービスセンター等に求人募集を行うのも有効です。

なお、留学生がアルバイトを行う場合、「資格外活動許可申請」を行うことが必要です（雇用者側も採用する留学生が「資格外活動許可」を有しているか確認する必要があります。詳細は後述の「3」をご確認ください）。

⑴ 資格外活動許可申請の方法

申請方法、場所は以下のとおりです。

【図表83-1】資格外活動許可証明書交付申請に必要な書類等

提出先	居住地を管轄する地方入国管理局
提出時期	現に有している在留資格に属さない収入を伴う事業を運営する活動または報酬を受ける活動を行おうとする時
提出者	・申請者本人 または ・申請の取次の承認を受けている方（※1）や専門家（※2）等
手数料	なし

申請時に必要な書類	・資格外活動許可申請書 ・当該申請にかかる活動内容を明らかにする書類 ・旅券・外国人登録証明書等を提示 等
標準処理時間	2週間から2ヵ月

※1：申請人が経営または雇用されている機関の職員等
※2：地方入国管理局長に届け出た弁護士または行政書士
(出所) 法務省ウェブサイト「出入国管理及び難民認定法関係手続」を基に作成

2．アルバイト時間の制限
～28時間以内、長期休暇中は1日8時間以内と制限されている

　大学、専門学校、日本語学校等の留学生のアルバイトが可能時間は、週28時間以内、長期休暇中は1日8時間以内と決められています。

【図表83－2】資格外活動の可能時間

在留資格	1週間の資格外活動時間	教育機関の長期休業中のアルバイト時間
留学	28時間以内／週	8時間以内／日

3．雇入れに当たっての確認書類
～複数あるのでもれなくチェックすること

　以下の書類の提示を求め、内容を確認する必要があります。

(1) 在留カードの確認
① 在留資格の確認
　在留カードの在留資格が「留学」と記載されているかチェックします。
② 在留期間の確認
　在留期限が切れていないか、雇用期間中に在留期限が切れる可能性がないかも在留カードで確認してください。
③ 留学生が資格外活動許可を取得しているかの確認
　留学生の場合、在留カードの就労制限の有無欄に、「就労不可」と書かれ

ていますが、資格外活動許可を取得している場合は、在留カードの裏面に「許可：原則週28時間以内・風俗営業等の従事を除く」と記載されているはずですので、必ず確認が必要です。書かれていない学生を雇用すれば不法就労させることになり30万円以下の罰金が科されます。なお、あわせて在留期間が切れた在留カードではないかも念のため確認しておくことをお勧めします。

※雇用の際に在留カードを確認し、「資格外活動許可」がされていた場合でも、長期にわたり雇用するのであれば、在留カードは次回更新がきちんとなされているか、また、更新された在留カードに引き続き「資格外活動許可」と記載されているかを確認する必要があります（在留カード更新時に資格外活動許可申請を忘れていると資格外活動許可を取らずにアルバイトしていることになり、不法就労になり、会社側も罰則を受けることになります）。

4．会社側が提出必要な書類
～外国人雇用状況届出書、採用時も退職時も必要

　留学生をアルバイト雇用する場合、雇用保険には加入しませんので、代わりにハローワークに対して「**外国人雇用状況届出書**」を提出します。退職の際にも同様に提出します。なお、この届出書は雇い入れ／退職した月の翌月末までの提出ですので、1ヵ月程度の短期アルバイトであれば、1枚の用紙の提出で済むことになります（この外国人雇用状況届出書のデータはハローワークを通じて入国管理局に連絡がいきます）。

〈在留カードの見本・裏面〉

(出所) 法務省入国管理局ウェブサイト

(2) 自社以外での就労状況の確認 〜他社も含めた就労時間が制限時間内か

前述のとおり、留学生には就労時間に制限があるため、他社でアルバイトをしている場合は、その分、自社での就労時間を短く設定しなければなりません。

よって、雇入れ時には、他でアルバイトをしていないか、また、している場合は週何時間か等を確認した上で雇用した旨を文書で残しておくことも必要となるでしょう（可能であれば在留カードについて本人の同意を得た上で、コピーをとっておくほうが、確認等する時に便利です）。

就労制限時間をオーバーしてアルバイトした場合、入国管理法違反（入管法第24条第4号イ）になり、雇入れ側・留学生側双方にペナルティが生じます。

● 雇入れ側のペナルティ 〜懲役または罰金〜

上記制限時間を超えてアルバイトをさせた場合、雇用者側は「不法就労助長罪（入管法第73条）」に問われ、3年以下の懲役または300万円以下の罰金に処せられます。

● 留学生側のペナルティ 〜懲役または罰金、在留資格更新・変更申請が却下〜

制限時間を超えて就労を行った留学生は、行政処分として強制退去（入管法第24条）、刑事責任として3年以下の懲役または禁固または300万円以下の

罰金に処されます。

　なお、そこまでの罰則にはいたらなくても、制限時間を超えてアルバイトをした事実を入国管理局側が把握していれば、在留資格の更新ができなくなることもあります。

　そのため、自社で採用予定の留学生を、入社までの間アルバイトとして雇用したところ、気づいたら制限時間をオーバーして勤務させてしまい（もしくは他社でのアルバイト時間との合計で制限時間を超えてしまい）、結果として就労の在留資格に変更できず、帰国せざるを得なくなるという可能性も十分にあります。

就労時間の確認や在留カードの確認を行うこと。

Q84
アルバイト所得に対する課税はどうなる？

留学生を自社でアルバイトとして採用した場合、アルバイト収入は、所得税法上、どのような取扱いになるのでしょうか。

A84
1．アルバイト収入の取扱い
~所得税の課税対象だが、出身国次第で取扱いが異なる

アルバイト収入の取扱いは、日本の所得税法上、所得税の課税対象となりますので、日本人学生をアルバイトとして雇用している場合と基本的には同じです。

なお、中国からの留学生のみ取扱いが異なるので注意が必要です。

2．中国から来た留学生のアルバイト収入に対する所得税
~免税の可能性が高い

(1) 免税対象となる中国人留学生の定義とアルバイト代の内容

中国からの留学生だからといって、すべての留学生がこの免税の対象になるわけではありません。免税対象になるのは日本の学校教育法第1条に規定する学校の学生のみですので、大学、大学院に所属する留学生は対象になりますが、それ以外（専門学校等）の学生等は対象になりません。また、免税の対象になるのは、生活費や学費に充てるためのアルバイト収入ですので、それを補うに余りあるような多額のアルバイト収入については免税対象にならない可能性があります。

(2) 中国からの留学生の免税手続きの方法

① 手続きの具体的な流れ

日中租税協定（条約）第21条（学生・事業修習者条項）では、「もっぱら教育を受けるために日本に滞在する学生で、現に中国の居住者である者またはその滞在の直前に中国の居住者であった者が、その生計、教育のために受け取る給付または所得は免税」としています。

つまり、中国から来た留学生のアルバイト代が、上記に該当する場合は、当該アルバイト代については所得税が免税となります。

なお「非課税」ではなく「免税」ですので、届出が必要です。源泉徴収の際に免税とするためには「様式8　租税条約に関する届出書（教授等・留学生・事業等の修習者・交付金等の受領者の報酬・交付金等に対する所得税及び復興特別所得税の免除）」に在学証明書等を添えて、会社（給与支払い者）から所轄税務署に提出する必要があります。

※その他の国との租税条約における「学生・事業修習者条項」でも、上記とよく似た取り決めはありますが、中国と違い「滞在している国（つまりこの場合日本）以外の国からの給付のみ免税」となっていることが多く、その場合は日本国内の会社からのアルバイト代は、「日本国内からの支払」であり条件を満たしていないため、所得税免税の対象とはなりません。

②　免税手続きを行わずに源泉徴収してしまった場合の取扱い

他の国からの留学生と同様に、間違って源泉徴収してしまった場合はどうすればよいのでしょうか。この場合には、上記①に記載した「様式8」に加えて「様式11　租税条約に関する源泉徴収税額の還付請求書」や在学証明書原本、パスポートの写し（氏名のページからスタンプのページまで）、在留カードの写し、源泉徴収票及び源泉徴収票発行前1年間に学生であった期間の場合、賃金台帳の写し等の提出が必要になります。

中国のみ取扱いが異なることに要注意。

Q85
留学生が退学してもアルバイトは続けられる？

当社でアルバイトとして採用している留学生が大学を退学したそうです。当社では熱心に働いてくれていますが、退学後もアルバイトをしてもらっても大丈夫でしょうか。レストランのホールスタッフですが、このまま雇用してもよいでしょうか。

A85
1．退学後の継続的なアルバイトの可否

「留学」の在留資格の期限自体が残っていれば、物理的に滞在することはできますが、在留資格を認められた「日本ですべき本来の活動（この場合は留学生としての活動）」を行っていません。

そのため、道義的にはすぐに帰国するか、別の学校に通うなど、留学生としての活動をする必要があります。

一方、この留学生が退学後もそのまま御社でアルバイトを続ける件ですが、在留期限が残っているため物理的な滞在は可能であったとしても、在留資格に沿った本来の活動（留学生として定められた学校に通う）を行っていませんので、資格外活動としてのアルバイトも認められません。

2．退学後に自社で新たに雇用できるか

単純労働での就労は許可されていませんので、そのまま採用することも不可能です。

2019年4月以降は、特定技能の在留資格にて雇用できる可能性があります。詳細は法務省ウェブサイト等で最新情報を入手してください。

4 外国人社員の退職・帰国時

Q86
外国人社員が退職する時に会社が取るべき手続き

外国人社員が退職する際、会社側が公的機関や本人に提出が必要な種類があれば教えてください。

A86

1．会社側が交付すべき事項
～日本人の退職者には必要ない書類も多い

外国人社員の退職に当たり、通常の退職手続きに加えて必要となる手続きは以下のとおりです。

【図表86－1】会社側が実施及び説明すべき事項（通常の退職手続きに加えて必要になる手続き）

	必要書類	交付先／提出先	備考
①	退職証明書	退職者本人	本人が入国管理局にて在留資格の変更、就労資格証明書の交付を申請する時に添付書類として提出が必要
②	**雇用保険被保険者資格喪失届**	ハローワーク	日本人の退職時と手続きとしては同じ ※この届出には在留資格などの記入欄もあるため、当該書類が提出されれば、自社で働いている外国人が退職した旨が入国管理局に連絡される
③	**中長期在留届の受入に関する届出**（雇入れの終了）	入国管理局	ハローワークに②の「雇用保険被保険者資格喪失届」を提出していれば不要 ※雇用保険に加入していない外国人労働者（ワーキングホリデー等）が退職する際に必要
④	その他（厚生年金・国民年金の脱退一時金についての説明）	―	当該外国人社員が退職を機に日本を離れ、再び日本に戻る予定がなければ、厚生年金・国民年金の脱退一時金や年金について簡単に説明しておくとよい（Q90参照）

| ⑤ | その他
(住民税の取扱い) | — | 当該外国人社員が退職を機に日本を離れる場合、住民税の取扱いについて説明しておく(Q76参照) |

2．外国人社員が実施すべき手続き
～手続きしないと在留資格に影響が生じる可能性

退職に当たり、通常の退職手続きに加えて必要となる手続きは以下のとおりです。

【図表86－2】外国人社員が実施すべき事項（通常の退職手続きに加えて必要になる手続き）

		交付先／提出先	備考
①	活動機関に関する届出または契約機関に関する届出（転職などにより関係を終了した場合）	【窓口提出】最寄りの入国管理局 【郵送提出】東京入国管理局在留管理情報部門届出受付担当宛 【Web提出】入国管理局電子届出システムを利用	・離職後14日以内に提出（提出が遅れるとその記録が残る）
②	在留資格の変更（必要な場合のみ）	入国管理局	失業中に現在の在留資格期限が到来するが、日本で引き続き就職活動を行いたい場合、在留資格を「短期滞在」に変更する必要あり
③	（退職に伴い日本を離れる場合）脱退一時金を請求	日本年金機構	市区町村に転出届を提出後、手続きを行う（Q90参照）
④	住民税の納付	市区町村	会社に一括徴収してもらう場合もあるが、それができない場合は市区町村からの納付書に基づき納付が必要（Q87参照）

なお、在留資格によって「契約機関に関する届出」を提出するか「活動機関に関する届出」を提出するかが異なります。

	在留資格の種類
契約機関に関する届出	高度専門職第1号イまたはロ、高度専門職第2号イまたはロ、研究、介護、技術・人文知識・国際業務、興行（所属機関との契約に基づいて活動に従事する場合に限る）、技能
活動機関に関する届出	教授、高度専門職第1号ハ、高度専門職第2号ハ、経営・管理、法律・会計業務、医療、教育、企業内転勤、技能実習、留学、研修

参考になるウェブサイト等

■ e-Gov 雇用保険被保険者資格喪失届（離職票交付あり）
https://shinsei.e-gov.go.jp/search/servlet/Procedure?CLASSNAME=GTAMSTDETAIL&id=4950000020449&fromGTAEGOVMSTDETAIL=true
■法務省ウェブサイト
中長期在留者の受入れに関する届出
http://www.moj.go.jp/nyuukokukanri/kouhou/nyuukokukanri10_00017.html
法務省　契約期間に関する届出
http://www.moj.go.jp/nyuukokukanri/kouhou/nyuukokukanri10_00015.html

【※太字で印した届出書類等は、この本の特設サイトに詳細リンク先を掲載しています。(以下同じ)】

外国人の退職時には在留資格関連の手続きも必要になる。

Q87
母国に戻る外国人の住民税はどうなる？

このたび、当社を退職する外国人社員は、退職と共に母国に戻ることになりました。これまでは住民税は特別徴収していましたが、住民税は当年度の税を翌年支払うため、帰国してしまうことで、どのように対応しようかと考えています。

また、会社側が本人の住民税を負担する場合、税務上はどのような取扱いになるのでしょうか。

A87
1．住民税の基本的な考え方
〜所得税と異なり前年の所得に対して課税される

住民税は前年の1月〜12月の1年間の所得に対して課税される税金です。つまり平成30年度住民税は、平成29年1月〜12月分の所得に基づいて、平成30年6月から平成31年5月支給の給与から天引きされます。

つまり前年の所得に対する住民税が本年の給与から毎月控除されているのですが、退職し、その後すぐに日本の企業に転職しない限り、勤務先を通じて住民税の徴収ができません。そのため、本人に支払義務の残っている住民税をどうやって払うかという問題があります。本来、住民税は本人が払うべきものですから、出国に際して給与天引きや一括納付を行うことになります。ですが中には「会社が本人の住民税を負担する」ケースもあります。それぞれについて以下に説明します。

2．平成31年1月〜5月に出国する場合
〜平成30年度、31年度で取扱いが異なる

【前提条件】住民税の支払義務
・平成30年度住民税（平成30年6月〜31年5月に支払：29年度所得に対して課税）
・平成31年度住民税（平成31年6月〜32年5月に支払：30年度所得に対して課税）
について支払義務があります。

(1) 平成30年度住民税の取扱い
　以下のいずれかの方法があります。
ア）　退職時の給与にて残りの住民税を会社側で一括徴収し納付
　平成30年度住民税については、同年6月から特別徴収が開始されています。よって、外国人社員の最後の給与等で平成30年度住民税の残りについて、会社側で一括徴収することが可能です（最後の給与等で一括徴収分の住民税額が賄えるのであれば、この方法が納税漏れを起こさないためにも一番安心です）。

イ）　普通徴収に切り替え、本人が納付
　退職時の給与等では住民税が払いきれないなど、一括徴収ができない時は、普通徴収になります。具体的には会社から区役所等に提出する「退職に伴う異動届出書」に「●月分まで特別徴収」の旨と本人の海外の住所を記載しておくと、海外の住所宛に未納の住民税に関する納付書と銀行振込先が届くことになります。
　「退職に伴う異動届出書」がすでに提出されており、住民税は特別徴収から普通徴収に切り替わっていますので、仮に本人が支払わなくても会社に責任は及びません。（※）
　（※）なお、納付漏れを防ぐために会社が本人の納税管理人になっていて、本人が住民税未納分のお金を会社に送金してこない等で、住民税の納付ができない場合は、会社は「納税管理人」に選任されているため、本人の未納に関して会社に責任が生じることになります。

(2) 平成31年度住民税の取扱い
　平成31年度住民税は平成31年6月以降から徴収されます。すでにその時点ではこの外国人は退職していますので、平成31年度住民税について会社側で特別徴収することはできません。よって、「退職に伴う異動届出書」に記載された当該外国人社員の住所宛に納付書等が届くことになります（上記(1)イ）と取扱いは同じです）。

3．平成31年6月以降同年中に出国する場合
～平成31年度住民税のみ課税
【前提条件】住民税の支払義務
・平成31年度住民税（平成31年6月～32年5月に支払：30年度所得に対して課税）についてのみ支払義務があります。

(1) 平成31年度住民税の取扱い

取扱いについては「会社側で一括徴収」するか、本人から「普通徴収」するかのいずれかです。詳細は「2(1)」をご参照ください。

4．本人の住民税を会社が負担する場合
～本人の「所得」とみなされて所得税の課税対象

上記「2」「3」が本来あるべき姿ですが、中には「住民税の負担額は大きいため、外国人社員からクレームが生じることもある」などの理由から、本来個人が払うべき住民税を会社が肩代わりして払っているケースも見られます。

その場合も住民税の支払いタイミングは上記「2」「3」と変わりませんが、本来、本人が払うべき税金を会社が払っているということは、本人に経済的利益を供与したことと同じです（つまり会社が本人に給与を払っているのと同じことになります）。

なお、この住民税は「外国人社員が日本勤務をしたことに伴い発生したもの」ですから、会社がこの住民税相当額を本人に代わって支払った場合、所得税法上、「国内源泉所得」に該当します。

当該外国人社員が1年以上の予定で日本を出国した翌日から非居住者に該当しますので、非居住者になった以後に当該住民税の支払いを会社が肩代わりした場合は、当該住民税相当額について20.42％の税率で所得税の源泉徴収が必要です。もしくは、出国前に支払うべき住民税を計算し、外国人社員が受け取る最終月の給与にグロスアップして支給する形をとり、そこから住民税を特別徴収したり、住民税相当額を預かり、納税管理人として会社が納付する方法もあります。

Q88
退職した社員の在留資格の取扱いは？

外国人社員が本年3月末に急遽退職することになりました。その後仕事をどうするかは聞いていませんが、しばらくは日本で暮らすそうです。当社の社員の身分に基づき取得した在留資格の有効期限はあと1年以上残っていますが、当社での業務を前提に取得した在留資格はどうなるのでしょうか。もしも当社を退職した後、在留期限を過ぎて滞在し、不法滞在になったり、犯罪を犯したりした場合、当社に何らかの責任があるとみなされてしまうのでしょうか。

A88
1．基本的考え方

当該外国人の在留資格が「身分に基づく在留資格（永住、日本人の配偶者等）」でない場合で、「当社退職後も日本に留まるものの、直ちに転職しない」等であれば、【図表88－1】の点に十分留意する必要があります。

【図表88－1】退職後も日本に留まるがすぐに転職しない場合の留意点

1. 退職後3ヵ月以上何もせずに滞在していると「正当な理由（※）」ある場合を除いて「在留資格の取消し対象」になる可能性があるので注意が必要
   （※）「正当な理由」とは個別具体的に判断になるが、次のようなケースについては、「正当な理由」があるものとして在留資格の取消しの対象とはならない場合がある。
   ・勤務先を退職後、再就職先を探すために会社訪問をするなど具体的な就職活動を行っていると認められる場合
   ・在籍していた教育機関が閉校した後、他の教育機関に入学するために必要な手続を進めている場合
   ・病気治療のため長期間の入院が必要でやむを得ず教育機関を休学している者が、退院後は復学する意思を有している場合
   ・専修学校を卒業した留学生が本邦の大学への入学が決定している場合

2. 失業中に「技術・人文知識・国際業務」「技能」などの在留期間の満了日が来ると同じ就労の在留資格更新はできず、「短期滞在」に変更して就職活動を続ける必要がある（ただし必ずしも短期滞在が許可されるとは限らない）。

（出所）法務省ウェブサイト

4　外国人を雇い入れる時

　なお、自社での勤務のために取得した在留資格を退職後もそのまま維持している期間に、当該外国人が犯罪などに関与した場合ですが、すでに雇用関係が終了していれば、事情聴取などを受けることはあっても、会社側が直接的にその責任の一端を担うことは基本的にはないと考えられます。そのようなリスクを少しでも下げるためにも、外国人社員が退職した際には、退職したことが明確になるように、「退職時に会社が取るべき手続き（Q86参照）」はもれなく実施しておく必要があります。

参考になるウェブサイト
■法務省入国管理局ウェブサイト
在留審査手続　Q&A
http://www.immi-moj.go.jp/tetuduki/zairyuu/qa.html

　外国人が日本に在留するためには、在留資格に応じた活動をしていないと在留資格が取消しになることがある。

Q89
年の途中で日本を離れる場合の会社側の税務処理は？

外国人社員が退職し、母国に戻ることになりました。
退職に際して会社が行う税務上の処理を教えてください。

A89

1年以上の予定で日本を離れる人は、出国の翌日から「日本の非居住者」に該当します。

そのため会社側は出国までに「年末調整」を行う必要があります。年末調整を行うと、通常、源泉徴収された所得税が一部還付されることが一般的です。

1．年末調整の時期
〜必ず出国までに実施

そもそも年末調整とは、役員や使用人に対する毎月の給与や賞与から源泉徴収した所得税の合計額と、その人が年間に納めるべき所得税の差額を調整するものです（年末調整の対象となる人は「給与所得者の扶養控除等申告書」を提出している人ですが、年間2,000万円を超える給与の支払を受ける人は、年末調整の対象になりません）。

なお、このケースのように年の途中で出国する場合、年末調整の対象となるのは、出国するまでの給与です。

2．年末調整の対象となる所得控除は
〜人的控除は1年分、物的控除は出国する日まで

社会保険料や生命保険料の控除は出国する日までに支払われたものに限られます。

一方、扶養控除や配偶者控除は1年分控除できますので、通常、年末調整により源泉徴収された所得税は還付されることになります（所法191）。

また、海外に出発する日までに、すでに総合課税の対象となる所得がある時や、出国の日以後、国内にある不動産の貸付による所得や国内にある資産の譲渡による所得がある時は、日本で確定申告が必要になる場合があります。

【図表89-1】年末調整の対象となる所得控除

所得控除		概要
物的控除	社会保険料控除 生命保険料控除 地震保険料控除 小規模企業共済等掛金控除	その者が居住者であった期間内（1/1～出国の日まで）に支払った社会保険料、生命保険料、地震保険料が控除対象になる。 なお、外国の社会保険料及び外国保険事業所が締結した生保契約または損保契約のうち、国外で締結したものにかかるものは、控除対象にならない（所法74、75、76、77）。
人的控除	配偶者控除 扶養控除等	出国の際の年末調整においては、出国の日の現況で判定（出国の際の年末調整に当たり、控除対象配偶者や扶養親族に該当するための所得要件（合計所得金額が38万円以下）を満たすかどうかは、その出国の時の現況により見積もったその年の1/1～12/31までの合計所得金額により判定する（所基通85-1）

（※）医療費控除、雑損控除、寄附金控除（特定団体に2,000円以上寄附した場合）の適用を受けられる場合、年末調整ではこれらについては、計算の対象にしていないので、各自で確定申告を行う必要があります。

POINT! 年末調整は出国する前に必ずしなければならない。

Q90
脱退一時金の請求方法・受給額の計算方法は？

外国人社員が退職し日本を離れることになりました。当該社員から「厚生年金の脱退一時金が受け取れるらしいが、手続き方法を教えてほしい」と言われています。脱退一時金及びその請求方法、受給額の計算方法について教えてください。

A90
1．脱退一時金とは
〜年金制度から脱退した際に支払われるお金

「脱退一時金」とは、年金制度から脱退した時に支給される一時金のことをいいます。勤続期間が不足し、年金受給資格を得られない退職者は、退職時に年金の代わりに一時金を受けることになるため、ごく短期間日本で勤務し、今後日本で働く予定のない外国人は、退職時に脱退一時金を受け取ることができます。

ただし以下の場合は脱退一時金を受け取れなかったり、脱退一時金よりも、年金として受け取るほうが有利な場合もあります。

【図表90−1】脱退一時金が請求不可または請求しないほうが有利になる可能性がある場合

1．受給資格期間が10年以上ある外国人
→脱退一時金請求は不可
　脱退一時金は「年金の受給資格が得られない退職者」に支給されるものであるため、受給資格期間が10年以上ある場合は、年金として受け取ることになり、脱退一時金は請求できない
2．社会保障協定の年金通算措置がある国及び日本と社会保障協定の締結・発効が予定されている国の年金に加入していた外国人
→年金として受け取ったほうが有利な可能性もある
　社会保障協定についてはQ71参照

2．脱退一時金の請求時期
〜出国前にも手続可能
(1) 請求開始日

　平成29年3月以降、住民票の転出届を市区町村に提出すれば、転出（予定）日以降に日本国内で請求することが可能になりました。

　よって、日本にいる間でも請求手続きを行うことは可能です。なお、脱退一時金の請求期限は転出日の翌日（国民年金の資格喪失日）から2年間です。

(2) 再入国許可を受けて出国した場合

　転出届を提出したかどうかで取扱いが異なります。

【図表90－2】再入国許可を受けた場合の脱退一時金の請求時期

転出届を提出して出国した場合	上記「(1)」同様に脱退一時金請求が可能
転出届を提出しないで出国した場合	再入国許可の有効期間が経過するまでは、脱退一時金の請求はできない （この場合、脱退一時金の請求期間は再入国許可の有効期間（みなし再入国期間）が経過した日）から2年間。ただし、それ以前に住民票が抹消された場合は取扱いが異なる）

3．脱退一時金請求のために必要となる書類
〜所定の請求書と添付書類が必要

　会社に6ヵ月以上勤務していた外国人社員が退職し、日本を離れる場合、日本年金機構に請求すれば、厚生年金の脱退一時金を請求することができます。

　なお、脱退一時金を請求するために必要な書類一覧は**【図表90－3】**のとおりです。

【図表90-3】

書類名		備考
脱退一時金請求書		英語、中国語、韓国語、ポルトガル語、スペイン語、インドネシア語、フィリピノ語、タイ語、ベトナム語、ミャンマー語、カンボジア語のフォーマットが存在
添付書類	パスポートの写し	氏名、生年月日、国籍、署名、在留資格が確認できるページ
	住民票関連書類	①転出（予定）日の前日までに、市区町村より添付書類を取得する場合：日本国外に転出予定である旨が記載された住民票の写し（郵送等で手続きする場合は、脱退一時金請求書及び添付書類が転出予定日以降に日本年金機構に到達するよう送付すること） ②転出（予定）日以降に、市区町村より添付書類を取得する場合：住民票の除票
	「銀行名」、「支店名」、「支店の所在地」、「口座番号」及び「請求者本人の口座名義」であることが確認できる書類	銀行が発行した証明書等。または、「銀行の口座証明印」の欄に銀行の証明を受ける。 ※日本国内の金融機関で受ける場合は、口座名義がカタカナで登録されていることが必要 ※ゆうちょ銀行では脱退一時金の受取は不可
	基礎年金番号が確認できる書類	国民年金手帳等

（出所）日本年金機構ウェブサイト

4．脱退一時金の受取額
～本人の平均的な標準報酬額と支払月数で異なる

　では脱退一時金としてどのくらいの額が受け取れるのでしょうか。
(1)　厚生年金の場合
　　計算式は【図表90-4】のとおりです。

【図表90-4】脱退一時金の額

被保険者であった期間の標準報酬額	×	支給率
・平均標準報酬額 　以下のA＋Bを被保険者月数で割った額 A　平成15年4月より前の被保険者期間の標準報酬月額に1.3を乗じた額 B　平成15年4月以後の被保険者期間の標準報酬月額及び標準賞与額を合算した額		・支給率 最終月（資格喪失した日の属する月の前月）の属する年の前年10月の（最終月が1～8月であれば、前々年10月の保険料率）保険料率に2分の1を乗じた保険料率に以下の表の数を掛けたもの

被保険者期間	掛ける数
6月以上12月未満	6
12月以上18月未満	12
18月以上24月未満	18
24月以上30月未満	24
30月以上36月未満	30
36月以上	36

(出所) 日本年金機構「短期在留外国人の脱退一時金」を基に作成

(2) 国民年金の場合

国民年金の場合、保険料の支払額が一律であるため、脱退一時金の額も対象月数により決まっています。

【図表90-5】脱退一時金額（国民年金）

対象月数	脱退一時金額					
	平成30年4月から平成31年3月までの間に保険料納付済期間を有する場合の受給金額	平成29年4月から平成30年3月までの間に保険料納付済期間を有する場合の受給金額	平成28年4月から平成29年3月までの間に保険料納付済期間を有する場合の受給金額	平成27年4月から平成28年3月までの間に保険料納付済期間を有する場合の受給金額	平成26年4月から平成27年3月までの間に保険料納付済期間を有する場合の受給金額	平成25年4月から平成26年3月までの間に保険料納付済期間を有する場合の受給金額
6月以上12月未満	49,020円	49,470円	48,780円	46,770円	45,750円	45,120円
12月以上18月未満	98,040円	98,940円	97,560円	93,540円	91,500円	90,240円
18月以上24月未満	147,060円	148,410円	146,340円	140,310円	137,250円	135,360円
24月以上30月未満	196,080円	197,880円	195,120円	187,080円	183,000円	180,480円
30月以上36月未満	245,100円	247,350円	243,900円	233,850円	228,750円	225,600円
36月以上	294,120円	296,820円	292,680円	280,620円	274,500円	270,720円

(出所) 日本年金機構「短期在留外国人の脱退一時金」を基に作成

5．脱退一時金受給に当たり会社側がすべきこと

　平成19年に厚生労働省より発表された「外国人労働者の雇用管理の改善等に関して事業主が適切に対処するための指針」によると、外国人社員が脱退一時金請求の手続きを行う場合は、その手続きが適切に行われるよう、会社側が協力する必要があります。

【図表90－6】外国人労働者の雇用管理の改善等に関して事業主が適切に対処するための指針

四　雇用保険、労災保険、健康保険及び厚生年金保険の適用 ２　保険給付の請求等についての援助 ・・・さらに、<u>厚生年金保険については、その加入期間が六月以上の外国人労働者が帰国する場合、帰国後、加入期間等に応じた脱退一時金の支給を請求し得る旨帰国前に説明する</u>とともに、年金事務所等の関係機関の窓口を教示するよう努めること。

(出所) 厚生労働省「外国人労働者の雇用管理の改善等に関して事業主が適切に対処するための指針」より一部抜すい

参考になるウェブサイト等

■日本年金機構ウェブサイト

短期在留外国人の脱退一時金

http://www.nenkin.go.jp/service/jukyu/sonota-kyufu/dattai-ichiji/20150406.html

---

POINT!　退職して日本を離れる外国人には脱退一時金について説明すること（ただし受け取れない場合もあるので注意が必要）。

Q91
脱退一時金の日本における税務上の取扱いは？

外国人社員が帰国後に受け取る脱退一時金にかかる税率はとても高いと聞きました。一方、この脱退一時金は「退職所得」としてみなすことができるため、後から手続きすることで税負担を軽くすることができるとも聞いています。詳しく教えてください。

A91
1．脱退一時金の取扱い
～20.42％で源泉徴収されるが、手続きすれば一部還付可能

外国人社員が受け取る脱退一時金は、当該外国人が非居住者になった後（日本を出国した後）支払われます。非居住者への支払は一律20.42％の税率で源泉徴収が必要ですから、「脱退一時金全額」に対しても、20.42％の税率で源泉徴収がされてしまいます。

一方、この脱退一時金は日本の所得税法上、「退職所得」として取り扱われます。

そのため、当該外国人が「退職所得の選択課税申告書」を提出することで、居住者として退職所得を受け取ったとみなし、所得税を一部還付してもらうことが可能です。

【図表91－1】選択課税の手続き方法

提出書類	確定申告書B（通常の確定申告書とは別の申告書） 【添付書類】 国民年金・厚生年金保険　脱退一時金支給決定通知書（原本）
申告書の提出先	・退職後海外居住するが、その者の親族などが引き続き日本に居住する場合 　→その納税地とされている税務署 ・上記以外の場合 　→その個人の出国時における直前の住所地を管轄する税務署
提出時期	・退職金の支払を受けた翌年1月1日（または退職手当等の総額が確定した日）以後（ただし5年間で時効になるので、たとえば2018年に受け取った退職金であれば2023年中に申告書の提出が必要）

選択課税制度適用に当たっての留意点	・扶養控除、配偶者控除、基礎控除等の所得控除はもちろん、税額控除も一切適用できない（勤続年数に応じた退職所得控除のみ） ・税額計算の対象となる退職金の金額は国内源泉所得部分ではなく、その支払総額が対象になる ・非居住者が日本において確定申告をする時は、一般的には、納税管理人を選任して、その納税管理人を通じて申告する必要あり（この場合、還付金は納税管理人の口座に入金されるため、本人口座への入金を希望する場合は申告書にその旨を記載すること） 税額計算に当たっては、基礎控除等の所得控除、税額控除も控除せずに税額計算する
還付時期	・通常は申告後6週間程度だが、海外送金の場合はもう少し時間がかかることになる（なお、海外の口座に送金する場合、特に手数料は必要ない）
還付先	・本人の日本国内または日本国外の口座だが、納税管理人を選任している場合、納税管理人の口座に振り込まれるのが一般的

なお、手続きの流れは【図表91－2】のとおりです。

【図表91－2】手続きの流れ

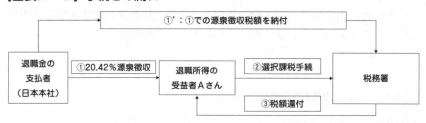

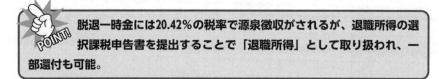

脱退一時金には20.42％の税率で源泉徴収がされるが、退職所得の選択課税申告書を提出することで「退職所得」として取り扱われ、一部還付も可能。

Q92
退職して母国に戻った外国人社員に支払う最後の給与・賞与は？

当社に勤務していた外国人社員が退職し、母国に戻ることになりました。

最後の給与・賞与は彼が母国に帰国後に支払うことになるのですが、この場合の課税関係について教えてください。

A92

企業の中には退職後も、退職前の計算期間が入っている給与や賞与については、それら給与や賞与を退職者に払うケースもあります。以下では、当社退職後直ちに日本を出国した場合の取扱いをご紹介します。

1．出国後最後に払った給与

「Q17　出国後に支払われる給与は日本の課税か？」について「海外勤務者」のことについて、を「外国人社員」に読み替えてください。

2．出国後最後に払った賞与

「Q18　出国後に支払われる日本の賞与の取扱いは？」について「海外勤務者」のことについて、を「外国人社員」に読み替えてください。

海外勤務後に最初に支払う給与・賞与と同じ取扱いとなる。

Q93
退職後の外国人が失業給付を受けることはできるか？

当社の外国人社員が当社を退職しました。すぐに仕事はせず、しばらく求職活動をするそうですが失業手当は日本人と同様に支給されますか。

A93

1．失業給付の受給可否

失業給付の支給基準は日本人も外国人も同じです。ただし、どこで求職活動をするかによって失業給付が受けられるかどうかが異なります。

【図表93－1】求職活動場所と給付

日本国内で求職活動をする場合	日本人と同様に受けることができる
日本国外で求職活動をする場合 （例：母国に戻って求職活動をする場合）	失業給付を受けることはできない。受給権は退職してから1年間のみなので国に戻ってから1年後に戻ってきても失業給付の手続きはできない（ただし会社の命令で海外勤務に同行する場合は、受給期間の延長手続きは可能）

2．失業給付受給に当たり会社側がすべきこと

平成19年に厚生労働省が発表した「外国人労働者の雇用管理の改善等に関して事業主が適切に対処するための指針」によると、外国人が失業給付の手続きを行う場合は適切に行われるように会社側が協力する必要があります。

【図表93－2】外国人労働者の雇用管理の改善等に関して事業主が適切に対処するための指針

四　雇用保険、労災保険、健康保険及び厚生年金保険の適用 　2　保険給付の請求等についての援助 事業主は、<u>外国人労働者が離職する場合には、外国人労働者本人への雇用保険被保険者離職票の交付等、必要な手続を行うとともに、失業等給付の受給に係る公共職業安定所の窓口の教示その他必要な援助を行うように努めること。</u>

(出所) 厚生労働省「外国人労働者の雇用管理の改善等に関して事業主が適切に対処するための指針」より一部抜すい

Q94
外国人社員の退職に当たり行政手続き以外で会社がすべきこと

外国人社員の退職時の手続きについては理解しましたが、その他に会社として、しておいたほうがよいことがあれば教えてください。

A94
なぜ退職に至ったのかという理由を確認しておく
～理由を把握していないと同じ事の繰り返しになる可能性がある

外国人社員が退職を決意するに至った理由は何だったのでしょうか。

単に「もっとやりたい仕事や勉強が見つかったから」「親の介護などで自国に戻らなければならなくなったから」ということであれば、ある程度やむを得ないことでしょう。

しかし、「外国人社員として疎外感を感じていた」「この会社にいても活躍できる余地はなかった」「将来展望が開けなかった」という理由なのであれば、早急に会社側の体制を考え直す必要があります。そうしなければ新たに外国人を採用してもまた同じことをくりかえすことになり、「外国人が定着しない会社」といううわさが広まり、ますます採用が困難になります。そのため、離職に当たってはその理由をよく確認して会社側の反省点を改善することが、今後同様のケースを発生させないためにも重要になります。

今後の参考とするためにも、外国人の離職理由を話してもらおう。

5 業務委託として働いてもらう

Q95
国内にいる外国人と業務委託契約する場合の留意点は？

　国内にいる外国人に一定期間コンサルタントとして業務してもらうために、業務委託契約を締結する予定です。日本人と業務委託契約をする場合と比較して、何か違いはあるでしょうか。

　また、業務委託契約を締結する上での留意点を教えてください。

A95
1．原則
〜日本人と業務委託契約する場合と原則は同じ、ただし在留資格には注意

　「業務委託契約」ですから雇用契約ではありませんし、日本人と業務委託する場合と特段大きな違いはありません。ただし、相手が外国人であるため在留資格に関しては注意が必要です。業務委託契約を締結するに際しては、その方が日本で業務委託契約を担うことができる在留資格を保有しているかのチェックが必要になります。

　すなわち、就労のできる在留資格、「経営・管理」や、もしくは就労制限のない在留資格を保有していることが必要です。（たとえば前職を退職したものの、前職で取得した「技術・人文知識・国際業務」の在留期限が残っているため、日本に在留したまま、御社との間で業務委託契約を行うことは「資格外活動」になります。そのため、御社側がその違法性を把握していたか否かにかかわらず、不法就労助長罪に問われる可能性があります。よって、業務委託契約を締結する際には、当該外国人が適切な在留資格を保有しているか、また在留期間に問題はないかの確認が必要になります。

2．業務委託契約を締結する上での留意点
〜業務の依頼方法に注意が必要

　個人コンサルタントなどの形で業務委託契約を締結した外国人であっても、

実態としては勤務時間・勤務場所・作業の進め方などが拘束されていて、業務委託契約ではなく、実態としては労働者と同じと客観的に判断された場合は、雇用契約が存在するとみなされる可能性もあります。

この点も日本人と業務委託契約を締結する場合と同じです。

また、雇用契約がない外国人であるので、会社側が所得税や社会保険料を源泉徴収していません。そのため、本人の故意または過失でこれらの支払いが漏れていると、現在保有している在留資格の更新ができなくなる可能性がありますので注意が必要です。

 在留資格に注意が必要。支払側で税金等の徴収はされないため、個人で申告・納税する必要があると伝えること。

Q96
海外にいる外国人と業務委託契約する場合は？

海外にいる外国人との間で業務委託契約を締結する予定です。その場合の税金の取扱いや業務委託契約を締結する上での留意点を教えてください。

A96

Q95と同様で、契約形態としては「業務委託契約」であっても、実際の活動内容や拘束度合いなどを考えると、実態は雇用契約が存在するとみなされる場合もあります。

なお、海外にいる外国人に業務委託契約の対価を払う場合ですが、以下のように取り扱われます。

1．日本国内で業務を行った場合
〜日本で課税される可能性はあるが、免税の場合も

(1) 当該外国人の所属する法人との間で業務委託契約をしている場合

当該外国人が日本に来て何らかの業務を行った場合、その法人が日本国内にPEを保有していなければ源泉徴収の対象になりません。

(2) 当該外国人本人との間で業務委託契約をしている場合

「役務提供の対価」として、報酬額に対して20.42％の税率で源泉徴収が必要ですが、なお、この外国人の居住地国と日本の間に租税条約が発効している場合、「恒久的施設」条項と「事業所得」条項または「自由職業所得」条項が適用されます。

よって、当該法人が日本国内に恒久的（固定的）施設を保有していなければ、「様式7　自由職業者・芸能人・運動家・短期滞在者の報酬・給与に対する所得税及び復興特別所得税の免除」を提出し、源泉徴収を免除してもらいます。

2．日本国内で業務を行っていない場合
〜ノウハウ提供などがない限りは非課税

当該外国人が日本国内で業務を行っていない場合、この業務の対価が単なる「人的役務提供の対価」であれば、課税はありませんので源泉徴収は必要

ではありません。

しかし、ノウハウの提供の対価等に該当すれば、「20.42％」の税率で源泉徴収が必要です。

なお、この外国人の居住地国と日本の間に租税条約が発効している場合、「使用料条項」が適用されます。よって、租税条約の「使用料条項」に従って税率が低くなる、もしくは免税になる余地があります。日本と当該外国人の居住地国の間の租税条約における使用料項の制限税率を確認し、日本国内の税率より制限税率が低ければ、租税条約に関する届出書**「様式3　租税条約に関する届出書（使用料に対する所得税及び復興特別所得税の軽減・免除)」**を提出し、源泉徴収を減免してもらうことが可能です。

日本国内で業務を行っているか否かで取扱いが異なる。

【※太字で印した届出書類等は、この本の特設サイトに詳細リンク先を掲載しています。(以下同じ)】

Q97
外国人は日本企業で働くことについてどのように感じているか？

正直なところ、外国人は日本企業で働くことについてどのように感じているのでしょうか？　プラス面とマイナス面を教えてください。

A97

私はコンサルタントとして、日本においても米国でも、自動車、ゲーム、製薬など幅広い業種の日本企業で働く外国人従業員に対するセミナーを頻繁に実施しています。クライアント先でセミナーをする際に私は、日本企業で働くことについて、最も良い点は何か、そして最も難点となるのはどんなことかを尋ねます。挙げられたトップの項目をここにまとめてみました。

１．良いと思われている点

次に挙げる項目は、日本企業で働いていて最も良いと思う点として外国人が挙げる事柄です。もちろん、これらは必ずしもすべての会社や職場に当てはまるわけではありません。そして良い点も常に度を越すということは起こり得るわけで、これらの強みはどれも、行き過ぎれば否定的側面にもなり得ます。しかし、日本企業が提供してくれる長所を心に留めておくことは重要です。往々にして短所ばかりに拘ってしまいがちですから。

＜礼儀正しさ＞

他の人々とやり取りする上での気遣いは日本文化の特徴ですが、これは職場にもいえることで、日本の人々は感じよく対立を起こさない振る舞いをするように努めていることは、良い点と思われています。日本ではこれに慣れてしまうと当たり前に思いがちですが、ある種の外国人企業の、もっと荒々しい雰囲気に比べれば、その対比は明らかです。

＜チームワーク＞

日本人は、事を成し遂げるのにチームで作業するのが得意で、本質的に他の人々と協力して取り組むことを好みます。これは、同僚たちがとても協力的だということを意味し、自然な一体感も生まれます。

＜社会的な交流＞
　チームワークは会社の外にまで及び、同僚との交流がたくさんあります。最もよくあるのが、定時後のお酒の付き合いです。それを楽しむ人にとっては、職場でのとても強い絆につながります。

＜合意による意思決定＞
　日本企業はチームワークが特徴であるうえ、グループ全員の合意を基にした意思決定を好みます。非常にトップダウン型の例外的な日本企業もありますが、ほとんどの企業は、全員（もしくは少なくとも代表たち）がその決定を受け入れられるようにと努めます。多くの外国人従業員たちが、合意を基にしたこのやり方を気に入っています。

＜計画立案、プロセス、注意＞
　日本企業は莫大なエネルギーを計画立案に注ぎ、詳細な情報を集めて分析します。またプロセスを非常に重要視し、細部にまで注意を払います。これが高い品質や規律ある系統的アプローチにつながります。多くの外国人が、この系統的で規律ある仕事のやり方に多くを学んでいるといいます。

＜実行能力＞
　慎重な計画立案と細部にまでわたる注意の結果として、日本企業は、高品質を計画通りに実現するのに非常に長けています。日本企業はいったん何かをしようと決定したら、必ずそれを成し遂げます。

＜型にはめない＞
　日本では、仕事の定義があいまいな傾向がありますが、そのお陰で、自分が当初採用された職務を超える領域に関わる機会が与えられることにもなります。また、往々にして新入社員の立場の者でさえ、率先して何かをしたり、改善点や新しい活動を提案したりする余地があったりもします。

＜責任の増大＞
　少人数の外国人従業員であるという立場により、故国で働いているときよりも、活動に関わったり責任を任されたりする機会が多くなります。またそ

れは、自らの知名度を上げ、上層部の人々に知ってもらう可能性を高めることにもなります。母国語などを含む、独自のスキルや視点を活用できる可能性がたくさんあります。

＜学習の機会＞
　言語能力の上達は言うに及ばず、日本のビジネス知識を深めるためには、日本企業に所属するのが一番です。

２．難点と感じていること
＜言語の壁＞
　これは、誰もが一番に挙げるものです。たとえ日本語がうまく話せたにしても、仕事のすべてを日本語で行うのは骨の折れることです。そしてもし日本語を話せないのであれば、容易にアクセスできない情報が常にあるということになります。そしておそらく、日本人の同僚たちも同様な言葉の壁に悪戦苦闘することになるでしょう。

＜回りくどいコミュニケーション形態＞
　この項目についてはよく、「直接『ノー』を聞くことはまずない」という言い方をされます。これに慣れるまでは、つかつかとやって来て直接なにかを言う代わりに送ってくる日本人の微妙な否定的メッセージをつかみ取るのは、非常に難解で苦労するようです。特に、あるがままの事実を言うのが好まれる文化の出身であれば、なおさらです。否定的な情報で人と向き合うのを避けたがる人々は、受動的攻撃行動に出たりもしがちです。

＜行間を読む必要＞
　日本人は回りくどい表現をするだけでなく、コミュニケーション様式が不明瞭な傾向にあります。指示や評価をはっきりしない言い方で伝えてくるので、外国人は、本当に意味するものは何だろうと考え込んでしまいます。あるいは、聞く側がどうにか理解するだろうと期待して、まったく何も言わないことさえあり得ます。

4　外国人を雇い入れる時

＜肯定的評価があまりない＞
　日本の文化で言わないままにされるもののひとつが、肯定的評価です。日本の管理職は口頭で褒めることはあまりせず、代わりに、改善すべき点に非常に細かい注意を向けます。外国でマネージメントによく使われる陽性強化に慣れている人であれば、これには当惑してしまうことでしょう。

＜何をするにも時間がかかる＞
　上で挙げたような慎重さ、計画性、合意志向型意思決定は、意思決定のプロセスを長期化させてしまう結果にもなります。何層にも及ぶヒエラルキーや、日本企業にありがちなお役所的規則が、物事をまとめるのに必要な時間を長引かせます。

＜変化が遅い＞
　意思決定が遅いと、その結果として、現状を維持して変化を避けようとする傾向を生み出します。これは、日本文化や中間管理職のインセンティブ構造の、リスクを嫌う特質から来ています。日本企業では、変化を起こすのが難しいので、多くの従業員たちは日本人も外国人も、希望を失い嫌気がさしています。

＜細部志向＞
　日本人が完璧を追い求めるということは、仕事の比較的ささいな側面に、莫大なエネルギーが注がれる可能性があることを意味します。これは時間が掛かり、余分な仕事にもつながりますし、木を見て森を見ずの状態に陥る危険性については言うまでもありません。

＜昇進経路が不明確＞
　日本企業は、日本人従業員にすら明確な昇進経路を定義しない傾向があり、外国人の場合には、通常、潜在的な将来の昇進経路はさらに不明瞭なものとなります。大きな昇進の可能性がある一方で、行き止りの役職にはまり込んでしまう危険性もはらんでいます。

＜長い就労時間＞
　これについては、予測される時間外労働量についてはゼロから処罰されるレベルまで会社によって著しい差がもちろんありますが、日本の職場の長い就労時間は海外でもよく知られていることです。しかし、近年の「働き方改革」の一環として、どの日本企業も残業を制限しようとしていることについても説明しておくべきでしょう。

　上に挙げた難点については、多くの日本人従業員も同様にストレスを感じているものであることにも触れておきます！

 外国人が嫌だと感じていることについて把握して、離職につながらないように対処したい。

(kopp)

Q98
外国人社員にモチベーション高く働いてもらうためには？

外国人を雇ったからには、彼らにモチベーション高く働いてもらいたいと誰しもが思うのですが、しかしながら、日本企業で働いている外国人従業員の間には不満を持つ人が多くいるのも事実で、モチベーションが低い人、また辞めてしまう人も少なくありません。どうすれば外国人にハッピーに働いてもらえるのでしょうか？

A98
１．モチベーションの向上と維持

外国人社員のモチベーションを感じる要素は、日本人社員のそれと比べると基本的にそれほど変わらないといえます。育った国は違えど、皆同じ人間ですから。しかし、日本人と比べて、外国人の場合、不満があればそれを口にする可能性が高く、また離職する可能性にも大きくつながります。外国人が特に望んでいる要素としては以下のものが挙げられます。自分のスキルと関心に合う仕事、やりがいのある仕事、成長する機会、よい職場環境、そして自分の仕事に対する人からの感謝。以下でそれを一つずつ見ていきましょう。

＜自分のスキルと関心に合う仕事＞

日本では、多くの従業員は特定の職務に就職するのではなく、会社に就職し、どんな仕事が与えられても引き受け、自分のキャリアを会社に委ねます。一方、外国人の多くは自分がどんな仕事をしたいのか、自分はどんな仕事に向いているのかについてすでに深く考えてきているので、そうではない仕事をあまりしたくないわけです。そして、自分がやっている仕事は自分に合わないと思った場合でも、多くの日本人は表立っては文句を言わないですが、外国人でしたら合わなければそれを変えようとするので直接口にする、あるいは転職をすることが多く見られます。最近日本で「適材適所」という言葉が頻繁に使われていますが、外国人が望んでいるのはまさにそれです。自分のスキルを活かして、興味を持ってできる仕事をすることは誰しもが望むことです。そのため、金太郎飴のような扱いをするのではなく、各外国人従業員のスキルと関心を把握し、彼らをそれに合う仕事にマッチングさせるよう

に努力することが大切です。

<やりがいのある仕事>
　仕事の内容が面白いというだけではなく、その仕事が実際に他人に役立っているかどうかということも、多くの外国人が重要視するものの一つです。特に若い世代の間では、自分が働いている会社がどのように社会全体に貢献しているのかも、モチベーションに強く関係しています。

<成長する機会>
　仕事を通じて何かを学んだりスキルを身につけたり、何らかの形で成長することができる機会は、外国人にとってモチベーションにつながる大切な要素の一つです。そのため、仕事内容にチャレンジ性があって、従業員が自分を成長させることのできる可能性があるタスクを与えるとよいでしょう。上司あるいは先輩から指導を受けたり、トレーニングセミナーに参加したりする機会を積極的に与えるのもお勧めします。

<よい職場環境>
　物質的な面では、十分快適で、そして十分に整ってきれいな職場が外国人によって好まれています。そして、仕事が効率的にできるように、質の高いコンピューターとソフトウエアなどの道具を取り揃えることも望まれています。こういった物質的な面でケチる日本企業は少なくないのが事実ですが、それは実は、従業員のモチベーションに悪影響を与えてしまう可能性が大きくあります。そして、人間関係の面では、同僚とコミュニケーションがうまく取れる、摩擦のない環境が外国人にとっては大切とされています。つまり、外国人従業員と一緒に働いている日本人同僚やマネージャーが異文化理解を持つことは非常に重要で、ここでお勧めしたいのはそのための教育を彼らに与えることです。
　外国人の日本人とは違った観点や行動に対して理解を示し、日本人と異なる言動に対してすぐにバツをつけるのではなく、多様性を尊重する態度が必要となってきます。そうしないと、外国人社員にとって働きにくい環境を作り出すことになってしまうからです。

<自分の仕事に対する人からの感謝>
　日本では、人がした仕事に対して嬉しく感じた時、その人に対して直接ほめ言葉をいうことはかなり少ないのが事実です。それより、「以心伝心」のような形で、直接言わずともなんとなく伝わることが多くあります。しかし、外国人に対しては、感謝を言葉の形で示すのがとても大切です。自分の仕事がよかったと思われている、自分の仕事が誰かの役に立った、自分の仕事が評価されている——外国人従業員はこのようなことを知りたがっています。もちろん、相手の仕事に対して満足していない場合、事実を捻じ曲げ、無理やりほめる必要は全くありません。しかし、相手の仕事によい部分と改善してほしい部分が両方ある時、日本人は後者をレーザーのように絞ってフィードバックを与えてしまいがちです。よい部分があれば、それについても積極的に話すように心がけましょう。

２．外国人社員の定着について
　外国人を雇っている日本企業から頻繁に聞かれるのは、外国人社員の離職が多く、それをどうやって食い止めることができるのかということです。人が辞める理由はそれぞれありますので、一つの万能な答えはありませんが、複数の考慮すべき要素をここで紹介します。
　まずは、外国人は労働市場を意識しているというのが大きいです。最近は変わりつつありますが、多くの日本人は会社に入ったら外の労働市場を途端に意識しなくなり、その代わり社内で同期との競争に目を向けます。外国では流動性のある労働市場が存在する国が多く、絶えず自分の今の雇用主のメリットやデメリットを他の雇用主とのメリットとデメリットと比較し、後者の方が現在よりメリットが多くデメリットが少ないとわかれば、他の会社に転職する傾向が強いです。
　その意味では、離職というのは、低いモチベーションの延長線だといえます。前記１で説明した要素——自分のスキルと関心に合う仕事、やりがいのある仕事、成長する機会、よい職場環境、そして自分の仕事に対する人からの感謝——が足りないのであれば、それでモチベーションが下がるだけではなく、彼らがそういった要素を満たすことができると思われる職場に移ることになってしまいます。
　そして、日本企業の多くの問題点として挙げられるのは、給料が低いこと、

そして昇進のペースが遅いことです。また、明確なキャリアパスも描かれていない場合が多いです。日本の企業で働いている外国人は、自分のその状態を外資系で働いている友人が報告するものと比較して、結果転職したほうが有利であると判断することは少なくないです。

外国人従業員の目には、自社の雇用機会がどのように映っているのか、そして他社と比較したらどのように見えるのかを考えることは、彼らのモチベーションを高めて離職を防止するための秘訣となります。

 働く環境を整えることとキャリアパスも明確にすること。

(kopp)

Q99

外国人技能実習生等とのコミュニケーションの留意点は？

外国からの技能実習生に仕事の一部を担ってもらいたいと考えていますが、コミュニケーションなどで不安もあります。どのような点に気をつければよいでしょうか？

A99

近年、日本企業の人手不足が進む中、技能実習生や労働者として外国人を迎えている企業が増加しています。日本では単純労働力としての外国人の就労は原則許可していません。しかし、日本人が集まりにくい職種にとっては技能を教えることで上達し、大事な労働資源として頼りにしている現状があります。その一方で、外国人技能実習生や労働者の雇用には特有の問題が存在します。日本にとって、これはますます重要になる労働層なので、今後、どうやってこういった労働者を管理すればよいかを考える必要があります。

＜言葉のレッスン＞

まずは、言葉の壁です。技能実習生や労働者として日本に来る人の多くはある程度日本語の教育を受けて来るのですが、それでも日本語がほとんど話せません。英語力に関してもかなり限られている場合が多いです。もちろんその結果、コミュニケーションの問題発生が著しくなります。職場では仕事を行う上での難しさも重なり、技能実習生や労働者が孤独に感じてしまう原因にもなります。自国とは違った国に行く際どんな人でもストレスを感じるものですが、言葉が通じないとそのストレスはずいぶんと多くなります。そのため、日本語のレッスンは継続的に提供するとよいでしょう。そして、仕事を教える際に親切な指導を心掛けることは大切ですし、できるだけサポートをすることも不可欠です。上司や同僚から気を配って、仕事の方法を理解しているのか、そして職場でよい人間関係ができているかを確認して、アドバイスや支援を提供することが大事です。

＜社交に誘う＞

また、外国人技能実習生や労働者は友達作りに悩むことも多いので、仕事の後のコミュニケーションなどの社交的活動に積極的に招待するのも大切な

ことです。仕事以外の生活がスムーズに行って、住宅や食べ物に問題がないようにチェックすることも重要です。

<合法的な活動>
　もちろん、仕事関連で基本的なことも非常に大事です。残念ながら、日本の法務省の調査によれば、技能実習生を雇っている会社の多くは働く時間、安全、給料の支払いに関する労働法などの規則に違反しているそうです。いうまでもありませんが、そういった状況は従業員にストレスを与え、また健康への悪影響を及ぼしかねません。特に過酷な労働状況で働く外国人労働者の失踪は年々増加しています。2017年には7,000人以上の技能実習生が逃亡し、これは2016年に比べ40％の増加です。そんなに多くの人がこれほど強い不満を持っているのは、心配の種です。もしかすると氷山の一角かもしれません。外国人技能実習生だからといって、非合法に酷使していいという理由はどこにもありません。日本人労働者と同様、合法に、一人の人間として扱うべきなのは当然のことです。

<ストレスマネジメント>
　また、心配なことに、技能実習生として働いている労働者の自殺や突然死の報道が後を絶ちません。専門家によると、その背景には複数の要素があるといいます。文化や言葉の違いによるストレス、節約のためカップ麺など栄養的にバランスがとれていない食事を摂取しつづけることもその一つです（技能実習生や労働者の間には、日本へ働きに来るためにお金を借りたり斡旋会社に大金を払ったりなど、金銭的な悩みを抱える人は少なくないのが現状です）。また働きすぎによって、精神的にも身体的にも負担が大きくなります。こういった過労状況が起こらないように気をつけることは会社側の非常に大きな責任といえます。

<コミュニケーションの違い>
　技能実習生として日本に来ている人の多くは東南アジアや中国から来ています。文化的には日本人は間接的なコミュニケーションを好んで対立を避けるといわれていますが、実は東南アジアや中国の場合、その傾向はもっと強いです。そのため、もし懸念や問題や不満があっても、東南アジアの人はそ

れをあまり口にしないことが多いです。つまり上記で説明したようなストレスを一人で抱え込み、悩んでしまう可能性が高いのです。

　日本では上司が部下に対してきつく話したりすることはよくありますが、東南アジアや中国の人にとっては、それを個人的にとらえてしまって精神的な傷を負ってしまうこともよくあります。それもストレスの原因になるため、東南アジアや中国人部下の扱いに関しては十分気をつけるべきだといえます。誰でもいじめは嫌なものですが、東南アジアや中国の文化ではそれに対する敏感性は特に高いので、そういったことが起こらないように極力気をつけることも大切です。

　技能実習生という言葉どおり、日本で働くことによって何かのスキルを学ぼうと望む外国人は多いですが、残念ながら単純労働になってしまうケースがよくあります。何らかのスキルを実際に身につけられるような機会も積極的に提供しましょう。学ぶことによって本人は達成感を得られるし、スキルを身につけることで会社にもっと貢献できます。現在、外国人技能実習生が5年を終了すると、その先に最長5年間在滞できる制度を日本は作ろうとしています。そういった制度が実際にできれば、技能実習生をはじめたくさんの人々にとってプラスになるでしょう。

技能実習生を送り出している国の人々は、いじめに対して敏感で、間接的なコミュニケーションを好む傾向があることに注意。

（kopp）

主な参考文献・ウェブサイト

参考文献
- 公益財団法人　納税協会連合会編集部「租税条約関係法規集」2018年8月
- 橋本秀法「Q&A　外国人の税務」税務研究会出版局　2014年12月
- 永井弘行「平成30年5月改訂　外国人・留学生を雇い使う前に読む本」セルバ出版　2018年6月
- 若松絵里「中小企業のための外国人雇用マニュアル」ベストブック　2018年6月
- 藤井恵「海外勤務者の税務と社会保障・給与Q&A」清文社　2018年6月

ウェブサイト
- 入国管理局
  http://www.immi-moj.go.jp/
- 法務省　入国管理局
  http://www.moj.go.jp/nyuukokikanri/kouhou/nyukan_index.heml
- 国税庁
  http://www.nta.go.jp/
- 日本学生支援機構
  http://www.jasso.go.jp/
- 日本年金機構
  https://www.nenkin.go.jp/
- 東京都港区
  http://www.city.minato.tokyo.jp/
- 東京外国人雇用サービスセンター
  https://jsite.mhlw.go.jp/tokyo-foreigner/

(2019年1月現在)

付録：海外赴任時・出張時のチェックリスト

人事担当者用・本人用・家族用

海外勤務に当たっては、企業の人事担当者向けチェックリスト及び海外勤務者用チェックリストを作成し必要に応じて準備することをお勧めします。

海外赴任前

1. 人事担当者用

公的機関への申請	☐ 赴任予定者にパスポートの取得又は更新を依頼 ☐ 赴任者にビザ取得に必要な書類を指示
税務関連諸手続き	☐ 年末調整 ☐ 住宅ローン控除適用者に対し税務上必要な手続きを説明（必要な場合）
給与・各種手当の決定、支給	☐ 海外給与の決定・赴任者規程の作成又は見直し ☐ 海外勤務予定者に対し、給与等処遇面の説明 ☐ 赴任支度金等の支給、荷造運送費支給
その他	☐ 引越し業者の手配 ☐ 海外旅行保険、労災保険の特別加入の申し込み ☐ 赴任前健康診断、予防接種の手配 ☐ 赴任前研修の手配、実施 ☐ 海外勤務予定者が子女帯同する場合は、日本人学校等の情報収集、手続き ☐ 2ヵ国語母子手帳の入手 ☐ 緊急連絡網の作成 ☐ 海外勤務予定者との事前面談
赴任後	☐ 介護保険料免除届出（住民票の除票届添付） ☐ 健康保険・厚生年金被保険者報酬月額変更届（海外勤務後、保険料が大幅に変更になった場合のみ提出）

2. 赴任者本人及び家族用

	本人	家族
4ヵ月前 〜 3ヵ月前	☐ 住居の下見（事前に現地出張があれば、信頼できる不動産業者に希望条件等を伝え、物件の下見をしておく）	☐ 家族での話し合い⇒心の準備、子女の教育問題 ☐ 持ち家の取扱い等 ☐ 子女の学校選択、情報収集 ☐ 勤務地国の情報収集 ☐ 赴任前セミナーの参加 ☐ 荷物の選定 ☐ パスポート取得準備 ☐ 予防接種（1回目）
2ヵ月前	☐ 勤務先の規程の確認 　⇒海外勤務者規程等 ☐ パスポート、ビザ手続き 　⇒必要書類を揃える ☐ 健康診断、予防接種 ☐ 歯の検査・治療 ☐ 手荷物・別送品準備 ☐ 国外運転免許証の申請	☐ 船便の荷出し ☐ 健康診断、予防接種（2回目以降） ☐ 住所録、連絡先リスト作成 ☐ 2ヵ国語母子手帳の入手 ☐ 歯の検査、治療
1ヵ月前	☐ 挨拶状送付、送別会出席 ☐ お土産準備 ☐ 出国前、入国後ホテル予約 ☐ 海外旅行保険加入 ☐ 資金の用意 ☐ 国際クレジットカード等の準備	☐ 子供の教科書受領 ☐ 引越挨拶状送付 ☐ 納税管理人選任⇒必要な場合のみ ☐ 子供のお別れ会 ☐ 不要品処分 ☐ 転校手続き ☐ 住宅借入金等特別控除適用（必要な場合） ☐ 航空便荷物の梱包 ☐ 自動車の処分 ☐ 郵便物転送届 ☐ 転出届の提出（転出2週間前から受付） ☐ 公共料金手続き（電気、ガス、水道、固定・携帯電話、新聞、プロバイダー等） ☐ 海外旅行保険加入

赴任後	☐ 入国手続き ☐ 在留届提出 ☐ 住居の選定 ☐ 運転手、メイド手配 ☐ 銀行口座開設 ☐ 子供の学校見学・情報収集 ☐ 生活必要品の調達 ☐ 家族の受け入れ準備	☐ 学校入学 ☐ 追加の予防接種

海外からの帰国時

帰国が決まったら速やかに準備すること

1．人事担当者用

帰国前

給与関係	☐ 帰任支度金の支給	会社の規程で帰国後の生活設営資金のため帰任支度金等の支給が行われる場合、支度金の支給手続きを行う。
	☐ 給与調整	帰国に伴って、給与が海外給与体系から国内給与体系に変更になるので、通常は日割り計算による給与調整が必要になる。
	☐ 有給休暇取得可能日数の設定	赴任期間中も通算で取得日数を管理していない場合は、一定ルールで帰国時に付与日数を定める必要がある。
保険関係	☐ 海外旅行保険の契約解消	企業包括契約の場合、保険会社に保険対象者から外すよう手配。
その他	☐ 倉庫保管荷物の引取り	海外勤務期間中の荷物預け入れ先として倉庫等を会社が提供している場合、帰国後速やかに出庫させるよう手配。
	☐ 帰任後のポジション確保	海外での経験を活かすことができるポジションに帰任させることが望ましい。

帰国後

給与関係	☐ 帰任関連費用精算	帰任に伴って本人が負担した交通費等の費用を会社の規程に従って精算。
	☐ 帰国後健康診断受診手配	社員を6ヵ月以上海外勤務させた場合は、帰国後健康診断を受診させることが法律で義務付けられている。(本人だけでなく、帯同家族の健康診断も行う会社も多い)
社会保険関係	☐ 被保険者報酬月額変更届の提出	帰任したことで、国内払給与額が帰任前と大きく変動した場合（固定的賃金が変動し、継続した3ヵ月の平均報酬額が、従前の等級に比し、2等級以上の差が生じた場合）に提出。
	☐ 労災保険特別加入者変更届の提出	本人が帰国後、速やかに「特別加入に関する変更届」を提出（「特別加入者の異動（特別加入者でなくなった者）」欄に帰国者の名前を記載し提出）。

2. 赴任者本人及び家族用

帰国前	渡航	☐ 航空券予約 ☐ ホテル予約	会社手配の場合が多い
	業務	☐ 業務引継ぎ ☐ 職場での手続き ☐ 新所属名刺手配 ☐ 送別会	会社手配の場合が多い
	役所・銀行	☐ 外国人登録等の抹消手続き ☐ 未納税金等の納付 ☐ 現地銀行の残高確認 ☐ 銀行口座の保留または解約 ☐ クレジットカード解約 ☐ 各種保険解約 ☐ 在外公館へ転居届	
	住居・生活	☐ 帰国後の住居手配 ☐ アパート・仮家解約 ☐ 住宅清掃 ☐ 明渡し検査立会い ☐ 鍵の返却と受取証受領 ☐ 保証金精算 ☐ 使用人解雇 ☐ 電気・水道・ガス・電話解約 ☐ 郵便局への転居通知・転送依頼手続き ☐ 新聞・雑誌解約 ☐ 挨拶回り・送別会 ☐ 所属団体・クラブへの退会届 ☐ お土産購入	
	引越	☐ 引越し業者手配 ☐ 荷物仕分け・荷造り ☐ 家具の売却・譲渡・解約 ☐ 引越荷物の引渡し ☐ トランクルーム手配 ☐ 携帯荷物の準備	会社手配の場合が多い 可能な限り早めに準備 レンタル家具の場合は返却

帰国前	学校関連	☐ 転校・転入手続き ☐ 必要書類の確認 ☐ 帰国後の学校に関する問い合わせ ☐ 所属団体・クラブ・教室等への退会届 ☐ 現地語教材・書籍等購入 ☐ 挨拶回り・送別会	海外子女教育振興財団などへ問い合わせ 帰国後に現地語を勉強する場合
	ペット	☐ ペット検疫 ☐ 必要書類確認 ☐ ペット登録抹消手続き ☐ ペットの飛行機予約	会社手配の場合が多い。
出発当日		☐ パスポート・航空券確認 ☐ 空港までの車手配	
帰国後		☐ 日本で転入届提出 ☐ 運転免許証の切替え・復活	印鑑登録も行うこと。 海外勤務期間中に日本の運転免許が失効しても帰国後1ヵ月以内に手続きすれば適性試験のみで新規発行を受けられる。
		☐ 納税管理人廃止届提出 ☐ 住宅控除再適用手続き	赴任中に、納税管理人を立てている場合。 帰国後に住宅控除の再適用を受けたい場合は、帰国した年に確定申告を行うこと（「再び居住することとなる旨の届出書」を添付）。

海外出張時

1．人事担当者用

税務面での配慮事項	□出張者の滞在日数の把握	租税条約相手国に滞在している場合は、給与が全額日本から支給されており、相手国の滞在期間が183日以内であれば、相手国では課税されないが、それを超えると相手国で個人所得税の申告・納税義務が生じる。
	□相手国でPE認定されないか	出張者の相手国での業務内容次第では、当該業務が、自社が相手国内に保有する恒久的施設（PE）認定され、当該業務から生じた所得について、相手国で法人税が課税される可能性あり。
	□出張者の費用負担（本社が負担するか？ 現地が負担するか？）	現地のために当社から社員を出張させているにもかかわらず、当該費用を日本側が多額に負担していると、日本の税務上、「国外関連者への寄附金」とみなされ、出張者に係る経費が損金不算入になる可能性がある。
安全面での配慮事項	□ 出張者の居場所の把握	出張者の居場所を本社がしっかり把握していないと、万が一の事態が発生した際、連絡が取れず、その結果不幸な事態になれば、会社の責任を問われる可能性が高い。
	□ 予防接種の必要性	狂犬病、A型肝炎等、海外で感染する可能性がある疾病については、赴任者同様、出張者にも予防接種をさせておく必要がある。
	□ 労災保険の特別加入の必要性の検討	たとえ短期間であっても、現地の事業主の命令の下で仕事をする場合は、「海外派遣者特別加入制度」の申し込みをしないと、海外での労災事故の際、補償がおりない。
	□ 出張手当の支給方法の検討	宿泊費等は、実費支給方式のほうが、出張者が安全性の高いホテルを選択する可能性が高い。
長期出張者への配慮事項	□ 健康管理状態の確認	短期出張者以上に医療面の検討が必要。特にクレジットカード付帯の海外旅行保険は旅行期間が90日までであり、保障内容も限定されているので、90日を超える海外出張時にはカード付帯ではなく、別個に海外旅行保険に加入しておくことが必要。

2.出張者本人用

□パスポートの期限	国によっては滞在予定期間＋αの日数を必要とする
□国外運転免許証の有効期限	1年で期限切れとなるので注意
□海外旅行保険の補償内容の把握	ケガや病気、事故等の場合の連絡先をあらかじめ確認しておくと安心
□自身の健康状態の把握	6ヵ月以下の出張者には出張前に法的な健康診断の義務はないので自身で注意

■プロフィール

藤井　恵　ふじい　めぐみ
三菱ＵＦＪリサーチ＆コンサルティング（株）
コンサルティング・国際事業本部　国際本部
国際ビジネスコンサルティング部　チーフコンサルタント・税理士
神戸大学経済学部卒業後、（株）大和総研入社。三和総合研究所（現三菱ＵＦＪリサーチ＆コンサルティング（株））に入社。神戸大学大学院経済学研究科修了・甲南大学大学院社会科学研究科修了。
海外勤務者の給与・人事制度及び社会保険・税務・租税条約に関するコンサルティングや書籍執筆、セミナー講師、相談業務に対応。
（著書）
「六訂版　海外勤務者の税務と社会保険・給与Q＆A」（2018年7月　清文社）、「アメリカ・カナダ・メキシコ・ブラジル駐在員の選任・赴任から帰任まで完全ガイド」（2015年8月　清文社）、「三訂版　これならわかる！租税条約」（2015年　清文社）、「改訂新版　タイ・シンガポール・インドネシア・ベトナム駐在員の選任・赴任から帰任まで完全ガイド」（2017年　清文社）、「台湾・韓国・マレーシア・インド・フィリピン駐在員の選任・赴任から帰任まで完全ガイド」（2014年　清文社）、「四訂版　中国駐在員の選任・赴任から帰任まで完全ガイド」（2013年　清文社）　他
「納税月報」連載（（財）納税協会連合会）「国際税務」連載（国際税務研究会）、その他「日経産業新聞」「労政時報」「企業実務」等に寄稿。

Rochelle Kopp　ロッシェル　カップ
ジャパン・インターカルチュラル・コンサルティング社創立者兼社長
(www.japanintercultural.com)
異文化コミュニケーションと人事管理を専門とする経営コンサルタントとして、日本の多国籍企業の海外進出とグローバル人材育成を支援している。イェール大学歴史学部卒業、シカゴ大学経営大学院卒業。日系大手金融機関の東京本社における職務経験を持つ。日本語が堪能で、朝日新聞globeを含め日本の新聞や出版物に多数のコラムを連載している。日系企業の世界的事業展開、効果的な人事管理、組織開発、異文化トレーニング、チームビルディングを支援することに特に力を入れると同時に、北九州市立大学の英米学科でマネージメントと英語を教えている。
（著書）
『反省しないアメリカ人をあつかう方法34』（アルク）、『外国人部下と仕事をするためのビジネス英語』（語研）、『アメリカ人部下の人事管理法』（アルク）や『英語の品格』（集英社インターナショナル）をはじめ、著書は多数。

> 本書の内容に関するご質問は、ファクシミリ等、文書で編集部宛にお願い致します。(fax 03-6777-3483)
> なお、個別のご相談は受け付けておりません。
>
> 本書刊行後に追加・修正事項がある場合は、随時、当社のホームページにてお知らせ致します。

すっきりわかる！
海外赴任・出張　外国人労働者雇用
～税務と社会保険・在留資格・異文化マネジメント～

平成31年3月13日　初版第1刷発行　　　　　　（著者承認検印省略）
令和2年7月15日　初版第2刷発行

ⓒ　共著者　藤　井　　　恵
　　　　　　ロッシェル・カップ

発行所　税務研究会出版局

週刊「税務通信」「経営財務」発行所

代表者　山　根　　　毅

〒100-0005
東京都千代田区丸の内1-8-2　鉄鋼ビルディング
振替00160-3-76223

電話　［書籍編集］03（6777）3463
　　　［書店専用］03（6777）3466
　　　［書籍注文］03（6777）3450
　　　（お客さまサービスセンター）

各事業所　電話番号一覧
北 海 道　011（221）8348　　関　　西　06（6943）2251
東　　北　022（222）3858　　中　　国　082（243）3720
関　　信　048（647）5544　　九　　州　092（721）0644
中　　部　052（261）0381　　神 奈 川　045（263）2822

当社ホームページ　https://www.zeiken.co.jp

乱丁・落丁の場合は、お取替え致します。　　装丁　大滝奈緒子（blanc graph）
　　　　　　　　　　　　　　　　　　　　印刷・製本　三松堂印刷株式会社

ISBN978-4-7931-2416-7

【追加情報】
2020年5月15日現在、法改正等により、以下の情報が追加になります。

P187
●Q50　2020年1月6日より、受け入れ機関のカテゴリー1,2の内容が以下のように変更になっています。

【図表50－1】受け入れ機関の区分（カテゴリー1～カテゴリー4）

カテゴリー1	(1)日本の証券取引所に上場している企業 (2)保険業を営む相互会社 (3)日本又は外国の国・地方公共団体 (4)独立行政法人 (5)特殊法人・認可法人 (6)日本の国・地方公共団体の公益法人 (7)法人税法別表第1に掲げる公共法人 **在留資格「高度専門職」、「経営・管理」、「研究」、「技術・人文知識・国際業務」、「企業内転勤」については、以下の企業をカテゴリー1の対象に加える。** ・イノベーション創出企業 ・くるみん認定企業・プラチナくるみん認定企業 ・えるぼし認定企業・プラチナえるぼし認定企業（2020年6月施行） ・安全衛生優良企業 ・職業紹介優良事業者 ・製造請負優良適正事業者 ・優良派遣事業者 ・健康経営優良法人 ・地域未来牽引企業 ・空港管理規制に基づく第一類構内営業者または第二類構内営業者 ・内部通報制度認証（自己適合宣言登録制度）登録事業者
カテゴリー2	前年分の給与所得の源泉徴収票等の法定調書合計表中、給与所得の源泉徴収票合計表の源泉徴収税額が**1,000万円**以上ある団体・個人

P193
●Q52　2019年4月1日に在留資格「特定技能」ができました。よって、在留資格は全部で29種類あります。

P230
● Q65のA65
4　社会保険上の被扶養者の範囲

　外国人の扶養認定基準は、続柄や収入等日本人の場合と基本的に同様です。ただし、被扶養者が国内に居住して住民登録をしている、短期滞在等でない方であることが要件です。

　一部の例外を除き、海外に居住している家族は原則として扶養に入れることはできません。

　2020年4月1日以降は、日本年金機構における被扶養者認定の際に、国内居住要件を満たしていることの確認が必要になります。つまり、海外に居住している扶養家族は、原則として健康保険の被保険者に該当しないことになります。

　ただし以下の者等については、国内居住要件の例外が認められています。
①外国に留学している学生
②外国に赴任する被保険者に同行する者
③観光、保養、ボランティアなど一時的に海外に渡航する者
④被保険者が外国に赴任している間に、被保険者との身分関係が生じたもの
　つまり、外国人社員だけでなく、日本人についても海外にいる扶養家族は上記の例外が認められない限り、被保険者認定されなくなる可能性がありますのでご注意ください。
（以降削除）